北京外国语大学国际中国文化研究院研究生读本

高第《中国书目》资料汇编

张明明 编译

BIBLIOTHECA SIN

DICTIONNAIRE BIBLIOG

DES OUVRAGES

RELATIFS A L'EMPIRE C

PAR

HENRI CORDI

PROFESSEUR A L'ÉCOLE SPÉCIALE DES LANGUES
DES TRAVAUX HISTORIQUES ET SCIENTIFIQUES, MEM
DE LA COMMISSION CENTRALE DE LA
THE ROYAL ASIATIC SOCIETY O

学苑出版社

图书在版编目（CIP）数据

高第《中国书目》资料汇编 / 张明明编译. — 北京：学苑出版社，2024.4
　　ISBN 978-7-5077-6938-8

　　Ⅰ.①高… Ⅱ.①张… Ⅲ.①汉学—图书目录—资料—汇编—法国 Ⅳ.①Z88：K207.8

中国国家版本馆CIP数据核字（2024）第073515号

出 版 人：洪文雄
责任编辑：李　媛
出版发行：学苑出版社
社　　址：北京市丰台区南方庄2号院1号楼
邮政编码：100079
网　　址：www.book001.com
电子邮箱：xueyuanpress@163.com
联系电话：010-67601101（营销部）、010-67603091（总编室）
印 刷 厂：北京建宏印刷有限公司
开本尺寸：710 mm×1000 mm　1/16
印　　张：10.5
字　　数：159千字
版　　次：2024年4月第1版
印　　次：2024年4月第1次印刷
定　　价：88.00元

凡 例

一、对外国专名，当其首次出现时，括注本名，后如遇同一专名异于前文的拼写方式或格式，视情况予以括注（对正体和斜体一般不做区分）：在转录部分（正文、原注等处），照录其原文形态（因取自多个材源，且同一作者笔下格式亦偶有不同，故本书前后相关格式不一）；在编译者自撰部分（编译者注处。在脚注中，除标注"原注"者外，均属此类），尽量据其人、物所属文化体、政治体之相应语言标注，尽量照录其历史形态，一般按当今正字法加标音符、连词符。对外国人之中文名，在编译者有限的识见范围内，对有自起或习称中文名者［参考中国社会科学院近代史研究所翻译室编《近代来华外国人名辞典》（中国社会科学出版社1981年版）、黄光域编《近代中国专名翻译词典》（四川人民出版社2001年版）等］，一般取该名，否则一般取新华社所编各语《姓名译名手册》所收译名。对外国地点之中文名，一般取中国地名委员会编《外国地名译名手册：中型本》（商务印书馆1993年版）所收译名。驻华外国机构之中文名主要依据《近代中国专名翻译词典》。外文作品如有自起中文名，则径用此名；如无，一般由编译者译成中文名（针对高第之外作者的作品，主名附属部分或副名是否翻译一般视主名明确程度而定）。

二、作品标题格式、目录性信息著录格式因时因地而异，本书转录时，照录其原文形态；引录时，结合各国习惯、本书格式及原文格式，予以通盘规划。出于实际考虑，对西文小字号大写形式，如见于人名内，一般转写作常规字号相应小写形式；如系罗马数字，则作常规字号大写形式。刊物文章尽量著录刊物以分册形式首刊时的信息（对可确定发表月份者标录月份，否则仅录年份）。按国内目前所通行的出版格式，中文文章名亦同书名，以《》括标，在编译者自撰部分，为对两者有所区分，多在文章名后加"一文"字样。

三、本书所取数字格式：在中文部分，世纪、年份、月份、日期、页码、门牌号码一般用阿拉伯数字，余者尽量用汉字数字。

目　录

高第（1849—1925）……………………… 伯希和　撰 / 1
《中国书目》第一版前言 ………………… 高　第　撰 / 37
《中国书目》相关评论 …………………… 伟烈亚力等　撰 / 57
参考文献 …………………………………………………… 107
人名索引 …………………………………………………… 151

高第（1849—1925）*

伯希和**

1925年3月16日，高第工作了整个上午。置笔之时，①他刚刚写完谢立

---

* Paul Pelliot, "Henri Cordier (1849-1925)," *T'oung pao*, s. 2, v. 24, no. 1, 1925, pp. 1-15. "高第"乃自用名。见中国社会科学院近代史研究所翻译室编：《近代来华外国人名辞典》，北京：中国社会科学出版社，1981年，第91页。1894年高第在其自编刊物《通报》（*T'oung pao*）上所发短篇小说署名Kao-ti。见Kao-ti, "La mort d'un rebelle: nouvelle," *T'oung pao*, v. 5, no. 5, déc. 1894, pp. 398-399.（作者之确定，据*Bibliographie des œuvres de Henri Cordier, membre de l'Institut, publiée à l'occasion du 75ᵉ anniversaire de sa naissance*, Paris: Paul Geuthner, 1924, p. 35）高第在《通报》上所发文章多篇出有单行本，其封面上在作者名下时见"高"字。如见Henri Cordier, *Half a Decade of Chinese Studies (1886-1891)*, Leyden: E. J. Brill, 1892. Henri Cordier, *Les études chinoises (1891-1894)*, Leide: E. J. Brill, 1895. Henri Cordier, *Les études chinoises (1895-1898)*, Leide: E. J. Brill, 1898. Henri Cordier, *La révolution en Chine: les origines*, Leide: E. J. Brill, 1900. Henri Cordier, *Les études chinoises (1899-1902)*, Leide: E. J. Brill, 1903. Henri Cordier, publiées par, *Cinq lettres inédites du père Gerbillon, S. J., missionnaire français à Pe-king (XVIIᵉ et XVIIIᵉ siècles)*, Leide: E. J. Brill, 1906. Henri Cordier, publiés par, *La première légation de France en Chine (1847): documents inédits*, Leide: E. J. Brill, 1906. Henri Cordier, *Bibliotheca Indo-Sinica, Essai d'une bibliographie des ouvrages relatifs à la Presqu'île indo-chinoise, première partie: Birmanie et Assam*, Leide: E. J. Brill, 1908. Henri Cordier, *La politique coloniale de la France au début du Second Empire (Indo-Chine, 1852-1858)*, Leide: E. J. Brill, 1911. Henri Cordier, *Le premier traité de la France avec le Japon (Yedo, 9 octobre 1858)*, Leide: E. J. Brill, 1912. 另见『コルディエ文庫分類目録』、東京：慶應義塾大学附属研究所斯道文庫、1979（见该作书前所附照片）。

** 伯希和（Paul Pelliot，1878—1945），曾在于位于巴黎的现代东方语言学院（École des langues orientales vivantes）就读期间［1895年11月至1898年1月。见A(ngel). Pino, "Pelliot, Paul," Pierre Labrousse, textes réunis par, *Langues O' 1795-1995, Deux siècles d'histoire de l'École des langues orientales*, Paris: Hervas, 1995, p. 293］师从高第（高第之相关表述见"Actes de la Société de géographie," *La Géographie*, t. 20, no. 6, 15 déc. 1909, p. 394. 伯希和之相关表述见P. Pelliot, "L'imprimerie sino-européenne en Chine," *Bulletin de l'École française d'Extrême-Orient*, t. 3, no. 1, janv.-mars 1903, p. 109），自1911年起任法兰西学院（Collège de France）。"法兰西学院"系该院自取中译名。见［法］魏丕信监修，田涛主编，岑咏芳、王家茜助编：《法兰西学院汉学研究所藏汉籍善本书目提要》，北京：中华书局，2002年）"中亚语言、历史及考古"讲席（chaire de langues, histoire et archéologie de l'Asie centrale）创始教授［见"Chronique," *Bulletin de l'École française d'Extrême-Orient*, t. 11, no. 1-2, janv.-juin 1911, p. 239. Louis Hambis, "Paul Pelliot (1878-1945), historien et linguiste," *Revue historique*, an. 74, t. 203, janv.-mars 1950, p. 30. Louis Renou, "Notice sur la vie et les travaux de M. Paul Pelliot, membre de l'Académie," *Académie des inscriptions et belles-lettres, Comptes rendus des séances de l'année 1950*, avr.-juin, p. 135］，自1920年起任《通报》主编之一（见1920年所刊该刊1920、1921年合卷第一期正文前高第撰于1920年1月的相关声明）。《通报》历史上多实行双主编制。

① 一说"上午11时"。见S(tanislas). Reizler & (Alfred) Lacroix, "Henri Cordier (1849-1925)," *La Géographie*, t. 43, no. 4-5, avr.-mai 1925, p. 400.

山（Alexander Hosie）爵士的讣闻，该文发表于《通报》（T'oung Pao）最近一期。①时间到，他要作为地理学会（Société de Géographie）主席赴埃及公使法赫里（Fakhry）帕夏②阁下为将出发赴开罗地理大会（Congrès de Géographie）的法国代表所设午宴。③高第在马杰斯蒂克酒店（Hotel Majestic）拾级而上，突发急症，④倒在刚刚偶然同其会合的德拉龙西埃（de la Roncière）⑤先生的臂弯里。人们将其送回家，他渐渐昏睡，当晚辞世。高第的最后一日反映其一生，由不懈的个人劳作及对选举之入其领导者之列的科学机构的按时献身构成。在逾半世纪的非凡多产之后，这位伟大的劳作者整个倒下，未见识缓慢衰退的痛苦。我们间没有人，在命运所

---

① 所涉作品：H. C., "Sir Alexandre Hosie," *T'oung pao*, s. 2, v. 23, no. 5, déc. 1924, p. 395. 《通报》1924年10月期于1925年1月刊，12月期于1925年7月刊。在12月期正文前，有《通报》编委会所撰高第讣告，该讣告称："我们的下一期将对该伟大劳作者的作品献有一篇详细的概述。"谢立山（1853—1925），英国入华外交官。

② 头衔。

③ 另见Reizler & Lacroix, "Henri Cordier (1849-1925)," p. 397. 高第曾任地理学会副主席多年，于1924年5月23日当选主席。见"Actes de la Société de géographie," *La Géographie*, t. 42, no. 3, sept.-oct. 1924, p. 388. Reizler & Lacroix, "Henri Cordier (1849-1925)," pp. 396-397. 马赫穆德·法赫里（Mahmoud Fakhry，1884—1955），时任埃及驻法全权公使。

④ 一说高第突发瘫痪。见Reizler & Lacroix, "Henri Cordier (1849-1925)," p. 397. L(éonard). Aurousseau, "Henri Cordier," *Bulletin de l'École française d'Extrême-Orient*, t. 25, no. 1-2, 1925, p. 280.

⑤ 夏尔·德拉龙西埃（Charles de la Roncière，1870—1941），时任法国国家图书馆（Bibliothèque nationale de France）刊本部主任［见A(ndré). M(artin)., "Charles de la Roncière," *Bibliothèque de l'École des chartes*, t. 103, 1942, p. 363］。法国殖民史学会（Société de l'histoire des colonies françaises）于1912年6月6日创立于巴黎，当年，其委员会囊括进高第、德拉龙西埃及下文将述及（第28、30、35、36页）的亨利·弗鲁瓦德沃（Henri Froidevaux，1863—1954）、（第12页）安托万·卡巴通（Antoine Cabaton，1863—1942）、（第12、31页）路易·菲诺（Louis Finot，1864—1935）等人。见"Constitution de la Société de l'histoire des colonies françaises," *Société de l'histoire des colonies françaises, Annuaire 1914*, p. 7. 1918年4月22日，高第由公共教育部（Ministère de l'instruction publique）历史工作与科学工作委员会（Comité des travaux historiques et scientifiques）历史地理与描述地理学部（Section de géographie historique et descriptive）秘书（自1909年起。见"Procès-verbaux," *Ministère de l'instruction publique et des beaux-arts, Comité des travaux historiques et scientifiques, Bulletin de géographie historique et descriptive*, no. 3, 1908, p. 309）升任主席，德拉龙西埃接任秘书。见"Procès-verbaux," *Ministère de l'instruction publique et des beaux-arts, Comité des travaux historiques et scientifiques, Bulletin de la Section de géographie*, t. 33, 1918, p. xxiv. "Actes de la Société de géographie," *La Géographie*, t. 43, no. 1, janv. 1925, p. 83. 高第去世前，其同弗鲁瓦德沃、德拉龙西埃、伯希和及下文将述及（第34页）的亨利·德埃兰（Henri Dehérain，1867—1941）、（第34、36页）阿尔弗雷德·拉克鲁瓦（Alfred Lacroix，1863—1948）同为地理学会中央委员会成员。关于高第同德拉龙西埃之交谊，见"Livres offerts," *Académie des inscriptions et belles-lettres, Comptes rendus des séances de l'année 1924*, mai-juil., pp. 193-194. "Livres offerts," *Académie des inscriptions et belles-lettres, Comptes rendus des séances de l'année 1924*, nov.-déc., p. 354. 19世纪下半叶，法国公共教育部递有"公共教育与美术部"（Ministère de l'instruction publique et des beaux-arts）等正式名称，本书始于包括高第、伯希和在内之法国时人的习惯，笼统地以"公共教育部"称呼该部。

高第（1849—1925）

确定的终点，会为自身期待另一个结尾。①

科尔迪耶（Cordier）一家原籍萨瓦②。高第的祖父热罗姆·科尔迪耶（Jérôme Cordier）生于法韦日（Faverges，属萨瓦）附近，作为钟表匠来利雪（Lisieux，属卡尔瓦多斯）定居，于1823年5月3日年岁尚轻时亡故并被埋葬于此。其遗孀安娜·韦罗妮克·图夫莱（Anne Véronique Touflet）独活很久，于1878年10月25日也亡于利雪，时年95岁。

热罗姆·科尔迪耶有三子：约瑟夫·热罗姆·科尔迪耶（Joseph Jérôme Cordier）独身，于1879年11月1日73岁时亡于卡昂；埃内斯特·欧仁·科尔迪耶（Ernest Eugène Cordier）——高第之父——于1880年8月5日69岁时亡于巴黎；保罗·吕西安·科尔迪耶（Paul Lucien Cordier）幼年时亡于利雪。

埃内斯特·欧仁·科尔迪耶尽管生于利雪（1812年1月10日），本仍可认归撒丁法律，③但似乎他干脆地接受了法国国籍。他早年赴美国，先做商品代理人，后从事银行业。1848年，他在莫比尔（Mobile，属亚拉巴马）娶法国裔的维克图瓦·阿梅莉·亨丽埃特·乌丹（Victoire Amélie Henriette Oudin）。1849年8月8日，高第生于新奥尔良。1852年，因生意稽留美国的埃内斯特·欧仁·科尔迪耶遣该母子回利雪，很快次子维克托（Victor）在该地出生（1889年亡于新加坡）。父亲本人于1855年返回巴黎并迁来其家庭。三子朱尔（Jules）生于1857年，今为退休步兵上校。

高第在蒂菲耶私立学校（Institution Tuffier）开启其学业，于1857年入沙普塔尔初中（Collège Chaptal）④——其弟也就读于此——后于1865

---

① 另见 Académie des inscriptions et belles-lettres, Comptes rendus des séances de l'année 1925, mars-mai, p. 86.

② 见注释3。

③ 萨瓦于1792至1815年间并入法国，此后重归撒丁王国（Regno di Sardegna），直至1860年复并入法国。下文将述及（第13、14、27、35、54页）的德裔法国近东学者夏尔·舍费尔（Charles Schefer，1820—1898）在萨瓦据有城堡，高第做相关记述时曾数次提及其祖先之居地。见 Henri Cordier, "Charles Schéfer," La Chronique des arts et de la curiosité, supplément à la Gazette des beaux-arts, no. 11, 12 mars 1898, p. 93. Henri Cordier, "La collection Charles Schefer," Gazette des beaux-arts, pde. 3, t. 20, livr. 495, 1ᵉʳ sept. 1898, p. 245. Henri Cordier, "Notice sur la vie et les travaux de M. Arthur de Boislisle," Académie des inscriptions et belles-lettres, Comptes rendus des séances de l'année 1909, janv., pp. 32-33.

④ 沙普塔尔初中以法国化学学者、政界人士让-安托万·沙普塔尔（Jean-Antoine Chaptal，1756—1832）之姓命名。

年入马森私立学校（Institution Massin），得以听取查理曼高中（Lycée Charlemagne）的课程。[1]在此期间，其父受命在上海创建贴现银行（Comptoir d'Escompte）分行，[2]于1859年赴华，[3]很快在当地同其妻及其少子重聚。两个年长的儿子寄宿在其亲戚卡耶博特（Caillebotte）一家处，卡耶博特为高第所作画像即源自该亲属关系，一种虔敬之意想让我们的国家收藏从中获益。[4]埃内斯特·科尔迪耶及其家人于1864年自中国返回。1865年，高第随其父第一次在英国旅行，后自1867至1869年在该国生活两年，以彻底学习语言。[5]他本想入文书学院（Ecole des Chartes），[6]但其父以为对儿子而言从商前途更为远大，决定将之派赴上海，其父在当地颇有交游。高第遂于1869年2月18日在马赛登船，[7]经两次中转，[8]于4月7日抵

---

[1] 马森私立学校由法国人让·马森（Jean Massin，1765—1849）创立。因两校同位于玛莱街区（Le Marais），其时，查理曼高中的一些学生因该校无寄宿条件而在马森私立学校寄宿，马森私立学校的一些学生亦到查理曼高中听课，即如高第之例。高第在中学时连续七年获历史奖项，十七岁时利用闲暇时间在巴黎市立图书馆（Bibliothèque de la Ville de Paris）兼职工作。见René Cagnat, "Notice sur la vie et les travaux de M. Henri Cordier," *Académie des inscriptions et belles-lettres, Comptes rendus des séances de l'année 1929*, oct.-déc., p. 294. 高第自记曾在化学学科成绩优异。见Cordier, "Notice sur la vie et les travaux de M. Arthur de Boislisle," p. 37.

[2] 高第之父赴华旨在"开办贴现银行"一说亦见于高第1908年所发《若干个人撷忆》（"Some Personal Recollections"）一文。见Henri Cordier, "Some Personal Recollections," *Supplement to* The London and China Express, Nov. 27, 1908, p. 27. "贴现银行"即巴黎贴现银行（Comptoir d'escompte de Paris）。

[3] 对高第之父赴华年份，《若干个人撷忆》及法国古罗马史学者勒内·卡尼亚（René Cagnat, 1852—1937）《高第先生生平及作品概述》（"Notice sur la vie et les travaux de M. Henri Cordier"）一文均作"1860年"。见Cordier, "Some Personal Recollections," p. 27. Cagnat, "Notice sur la vie et les travaux de M. Henri Cordier," p. 294.

[4] 法国画家古斯塔夫·卡耶博特（Gustave Caillebotte, 1848—1894）1883年所作画像《高第》（*Henri Cordier*）于1926年被高第夫人捐赠给国家，递藏位于巴黎的卢森堡博物馆（Musée du Luxembourg, 1926—1929）、卢浮宫博物馆（Musée du Louvre, 1929—1986）、奥赛博物馆（Musée d'Orsay, 1986—）。"媳妇之虔敬"用例另见Cagnat, "Notice sur la vie et les travaux de M. Henri Cordier," p. 298. "Livres reçus," *T'oung pao*, s. 2, v. 29, no. 1-3, 1932, p. 222.（伯希和文）

[5] 高第在个人笔记中就其旅英生涯记："该次居留于我极有用，更加固了数年后我方可自由跟从的志向。"旅英期间，他收集有关于该国历史及目录的大量材料。见Cagnat, "Notice sur la vie et les travaux de M. Henri Cordier," pp. 294-295.

[6] 另见Cagnat, "Notice sur la vie et les travaux de M. Henri Cordier," p. 294.

[7] 对在马赛登船的日期，《若干个人撷忆》作"2月20日"。见Cordier, "Some Personal Recollections," p. 26. 高第七十五岁时自编之《高第作品目录》（*Bibliographie des œuvres de Henri Cordier*）正文前所附年表作"1869年2月18日，出发赴中国"。见*Bibliographie des œuvres de Henri Cordier*, p. vii.

[8] 具体中转方式见Cordier, "Some Personal Recollections," p. 26. 其时苏伊士运河尚未开通（当年11月17日正式开通），故有此路线。

达上海，①入大型美国商行旗昌洋行（Russell and C°），很快被委以重要职位，②隶属于该商行直至其1876年3月31日出发赴法。③

高第离华本只为度假。1877年3月9日，他在马赛再度登船赴远东，④而在苏伊士发现福州船政局（arsenal de Fou-tcheou）创建者日意格（Prosper Giquel）的电报，⑤后者邀其在巴黎任出洋肄业局（Mission chinoise d'instruction）秘书。高第接受并返回。⑥尽管此后其多方旅行，游历整

---

① "4月7日"一说亦见于1902年王家亚洲学会北华分会［North-China Branch of the Royal Asiatic Society。后曾改称"王家亚洲学会中国分会"（China Branch of the Royal Asiatic Society）。该会有通行中文名"皇家亚洲文会北华支会"等。考虑到中文环境中"皇家"同英国"王室"的对应问题，本书未取该名］成立四十五周年之际高第致该会荣誉秘书的信及《若干个人撷忆》。见"Proceedings," *Journal of the China Branch of the Royal Asiatic Society, for the Year 1903-1904*, v. 35, p. xi. Cordier, "Some Personal Recollections," p. 26.

② 高第其时的本职工作是船务核算。旗昌洋行领导者、美国商人金能亨（Edward Cunningham，1823—1889）系高第父执，待之如子。高第寓居金家华府，得以结交名流。见 Cordier, "Some Personal Recollections," p. 27. Cagnat, "Notice sur la vie et les travaux de M. Henri Cordier," p. 295. 马骥：《高第（考狄）档案中的马建忠法文信函——兼论高第与马建忠关系》，载《宁波大学学报（人文科学版）》2017年第六期，第74页。

③ 高第本人在其交1908年11月27日《伦敦与中国快报五十周年号》（*London and China Express 50th Anniversary Number*）的文章《若干个人撷忆》（*Some personal recollections*）中提及其对该时期的回忆。——原注
"3月31日离华"一说亦见于《若干个人撷忆》及《高第作品目录》。见 Cordier, "Some Personal Recollections," p. 28. *Bibliographie des œuvres de Henri Cordier*, p. vii. 针对该注，见 Cordier, "Some Personal Recollections," *Supplement to* The London and China Express, Nov. 27, 1908, pp. 26-28. 《若干个人撷忆》的不确之处如，称一日或将讲述高第两次北京之行，其一于1873年同治皇帝婚礼之时，实为1872年。对比十年后高第在同一刊物纪念号所发《我的首次北京之行：皇家婚礼（1872年）》［ "My First Visit to Peking, the Imperial Wedding (1872)" ］一文。见 Cordier, "Some Personal Recollections," p. 28. Henri Cordier, "My First Visit to Peking, the Imperial Wedding (1872)," *Supplement to* The London and China Express, Nov. 27, 1918, pp. 48-50. *Bibliographie des œuvres de Henri Cordier*, p. 113. 《伦敦与中国快报》（*The London and China Express*）自1858年起在伦敦发行，初名《中国快报》（*The China Express*），1859至1921年名《伦敦与中国快报》，1922至1931年名《中国快报及电讯》（*The China Express and Telegraph*）。高第曾为该报通讯员。见 Cordier, "Some Personal Recollections," p. 28.

④ 对再度出发赴远东的日期，《若干个人撷忆》作"3月11日"。见 Cordier, "Some Personal Recollections," p. 28.

⑤ 《若干个人撷忆》记，高第第二次赴华途中在苏伊士运河北端的塞得港收到日意格（1835—1886）电报。见 Cordier, "Some Personal Recollections," p. 28.

⑥ 电报内容为："可供职位，四千法郎，法国。"见 Christine Nguyen Tri, "Être orientaliste au XIXᵉ siècle: le cas Henri Cordier," Michel Cartier, sous la direction de, *La Chine entre amour et haine, Actes du VIIIᵉ colloque de sinologie de Chantilly*, Paris: Desclée de Brouwer, 1998, p. 218. 中文环境中的"出洋肄业局"一名，据 *À la mémoire de Prosper Giquel, 1835-1886*, (Paris:) Ernest Leroux, (1886,) pp. 6-7. 出洋肄业局系福州船政学堂生徒留欧项目，由清人李凤苞（1834—1887）任中方监督，日意格任法方监督。任该职期间及其后，高第有多篇文章涉及该项目。见 *Bibliographie des œuvres de Henri Cordier*, pp. 6, 9, 15. 1881年1、2月，李鸿章（1823—1901）向清廷奏福州船政学堂第一届出洋生徒学成情况，并为请奖。"洋员高氏耶（编译者按：即高第）管

个欧洲、两个美洲，做环非洲之旅，却再未重见将以相关研究占据其余生半个世纪的国度。1886年5月25日，他娶玛格丽特·伊丽莎白·博德里（Marguerite Elisabeth Baudry）小姐——几为童年好友，加利尼亚尼书店（Galignani's Library）一位合伙人之女。①

在华居留期间，高第鄙视太多欧洲人在远东甘愿自放其间的轻浮生活，同当时彼处一些严肃的劳作者结交：卫三畏（S. Wells Williams）②、贝勒（Bretschneider）③、谭微道（Armand David）④神父（abbé）、费赖之（Aloys Pfister）⑤神父，特别是19世纪在华生活过的两位最好的汉学学者——鲍乃迪（Palladius）⑥和伟烈亚力（Wylie）。⑦在法定居后，他即尽

（接上页注）支应，收掌文案，始终不懈"，获清廷"赏给三等宝星并加四品衔"。见姜鸣编著：《中国近代海军史事编年（1860—1911）》，北京：生活·读书·新知三联书店，2017年，第185—187、191页。

① 关于高第夫人（1856—1936）对其夫之学术辅助，见Reizler & Lacroix, "Henri Cordier (1849-1925)," p. 399. Cagnat, "Notice sur la vie et les travaux de M. Henri Cordier," p. 298. Nguyen Tri, "Être orientaliste au XIXe siècle: le cas Henri Cordier," p. 228. 加利尼亚尼书店由生于意大利、曾旅居英国的乔瓦尼·安东尼奥·加利尼亚尼（Giovanni Antonio Galignani, 1757—1821）于1801年创立于巴黎，主营英文书籍。

② 卫三畏（Samuel Wells Williams, 1812—1884），美国入华传教士。高第后在《若干个人撷忆》中忆及之。见Cordier, "Some Personal Recollections," p. 27. 关于其对《中国书目》（*Bibliotheca Sinica*）之影响，见Henri Cordier, *Bibliotheca Sinica, Dictionnaire bibliographique des ouvrages relatifs à l'Empire chinois*, 3 t., Paris: Ernest Leroux, 1878-1895, col. xi.

③ 贝勒（Emil Bretschneider, 1833—1901），德裔俄国驻北京使团医师。高第后为其撰有讣闻：Henri Cordier, "Le docteur Emile Vasilievitch Bretschneider," *T'oung pao*, s. 2, v. 2, no. 3, juil. 1901, pp. 192-197. 关于高第同其之交谊，见*Bibliographie des œuvres de Henri Cordier*, p. 39.

④ 谭微道（1826—1900），法国入华传教士。高第后为其撰有讣闻：Henri Cordier, "Armand David," *T'oung pao*, s. 2, v. 2, no. 1, mars 1901, pp. 94-96.

⑤ 费赖之（1833—1891，其名一作Louis），生于洛林的法国入华传教士。高第后为其撰有讣闻：H. C. "Aloys Pfister," *T'oung pao*, v. 2, no. 5, janv. 1892, pp. 460-464. 关于其对《中国书目》之影响，见Cordier, *Bibliotheca Sinica*, 1re éd., col. ix, x-xi. 高第后在该讣闻中引录他处（p. 460）。

⑥ 鲍乃迪（1817—1878，教名Palladius，本名Петръ Ивановичъ Кафаровъ，中文环境中一称"巴拉第"），俄国驻北京传教团首领。高第后为其撰有讣闻：Henri Cordier, "L'archimandrite Palladius," *Revue critique d'histoire et de littérature*, n. s., t. 7, no. 4, 25 janv. 1879, pp. 83-84. 该文记，《中国书目》在俄文作品方面蒙鲍乃迪及贝勒提供大量信息（p. 83）。对此，另见Cordier, *Bibliotheca Sinica*, 1re éd., col. ix.

⑦ 伟烈亚力（Alexander Wylie, 1815—1887），英国入华传教士。高第后多次撰文忆及之（见*Bibliographie des œuvres de Henri Cordier*, p. 19），其中最重要者当为《英国及海外圣经公会驻华代表伟烈亚力生平及劳作：一个传记》一文：Henri Cordier, "The Life and Labours of Alexander Wylie, Agent of the British and Foreign Bible Society in China: a Memoir," *The Journal of the Royal Asiatic Society of Great Britain and Ireland*, n. s., v. 19, no. 3, July 1887, pp. 351-368. 关于其对《中国书目》之影响，见该文（pp. 351-352）。相关内容部分后被高第收入《若干个人撷忆》。见Cordier, "Some Personal Recollections," p. 27），另见Cordier, *Bibliotheca Sinica*, 1re éd., col.

全力于学术研究。目录学似乎自其少年时即吸引他。人们在其文件中发现1868年2月8日其献给书商纪尧姆·弗朗索瓦·德比尔（Guillaume François De Bure）①的英文短篇概述。他的第一个被刊片段、1870年11月10日的一封信署名"一个书狂"。②1871年，抵华两年后，高第成为王家亚洲学会北华分会（North China Branch of the Royal Asiatic Society）的荣誉图书馆员。③1872年，他以该图书馆——他同意为之贡献其空闲时间——的系

（接上页注）i-ii, vii, x.《中国书目》开始刊行后，伟烈亚力撰有多篇评论。见Henri Cordier, *Bibliotheca Sinica, Dictionnaire bibliographique des ouvrages relatifs à l'Empire chinois, deuxième édition, revue, corrigée et considérablement augmentée*, 5 v., Paris: E. Guilmoto, 1904-1908, Paul Geuthner, 1922-1924, col. 1823. 高第以之为该作所得到的第一个公共认可。见Cordier, "The Life and Labours of Alexander Wylie," p. 352. 高第所撰鲍乃迪讣闻亦将后者同伟烈亚力对举。见Cordier, "L'archimandrite Palladius," p. 83. 关于伟烈亚力、鲍乃迪、贝勒之学术互动，见Cordier, "The Life and Labours of Alexander Wylie," pp. 365-366. Cordier, "Le docteur Emile Vasilievitch Bretschneider," p. 193. Cordier, *Bibliotheca Sinica*, 2ᵉ éd., col. 2279. 关于卫三畏、伟烈亚力、贝勒同高第之学术互动及后二人对《中国书目》之影响，另见Ting Chang, "Crowdsourcing *avant la lettre*: Henri Cordier and French Sinology, ca. 1875-1925," *L'esprit créateur*, v. 56, no. 3, fall 2016, pp. 50-58.

① 纪尧姆-弗朗索瓦·德比尔（Guillaume-François de Bure，1732—1782），法国印商兼书商。
② 另见*Bibliographie des œuvres de Henri Cordier*, p. 1.
③ 1902年，高第记，抵华后，通过旗昌洋行合伙人之一、其友福勒士（F. B. Forbes）以及金能亨，他很快加入该会。见"Proceedings," *Journal of the China Branch of the Royal Asiatic Society, for the Year 1903-1904*, p. xi. 福勒士（Francis Blackwell Forbes，1839—1908），美国入华商人。高第后为其撰有讣闻：H. C., "Francis Blackwell Forbes," *T'oung pao*, s. 2, v. 9, no. 3, juil. 1908, pp. 476-477. 在该文中，高第记："福勒士是鼓励《中国书目》出版的最初几人之一。"（p. 476）关于其对《中国书目》之影响，另见Cordier, *Bibliotheca Sinica*, 1ʳᵉ éd., col. vii, ix-x. 1873年，高第在在华英文刊物上发表追溯该会早期历史的文章。见"Proceedings," *Journal of the China Branch of the Royal Asiatic Society, for the Year 1903-1904*, pp. xi-xii. *Bibliographie des œuvres de Henri Cordier*, p. 2. 关于成为该会荣誉图书馆员及开始编纂该会藏书目录之时间，高第自有多种说法。如"1869年"。见Cordier, *Bibliotheca Sinica*, 1ʳᵉ éd., col. i, 1399. Cordier, "The Life and Labours of Alexander Wylie," pp. 351-352.《高第作品目录》则将成为荣誉图书馆员的年份记作"1871年"。见*Bibliographie des œuvres de Henri Cordier*, p. vii. 经查，1868年，该会有筹建公共图书馆及增设图书馆员岗位之议。见"Report of the Council of the North-China Branch of the Royal Asiatic Society, for the Year 1868," *Journal of the North-China Branch of the Royal Asiatic Society*, n. s., no. 5, pp. v, vi. 在该会委员会1869年第一次会议上，生于英国的美国入华传教士帅利（Edward William Syle，1817—1890，通行中文名一作"帅福守"）当选图书馆员，履职一段时间后辞职，德意志驻上海领事馆译员卡尔·欣利（Karl Himly，1836—1904）同意承担图书馆员的职责，并在该会委员会1870年第一次会议上正式当选。当年，高第尚非该会会员。见"Report of the Council of the North-China Branch of the Royal Asiatic Society, for the Year 1869," *Journal of the North-China Branch of the Royal Asiatic Society, for 1869 & 1870*, n. s., no. 6, p. i. "Report of the Council of the North-China Branch of the Royal Asiatic Society, for the Year 1870," *Journal of the North-China Branch of the Royal Asiatic Society, for 1869 & 1870*, n. s., no. 6, p. ix. "List of Members," *Journal of the North-China Branch of the Royal Asiatic Society, for 1869 & 1870*, n. s., no. 6, pp. xiv-xv. 至迟在该会委员会1872年第一次会议上，高第正式当选图书馆员。在针对1872年的《图书馆员报告》（"Librarian's Report"）中，高第记，前一年自该会南京路旧址搬迁而来的藏书编排完

统目录①在科学上起步。②此外，自其赴华之前，后于在华期间，他自己

（接上页注）毕。见"Report of the Council of the North-China Branch of the Royal Asiatic Society, for the Year 1872," *Journal of the North-China Branch of the Royal Asiatic Society, for 1871 & 1872*, n. s., no. 7, pp. i, ii. 1894年，高第在《中国研究（1891—1894）》["Les études chinoises (1891-1894)"]一文中记，1870年，他搬迁南京路旧址的藏书至澳门路新址，并立即开始编纂相关目录。见Henri Cordier, "Les études chinoises (1891-1894)," *T'oung pao*, v. 5, no. 5, déc. 1894, pp. 449-450. 在1902年致该会的信中，高第记，该会1870年迁至南京路，1871年迁至澳门路。1871年，德国领事馆译员欣利任该会荣誉图书馆员，其时即将返家度假，该职位被提供给高第，后者接受。4月1日，该会会员（见"List of Members," *Journal of the North-China Branch of the Royal Asiatic Society, for 1869 & 1870*, n. s., no. 6, p. xiv. "List of Members," *Journal of the North-China Branch of the Royal Asiatic Society, for 1871 & 1872*, n. s., no. 7, p. vii）、英国入华商人、探险者爱莲斯（Ney Elias, 1844—1897）将高第带至位于南京路的该会图书馆。4月16日，高第开始为该馆藏书编目。见"Proceedings," *Journal of the China Branch of the Royal Asiatic Society, for the Year 1903-1904*, pp. xiv, xv. 1904年，高第在为欣利所撰讣闻中记，两人相识于撰该文之三十五年前，德国驻上海领事馆译员欣利时任王家亚洲学会北华分会图书馆员，1870年出发度假时，将该任转高第。见H. C., "Karl Himly," *T'oung pao*, s. 2, v. 5, no. 5, déc. 1904, p. 624. 1908年，高第在《若干个人撼忆》中记，1871年4月1日，爱莲斯带其到当时位于南京路的该会图书馆。德国领事馆译员欣利（该文误录其姓作Heinly）时任荣誉图书馆员。当后者休假返家，高第继任该位，并立即开始编纂藏书目录。见Cordier, "Some Personal Recollections," p. 27.

① 即《王家亚洲学会北华分会图书馆（包括伟烈亚力先生藏书）系统分类目录》: Henri Cordier, *A Catalogue of the Library of the North China Branch of the Royal Asiatic Society (Including the Library of Alex. Wylie, Esq.) Systematically Classed*, Shanghai: Printed at the "Ching-foong" General Printing Office, 1872. viii+86页。高第记，该目录之刊者正丰印书馆（"Ching-foong" General Printing Office）其时之经营者为澳门葡萄牙人陆芮罗（Pedro Loureiro, ?—1876）。见Cordier, "Some Personal Recollections," p. 27. 在1873年3月21日铭文与美文学术院（Académie des inscriptions et belles-lettres）周会上，该院称收到该作赠书，此应为高第同该院渊源之始。见"Livres offerts," *Académie des inscriptions et belles-lettres, Comptes rendus des séances de l'année 1873*, s. 4, t. 1, janv.-juil., p. 104.

② 当在本概述中重述高第的主要作品时，在我看来，无须以详细的目录性信息使之过于冗长。关于此，读者在高第本人所编、于1924年8月由保罗·戈伊特纳（Paul Geuthner）商行所刊《高第作品目录》[方形小八开，VIII+151页，附肖像（见《通报》，1924年，第272页）]中可找到全部所需指示。本概述所附肖像即借自该出版物，戈伊特纳先生乐于交印版供我们使用。对该目录需补充：一、《勃固相关论文》（*Mémoires sur le Pégou*），载《通报》，1924年，第99—152页；二、M.阿巴迪（M. Abadie）《上东京人种》（*Les Races du Haut-Tonkin*）概述，出处同上，第156—157页；三、G.德瓦赞（G. de Voisins）《中国行记》（*Voyages—Ecrit en Chine*）概述，出处同上，第157页；四、伯威（Joseph Beauvais）讣闻，出处同上，第162页；五、卡洛·普伊尼（Carlo Puini）讣闻，出处同上，第162页；六、《首尔传教团——涉及1839及1846年朝鲜殉教者文献》（*Mission de Séoul—Documents relatifs aux martyrs de Corée en 1839 et 1846*）概述，出处同上，第271页；七、亨利·舍瓦利耶（Henri Chevalier）讣闻，出处同上，第286页；八、谢立山爵士讣闻，出处同上，第395页；九、1924年5月19日接待暹罗（编译者按：今泰国）布拉查切（Purachatra）王子时之讲话，《地理》（*La Géographie*），1924年7—8月，第238—239页；十、在弗朗茨·施拉德尔（Frantz Schrader）葬礼上之讲话，《地理》，1924年12月，第680—681页；十一、茹尔丹·加泰拉尼·德塞韦拉克（Jourdain Catalani de Sévérac）《奇迹志》（*Mirabilia Descripta*）译作（1925年在戈伊特纳处即出）；十二、保罗·雅里（Paul Jarry）《巴尔扎克最后居所》（*Le dernier logis de Balzac*）概述[老巴黎委员会（Commiss. du vieux Paris），1924年5月31日会议]；十三、《远东》（*L'Extrême-Orient*），载《诸民通史》

高第（1849—1925）

汇集有一个美丽的图书馆。见自己在法定居，他想将之自远东运回，但该收藏于1877年6月17至18日夜间在哈丰角［Ras-afun，瓜达富伊角（cap Gardafui）］尖端随"湄公"号（Mékong）沉没。①高第重建收藏，未尝稍停。②他首先是一位目录学者兼藏书家。③

（接上页注）（*Hist. gén. des peuples*），拉鲁斯（Larousse）出版社，1925年，第一卷，第373—380页。——原注

"自编"一说另见"Notes bibliographiques," *T'oung pao*, s. 2, v. 23, no. 4, oct. 1924, p. 272. "Actes de la Société de géographie," *La Géographie*, t. 43, no. 1, janv. 1925, p. 83. Henri Froidevaux, "Un historien de l'Extrême-Orient: M. Henri Cordier," *L'Asie française*, an. 25, no. 229, févr. 1925, p. 79. Académie des inscriptions et belles-lettres, *Comptes rendus des séances de l'année 1925*, mars-mai, p. 88. Reizler & Lacroix, "Henri Cordier (1849-1925)," p. 400. S(alomon). R(einach)., "Henri Cordier," *Revue archéologique*, s. 5, t. 21, janv.-juin 1925, p. 337. 《高第作品目录》大体按时序编排（未按时序排列之例，如将载《通报》1893年7月期之两篇讣闻的条目置于当年版块最末。见H. C., "Charles Rudy," *T'oung pao*, v. 4, no. 3, juil. 1893, p. 311. H. C., "Charles Varat," *T'oung pao*, v. 4, no. 3, juil. 1893, p. 311. Bibliographie des œuvres de Henri Cordier, p. 32），自1924年7月起所发文章皆未录（《通报》当年第二、三期为合刊本，7月刊），此前作品亦有遗漏（如高第在铭文与美文学术院所做多次讣通报）。法国远东学学者鄂庐梭（Léonard Aurousseau, 1888—1929）指出该目录至少遗漏《葡萄牙人之抵华》（Henri Cordier, "L'arrivée des Portugais en Chine," *T'oung pao*, s. 2, v. 12, no. 4, oct. 1911, pp. 483-543）一文之条目（见Aurousseau, "Henri Cordier," p. 280），实则《通报》该卷另有文章其条目未被该目录收录。对比*T'oung pao*, s. 2, v. 12, no. 5, déc. 1911, pp. 777-778. Bibliographie des œuvres de Henri Cordier, pp. 91-93. 高第在该作中亦致力于收录作品相关评论信息，而对《中国书目》第一版初编相关评论信息未录（p. 17），对比Cordier, *Bibliotheca Sinica*, 2e éd., col. 1823. 索引亦有遗漏（见下文）。该作另有错误。如，录上述（第6页）载《历史评论与文学评论杂志》（*Revue critique d'histoire et de littérature*）之鲍乃迪讣闻的页码作84（p. 6）；录上述载《通报》1893年7月期之两篇讣闻的页码作310；录载1894年《通报》的该刊编辑部就其时国际东方学学者大会（International Congress of Orientalists）所撰抗议的页码作165（p. 33），实为175。索引条目排序有误（p. 145）。索引页码排序有误（p. 144）。条目格式有误（p. 25）。另有不完善之处。例如，专名拼写格式不一，如《历史评论与文学评论杂志》名格式（pp. 118, 120, 126）。目录性信息详略程度不一，如对载《通报》文章所录者（p. 55）。页码完整标注形式同缩略标注形式互见（p. 54）。《诸民通史》即《诸民通史：自古代至今日》：Maxime Petit, publiée sous la direction de, *Histoire générale des peuples: de l'antiquité à nos jours*, 3 t., Paris: Larousse, (1925-1926.) 如未做国别限定，本书所谓"东京"均指越南东京。

① 高第后一再忆及该经历。见Cordier, *Bibliotheca Sinica*, 1re éd., col. vii. Henri Cordier, *Le périple d'Afrique: du Cap au Zambèse et à l'océan Indien*, Paris: E. Guilmoto, (1906,) p. 218.

② 另见Académie des inscriptions et belles-lettres, *Comptes rendus des séances de l'année 1925*, mars-mai, p. 88. 高第去世后，其夫人出售其部分藏书，法兰西研究院（Institut de France，高第系成员）似亦属意该珍藏，终被曾为日本熊本藩主的细川家的第十六代、其时偶居巴黎的细川护立（Hosokawa Moritatsu，1883—1970）侯爵购得，后作为保管细川家所传历史资料及美术品等物的永青文库的一部分，由位于日本东京的庆应义塾大学附属研究所斯道文库受托管理，凡约五千册。斯道文库为该专藏编有目录，147页：『コルディエ文庫分類目録』、東京：慶應義塾大學附属研究所斯道文庫、1979. 另见Frédéric Girard, "Le fonds Henri Cordier de l'Université Keiō, Tōkyō," *Bulletin de l'École française d'Extrême-Orient*, t. 99, 2012-2013, pp. 385-390.

③ 另见Cagnat, "Notice sur la vie et les travaux de M. Henri Cordier," p. 297. Paul Demiéville, "Aperçu historique des études sinologiques en France," Paul Demiéville, *Choix d'études sinologiques (1921-1970)*, Leiden: E. J. Brill, 1973, p. 475.

现有以欧洲语言所作所有远东相关出版物的如此珍贵的清单即受惠于其该种气质：《中国书目》(Bibliotheca Sinica，第一版，1881—1885年，补编，1893—1895年；第二版，大幅增补，1902—1908年，补编，1922—1924年。编译者按：1902当作1904)①、《日本书目》(Bibliotheca Japonica，1912年)②、《印度支那书目》(Bibliotheca Indosinica，1912—1915年)③。尽

---

① 全名为《中国书目：涉及中华帝国作品目录词典》(Bibliotheca Sinica, Dictionnaire bibliographique des ouvrages relatifs à l'Empire chinois)。"《中国书目》第一版始刊于1881年"一说就其合订本而言（高第自记时亦有此说，如见Cordier, Bibliotheca Sinica, 2ᵉ éd., col. 1823. Bibliographie des œuvres de Henri Cordier, p. 17)，实则该书以分册形式始刊于1878年。关于两版《中国书目》之成书，可见拙著《高第〈中国书目〉研究》（北京：学苑出版社，2023年）第42—47页。

② 即《日本书目：直至1870年按时间次序排列涉及日本帝国作品目录词典，后随包含自1870至1912年所出主要作品按字母次序之清单的附录》：Henri Cordier, Bibliotheca Japonica, Dictionnaire bibliographique des ouvrages relatifs à l'Empire japonais, rangés par ordre chronologique jusqu'à 1870, suivi d'un appendice renfermant la liste alphabétique des principaux ouvrages parus de 1870 à 1912, Paris: Imprimerie nationale, Ernest Leroux, 1912. 页码xii+762。作为"现代东方语言学院出版物"(Publications de l'École des langues orientales vivantes)第五系列第八卷。实际出版时间为1913年3月8日。见Bibliographie des œuvres de Henri Cordier, p. 96.《通报》1913年3月期的"目录"专栏之"新书"版块记："国家印刷厂(Imprimerie nationale)刚刚完成《日本书目》。"见"Livres nouveaux," T'oung pao, s. 2, v. 14, no. 1, mars 1913, p. 143. 该作基于曾任陆英(Alexandre Forth-Rouen, 1809—1886)驻华公使团(1847—1850)随员的莱昂·帕热斯(Léon Pagès, 1814—1886)的《日本目录，或自15世纪直至今日所刊涉日作品目录》(Léon Pagès, Bibliographie japonaise, ou Catalogue des ouvrages relatifs au Japon qui ont été publiés depuis le XVᵉ siècle jusqu'à nos jours, Paris: Benjamin Duprat, 1859)，高第修订并增益至1870年。帕热斯目录按时间次序排列条目，高第延续该方式而称"无大不便"，因"直至1870年——特别是16、17世纪——所刊涉日书籍多系涉及在日出帝国之基督宗教传教团的历史。一个按字母次序的索引可补救时间次序之不便"。(col. vi-vii)伯希和对该作撰有评论：P. Pelliot, "Bibliotheca Japonica," Journal asiatique, s. 11, t. 2, juil.-août 1913, pp. 204-206. 1929年，伯希和记："高第的《日本书目》仅详记至1870年，其后仅指出直至1912年的最重要作品。""即便对1870年以前的时段，对高第已然很珍贵的该作品，待加者似仍有很多。我拥有不少他所未知的作品；我有一些笔记，关于存于公共图书馆或在一些新出目录中被投入市场之很多其他作品。"见P. Pelliot, "Bibliographie von Japan, 1906-1926," T'oung pao, s. 2, v. 26, no. 4-5, 1929, p. 389.

③ 即《印度支那书目：涉及印度支那半岛作品目录词典》：Henri Cordier, Bibliotheca Indosinica, Dictionnaire bibliographique des ouvrages relatifs à la Péninsule indochinoise, 4 v., Paris: Imprimerie nationale, Ernest Leroux, 1912-1915. 四卷，页码vii+3030。作为"法国远东学院出版物"(Publications de l'École française d'Extrême-Orient)第十五至十八卷。其初编《印度支那书目：涉及印度支那半岛作品试编目录（第一部分，缅甸与阿萨姆）》("Bibliotheca Indo-Sinica, Essai d'une bibliographie des ouvrages relatifs à la Presqu'île indo-chinoise — première partie: Birmanie et Assam")曾以七次连载于《通报》：Henri Cordier, "Bibliotheca Indo-Sinica, Essai d'une bibliographie des ouvrages relatifs à la Presqu'île indo-chinoise — première partie: Birmanie et Assam," T'oung pao, s. 2, v. 4, no. 5, déc. 1903, pp. 385-406. 收录条目第1条至第72条。Henri Cordier, "Bibliotheca Indo-Sinica, Essai d'une bibliographie des ouvrages relatifs à la Presqu'île indo-chinoise — première partie: Birmanie et Assam (suite)," T'oung pao, s. 2, v. 5, no. 2, mai 1904, pp. 121-156. 收录条目第73条至第476条。Henri Cordier, "Bibliotheca Indo-Sinica, Essai d'une bibliographie des

管经历大量劳作，此类作品始终不完整，①难免混入一些错误。此外，仅《日本书目》配有索引。②而《印度支那书目》的索引需指望法国远东学

（接上页注）ouvrages relatifs à la Presqu'île indo-chinoise — première partie: Birmanie et Assam (suite)," T'oung pao, s. 2, v. 5, no. 3, juil. 1904, pp. 239-268. 收录条目第477条至第859条。Henri Cordier, "Bibliotheca Indo-Sinica, Essai d'une bibliographie des ouvrages relatifs à la Presqu'île indo-chinoise — première partie: Birmanie et Assam (suite)," T'oung pao, s. 2, v. 6, no. 1, mars 1905, pp. 61-105. 收录条目第860条至第1393条。Henri Cordier, "Bibliotheca Indo-Sinica, Essai d'une bibliographie des ouvrages relatifs à la Presqu'île indo-chinoise — première partie: Birmanie et Assam (suite)," T'oung pao, s. 2, v. 7, no. 1, mars 1906, pp. 1-50. 收录条目第1394条至第1700条。Henri Cordier, "Bibliotheca Indo-Sinica, Essai d'une bibliographie des ouvrages relatifs à la Presqu'île indo-chinoise — première partie: Birmanie et Assam (suite)," T'oung pao, s. 2, v. 7, no. 2, mai 1906, pp. 163-209. 收录条目第1701条至第2070条。Henri Cordier, "Bibliotheca Indo-Sinica, Essai d'une bibliographie des ouvrages relatifs à la Presqu'île indo-chinoise — première partie: Birmanie et Assam (fin)," T'oung pao, s. 2, v. 9, no. 2, mai 1908, pp. 137-175. 收录条目第2071条至第2263条，附第一部分总目。于1908年刊合订本：Cordier, *Bibliotheca Indo-Sinica, Essai d'une bibliographie des ouvrages relatifs à la Presqu'île indo-chinoise, première partie: Birmanie et Assam*, Leide: E. J. Brill, 1908. 269页。除先刊之第一部分同全本在副名上的差异（表"半岛"的法语词汇péninsule系自晚期拉丁语词汇paeninsula的借词，presqu'île系据后者的仿造词）外，该作之主名至少经历过三种构想：1881年所刊《中国书目》第一版初编第一卷合订本之末所附出版商广告（其时在副名中用presqu'île）、定稿于1885年7月的《中国书目》第一版初编后记及1896年所刊高第《远东两个法国机构之起源：上海、宁波——附引言及注释刊行之未刊文献》（*Les origines de deux établissements français dans l'Extrême-Orient, Chang-haï — Ning-po: documents inédits publiés avec une introduction et des notes*）之末所附定稿于1896年11月的《高第先生主要出版物》（"Principales publications de M. Henri Cordier"）一文作*Bibliotheca Indo-Sinica*，1903至1908年所发该作第一部分用此名；1892年所刊高第《五年中国研究（1886—1891）》单行本［*Half a Decade of Chinese Studies (1886-1891)*］之末所附定稿于1892年12月的《高第先生主要出版物》作*Bibliotheca Indico-Sinica*；1912至1915年全本用名如上。见Cordier, *Bibliotheca Sinica*, 1ʳᵉ éd., col. 1400. "Principales publications de M. Henri Cordier," Cordier, *Half a Decade of Chinese Studies (1886-1891)*, p. 33. "Principales publications de M. Henri Cordier," Henri Cordier, *Les origines de deux établissements français dans l'Extrême-Orient, Chang-haï — Ning-po: documents inédits publiés avec une introduction et des notes*, Paris, 1896, p. 71. "印度支那"系对历史名词Indochine的直译，其所指很大程度上对应今中南半岛，下同。

① 《中国书目》之缺漏在俄文出版物及中亚相关出版物方面尤其明显。——原注
高第在其《日本书目》前言中记："国别目录如梅若夫（Mejov）的《亚洲目录》（Bibliographie de l'Asie）及其他于我大有帮助。"见Cordier, *Bibliotheca Japonica*, col. ix. 所涉作品为俄国目录学者弗拉基米尔·伊兹梅洛维奇·梅若夫（В. И. Межовъ，1830—1894。其姓名今拼作Владимир Измайлович Межов）的《亚洲目录》（*Библіографія Азіи*）：В. И. Межовъ, *Библіографія Азіи*, 3 т., С.-Петербургъ, 1891-1894. 高第《印度支那书目》编纂之时在亚洲相关俄文作品方面亦参阅该书。见Cordier, *Bibliotheca Indosinica*, col. vi. 该两处标录梅若夫该作信息不全。在《日本书目》评论中，伯希和记："标注二手作品的星号尤其位于俄文作品标题前，这些作品大部在圣彼得堡之外确实无法使用。至少高第先生广泛汲引梅若夫《亚洲目录》，较之对《中国书目》所做甚至更为广泛。"复注云："在多次经验之后，我可确证，梅若夫所给标题、姓名、日期常不精确，故应有所保留地且在无更好者时方接受之。"见Pelliot, "*Bibliotheca Japonica*," p. 205.

② 在定稿于1914年12月的《印度支那书目》后记中，高第记："我希望可对该两作品（编译者按：指《印度支那书目》《中国书目》）给出作为必需补充的按字母次序之索引，其实

院（Ecole française d'Extrême-Orient）将之实现。①至于《中国书目》的索引，其在高第亡故时很有进展，而高第夫人同意将之完成。②针对远东而使用过这些目录者可衡量其用处，并常惋惜针对印度或针对穆斯林世界毫无此类作品。③而针对远东本身，我们很快将感觉到，自高第停编之日起，此类目录于我们而言多么缺失。

被日意格唤回的高第于1877年3月26日在马赛下船。他立即重拾前一年同学界所结下的关系。自1877年3月19日起，他向《评论杂志》（*Revue critique*）交付第一篇文章，④献给路易·德巴克尔（Louis de Backer）的《中世纪之远东》（*L'Extrême-Orient au Moyen-Age*）——一篇很是应得的

（接上页注）则已在准备中。"见Cordier, *Bibliotheca Indosinica*, col. 2985-2986. 在《日本书目》评论中，伯希和记："《日本书目》配有一个出色的索引，这是较之《中国书目》的暂时优势。"见Pelliot, "*Bibliotheca Japonica*," p. 205.

① 该作之缺少索引在《印度支那书目（第一部分）》已现。见L. F(inot)., "*Bibliotheca Indo-Sinica*," *Journal asiatique*, s. 10, t. 12, nov.-déc. 1908, p. 488. 见高第亡故而未能自编该作索引得成，法国远东学院即开始准备之。见"Henri Cordier et la bibliographie de l'Indochine," *Revue indochinoise*, n. s., t. 43, no. 3-4, mars-avr. 1925, p. 351. 1928年，时任法国远东学院临时院长（见"Documents administratifs," *Bulletin de l'École française d'Extrême-Orient*, t. 27, 1927, p. 529）的菲诺称，相关按字母次序之清单临近出版。见L. Finot, "*Bibliographie de l'Indochine française, 1913-1926*," *Bulletin de l'École française d'Extrême-Orient*, t. 28, no. 3-4, juil.-déc. 1928, p. 501. 1932年，M.-A.罗兰–卡巴通夫人（Mme M.-A. Roland-Cabaton）所编相关索引作为"法国远东学院出版物"第十八卷（重出）刊行：Mme M.-A. Roland-Cabaton, *Bibliotheca Indosinica, Dictionnaire bibliographique des ouvrages relatifs à la Péninsule indochinoise, par Henri Cordier, Index*, Paris: G. van Oest, Ernest Leroux, 1932. 书末自标"于1932年11月22日完成印刷"。页码309。在1932年12月9日铭文与美文学术院周会上，常任秘书向该院呈示该索引。见"Livres offerts," *Académie des inscriptions et belles-lettres, Comptes rendus des séances de l'année 1932*, oct.-déc., p. 428. 次年，该院据该索引授予其编者远东学作品奖项"翟理思奖"（Prix Giles）。见*Académie des inscriptions et belles-lettres, Comptes rendus des séances de l'année 1933*, janv.-mars, p. 125. 罗兰–卡巴通夫人之父即1898年应菲诺之邀加入法国远东学院前身——驻印度支那常设考古团（Mission archéologique permanente en Indochine）赴印度支那考察两年，后在现代东方语言学院讲授马来语的卡巴通（见"Cabaton, Antoine," Labrousse, *Langues O' 1795-1995*, p. 238）。

② 另见Cagnat, "Notice sur la vie et les travaux de M. Henri Cordier," p. 298. 关于《中国书目》之索引问题，可见拙著《高第〈中国书目〉研究》第128—137页。

③ 在《日本书目》评论中，伯希和记："在其他方面被装配得如此之好的印度学不拥有《中国书目》的对等物。"见Pelliot, "*Bibliotheca Japonica*," p. 204.

④ 据高第自述，1876年，在正逢盛时的《历史评论与文学评论杂志》的一次月度晚宴上，他遇见下文将述及（第29、34页）的意大利裔法国埃及学者加斯东·马斯佩罗（Gaston Maspero, 1846—1916）、（第14、48页）生于法国而后移民美国的美洲学者亨利·阿里斯（Henry Harrisse, 1829—1910）等。见Henri Cordier, *Bibliographie des œuvres de Gaston Maspero*, Paris: Paul Geuthner, 1922, p. v. 关于高第在该刊所发文章，见*Bibliographie des œuvres de Henri Cordier*, pp. 5, 6, 16, 20, 23, 26, 28, 29-30, 31, 33, 42-43, 44, 48-49, 52.

尖锐批评。①凭借该报告，高第尝试历史地理作品——其作品中最好的部分之一。他很快同现代东方语言学院（Ecole des Langues Orientales Vivantes）院长、优秀东方学学者夏尔·舍费尔订交，②后者可说极好的阿拉伯语、土耳其语及波斯语，亦是彻底的收藏家兼爱书人。③1881年，高第被委以因颇节（Pauthier）亡故而在东方语言学院（Ecole des Langues Orientales）空缺的远东历史、地理及法律课程，④他们的关系变为几乎日常性的。自次

---

① 为了对仍有时受人称赏的德巴克尔该出版物略陈大概，只需照录第425页的该注释："Gerfaux，鹿（cerfs）；自拉丁语cervus, cervi, cervos。"——原注

"3月19日"一说或误，该文于5月19日发表：Henri Cordier, "L'Extrême-Orient au Moyen-Âge," *Revue critique d'histoire et de littérature*, n. s., t. 3, no. 20, 19 mai 1877, pp. 313-317. 所评作品：Louis de Backer, *L'Extrême-Orient au Moyen-Âge, d'après les manuscrits d'un Flamand de Belgique, moine de Saint-Bertin à Saint-Omer et d'un prince d'Arménie, moine de Prémontré à Poitiers*, Paris: Ernest Leroux, 1877. 关于高第对该作之批评，另见下文将述及（第14—15、16、18、19、36页）的高第所编《鄂多立克行记》。路易·德巴克尔（1814—1896），比利时裔法国律师、学者，曾以该作竞逐1877年汉学作品奖项儒莲奖（Prix Stanislas Julien），未获奖。见*Académie des inscriptions et belles-lettres, Comptes rendus des séances de l'année 1876*, s. 4, t. 4, oct.-nov.-déc., pp. 255-256. "Jugement des concours," *Académie des inscriptions et belles-lettres, Comptes rendus des séances de l'année 1877*, s. 4, t. 5, oct.-nov.-déc., p. 372. 关于其作品，见《中世纪之远东》书前。

② 据高第自述，其1876年自中国返法后，在现代东方语言学院遇到包括舍费尔、下文将述及（第24页）的埃米尔·皮科（Émile Picot, 1844—1918）在内的"朋友及未来同事或会友的小团体"。见Henri Cordier, "Émile Picot," *Bulletin du bibliophile et du bibliothécaire*, no. 11-12, 15 nov.-15 déc. 1918, p. 441. 而在法国学界有"高第任出洋肄业局秘书期间同舍费尔结识"一说。见Reizler & Lacroix, "Henri Cordier (1849-1925)," p. 398. Aurousseau, "Henri Cordier," p. 280. Henri Dehérain & al., "Notes et nouvelles," *Revue de l'histoire des colonies françaises*, an. 13, t. 18, trim. 2, 1925, p. 311. 高第同舍费尔之渊源于高第在华期间已开启。在《王家亚洲学会北华分会委员会1874年报告》（"Report of the Council of the North-China Branch of the Royal Asiatic Society, for the Year 1874"）之《图书馆员报告》中，高第记："巴黎的现代东方语言专门学院（ecole spéciale des langues orientales vivantes）的院长舍费尔（编译者按：该文误录其姓作Scheffer）先生向我馆赠有一批很有趣的选集及手册。"见"Report of the Council of the North-China Branch of the Royal Asiatic Society, for the Year 1874," *Journal of the North-China Branch of the Royal Asiatic Society*, n. s., no. 9, p. iii. 1877年10月，经舍费尔推动，高第被任命为该院通讯成员。见Cordier, *Bibliotheca Sinica*, 1re éd, t. 1, 1881. （见标题页）Nguyen Tri, "Être orientaliste au XIXe siècle: le cas Henri Cordier," p. 218. 关于高第同其之交谊，见*Bibliographie des œuvres de Henri Cordier*, pp. 12, 27, 39, 44, 45, 46, 99, 126.

③ 《中国书目》经常根据舍费尔的藏本征引古作品。然而，我多次遇到来自舍费尔之收藏而高第未曾见的作品。——原注

关于舍费尔之东方学者兼藏书家身份，另见Cordier, *Bibliotheca Sinica*, 1re éd., col. xii.

④ 1872年，现代东方语言学院获得财政支持，设立两门"地理、历史与法律"补充课程，一门针对穆斯林诸国，一门针对远东诸国。针对远东诸国者由法国远东学学者颇节（Guillaume Pauthier, 1801—1873）任授课教师。颇节于1873年1月16日做开课讲话，3月11日辞世。该课遂被搁置。见G. Pauthier, *Cours complémentaire de géographie, d'histoire et de législation des États de l'Extrême-Orient à l'École spéciale des langues orientales vivantes: discours d'ouverture prononcé le 16 janvier 1873*, Paris: Ernest Leroux, 1873, pp. 1, 2. A. Pino, "La chaire de « géographie,

年（1882）起，舍费尔同高第以H.阿里斯（H. Harrisse）的《乔瓦尼·卡博托与塞巴斯蒂亚诺·卡博托》（*Jean et Sébastien Cabot*）①开创"旨在用于自13世纪直至16世纪末地理史之行记及文献汇编"［*Recueil de Voyages et de Documents pour servir à l'histoire de la géographie depuis le XIII* (sic) *siècle jusqu'à la fin du XVIᵉ siècle*］，至1923年出至其第二十四卷。②在该套美丽的丛书间，高第本人仅出有一卷，③但规模宏大：《真福修士鄂多立克·达波代诺内14

（接上页注）histoire et institutions des États de l'Extrême-Orient » (1872-1977)," Labrousse, *Langues O' 1795-1995*, p. 317. 1881年7月，现代东方语言学院院长舍费尔致信公共教育部部长，请求重建该课程，并任命高第为授课教师。见Nguyen Tri, "Être orientaliste au XIXᵉ siècle: le cas Henri Cordier," p. 220. 8月5日，高第获公共教育部相关任命。见*Bibliographie des œuvres de Henri Cordier*, p. vii. Pino, "La chaire de « géographie, histoire et institutions des États de l'Extrême-Orient » (1872-1977)," p. 317. 7日，其时同高第频繁合作的《政治论争与文学论争报》（*Journal des débats politiques et littéraires*）匿名刊出高第自撰的"该报合作者高第先生通过公共教育部部长令而获该委任"的消息。见*Journal des débats politiques et littéraires*, 7 août 1881. （作者之确定，据*Bibliographie des œuvres de Henri Cordier*, p. 8）开课讲话做于11月30日。见Henri Cordier, *Cours complémentaire de géographie, d'histoire et de législation des États de l'Extrême-Orient: discours d'ouverture prononcé le mercredi 30 novembre 1881*, Paris: Ernest Leroux, 1881.

① Henry Harrisse, *Jean et Sébastien Cabot, leur origine et leurs voyages: étude d'histoire critique, suivie d'une cartographie, d'une bibliographie et d'une chronologie des voyages au Nord-Ouest de 1497 à 1550, d'après des documents inédits*, Paris: Ernest Leroux, 1882. 乔瓦尼·卡博托（Giovanni Caboto）、塞巴斯蒂亚诺·卡博托（Sebastiano Caboto）父子，意大利人，15、16世纪欧洲人赴美洲之先驱。高第后为阿里斯撰有讣闻：Henri Cordier, "Henry Harrisse," *Bulletin du bibliophile et du bibliothécaire*, no. 11, 15 nov. 1910, pp. 489-505. Henri Cordier, "Henry Harrisse *(fin)*," *Bulletin du bibliophile et du bibliothécaire*, no. 12, 15 déc. 1910, pp. 569-582. 关于阿里斯作品，见该讣闻之末所附目录。

② 该丛书实名"旨在用于自13直至16世纪末地理史之行记及文献汇编"（*Recueil de voyages et de documents pour servir à l'histoire de la géographie depuis le XIIIᵉ jusqu'à la fin du XVIᵉ siècle*）。个别卷确另有"旨在用于自13世纪直至16世纪末地理史之行记及文献汇编"（*Recueil de voyages et de documents pour servir à l'histoire de la géographie depuis le XIIIᵉ siècle jusqu'à la fin du XVIᵉ siècle*）的白称。如见下文将述及（第14、15页）的《热罗姆·莫朗之行程》书前。至舍费尔去世当年，该丛书刊有十六卷，在前十五卷中，舍费尔亲编作品有八种十卷，阿里斯三种四卷（另有相关主题重出一卷），高第一卷。

③ 另有一卷曾被宣布将构成该丛书的第十七卷，系高第据波吉奥（Pogge）之拉丁文文本所作"尼科洛·康提"（„Niccolo Conti"）行记的加注法文译本。但第十七卷变为L.多雷（L. Dorez）所编《热罗姆·莫朗之行程》（*Itinéraire de Jerôme Maurand*）。关于"尼科洛·德康提"（„Nicolò de Conti"）［同时关于瓦特玛（Varthema）］，高第仅发有一个试编目录，载1899年《通报》。1896年所宣布的翻译在实行过程中，死亡将之打断。——原注

1896年，《远东两个法国机构之起源：上海、宁波》所附《高第先生主要出版物》记，《尼科洛·康提》（Nicolo Conti）"在准备中"。见"Principales publications de M. Henri Cordier," Cordier, *Les origines de deux établissements français dans l'Extrême-Orient, Chang-haï — Ning-po*, p. 75. 该作指高第在意大利商人尼科洛·德康提（Nicolò de' Conti, 约1395—1469. de' 即dei之缩略形式）口述、教皇秘书、意大利学者波吉奥·布拉乔利尼（Poggio Bracciolini, 1380—1459）笔录的拉丁文行记文本基础上所作的法文译注版。"载1899年《通报》"的"试编目录"：

高第（1849—1925）

世纪亚洲行记》（*Les Voyages en Asie au XIVe siècle du bienheureux frère Odoric de Pordenone*，巴黎，1891年，八开，XIV+CLVIII+602页）^①。极其大量的注释证明殊为广阔的研究。^②人们至多可惋惜，高第将这些注释悬于鄂多立克（Odoric）的旧法文译本之上，^③其间多数名字被误写。如此，正确的形式几乎从未在正文中被给出，而被弃置于注释中。^④或许本应自拉丁文文本做一

（接上页注）Henri Cordier, "Deux voyageurs dans l'Extrême-Orient au XVe et au XVIe siècles: essai bibliographique Nicolò de' Conti — Lodovico de Varthema," *T'oung pao*, v. 10, no. 4, oct. 1899, pp. 380-404. （涉及德康提者见pp. 380-389）关于该主题，《中国书目》《印度支那书目》另收有目录。见Cordier, *Bibliotheca Sinica*, 1re éd., col. 964-966, 1929. Cordier, *Bibliotheca Indosinica*, col. 85-94. Cordier, *Bibliotheca Sinica*, 2e éd., col. 2052-2054, 3176, 4015. 在载《通报》者所录波吉奥版条目后，高第注云："高第先生准备波吉奥该文本——唯一精确者——个法文译本的出版。"（p. 388）另见Froidevaux, "Un historien de l'Extrême-Orient: M. Henri Cordier," p. 77. 《热罗姆·莫朗之行程》即《热罗姆·莫朗自昂蒂布至君士坦丁堡之行程（1544年）》: Léon Dorez, *Itinéraire de Jérôme Maurand, d'Antibes à Constantinople (1544): texte italien publié pour la première fois avec une introduction et une traduction*, Paris: Ernest Leroux, 1901. 热罗姆·莫朗，16世纪法国教士，昂蒂布人。莱昂·多雷（Léon Dorez，1864—1922），文书学院毕业生，曾为法国罗马学院（École française de Rome）成员，后供职于法国国家图书馆写本部。见H(enri). O(mont)., "Léon Dorez," *Bibliothèque de l'École des chartes*, t. 83, 1922, p. 246. 卢多维科·迪瓦特玛（Ludovico di Varthema，约1470—1517），意大利旅行者。

① 即《附引言及注释刊行之方济各会僧侣真福修士鄂多立克·达波代诺内14世纪亚洲行记》: Henri Cordier, *Les voyages en Asie au XIVe siècle du bienheureux frère Odoric de Pordenone, religieux de Saint-François, publiés avec une introduction et des notes*, Paris: Ernest Leroux, 1891. clviii+602+xiv+ii页。对该作开本，《高第作品目录》作"大八开"。见*Bibliographie des œuvres de Henri Cordier*, p. 27. 作为"旨在用于自13直至16世纪末地理史之行记及文献汇编"第十卷。1881年，《中国书目》第一版初编第一卷合订本所附出版商广告记，《附历史性及地理性注释刊行之鄂多立克·达伯留利》（*Odoric de Frioul, publié avec des notes historiques et géographiques*）"在准备中"。1890年3月，高第记该作"在印"。见Henri Cordier, "Le Colonel Sir Henry Yule," *Journal asiatique*, s. 8, t. 15, févr.-mars 1890, p. 251. 鄂多立克·达波代诺内（Odorico da Pordenone，？—1331）生于意大利弗留利地区的波代诺内。

② 另见L(éopold). Delisle, "*Les voyages en Asie, au XIVe siècle du bienheureux frère Odoric de Pordenone*," *Bibliothèque de l'École des chartes*, t. 52, 1891, p. 453. Philippe Ménard, "Les manuscrits de la version française d'*Odoric de Pordenone*," *Civilisation médiévale*, t. 16, 2006, p. 487. Philippe Ménard, "L'édition du *Voyage en Asie* d'Odoric de Pordenone traduit par Jean Le Long (1351)," *Académie des inscriptions et belles-lettres, Comptes rendus des séances de l'année 2011*, fasc. 1, janv.-mars, p. 29. 第三篇文章认为高第该作"配有关于中国文明的重要注释，但在语文学方面显出不足"（pp. 23-24）。

③ 高第该作所据为法国僧侣让·勒隆（Jean Le Long，？—1384）自鄂多立克拉丁文原作所作法文译本（完成于1351年）藏于法国国家图书馆的两种写本（编号fr. 1380、fr. 2810。路易·德巴克尔《中世纪之远东》所据为后一种）。见Cordier, *Les voyages en Asie au XIVe siècle du bienheureux frère Odoric de Pordenone*, p. lix. 有论者以之非诸写本间最佳者。见Ménard, "L'édition du *Voyage en Asie* d'Odoric de Pordenone traduit par Jean Le Long (1351)," p. 29. Christine Gadrat, "*Le voyage en Asie d'Odoric de Pordenone* traduit par Jean Le Long," *Bibliothèque de l'École des chartes*, t. 169, livr. 2, juil.-déc. 2011, p. 646.

④ 关于伯希和对名字拼写问题之重视，另见1903年所发其对高第《1860至1902年中国同

个新译本。

在刊行《鄂多立克·达波代诺内》(*Odoric de Pordenone*)的同一年，高第在《通报》上发表一篇关于《让·德曼德维尔》(*Jean de Mandeville*)、主要属目录性的文章，① 而他尤其是随马可·波罗(Marco Polo)而重回中世纪旅行者间。自中国返回后，高第即被介绍给亨利·玉尔(Henry Yule)爵士上校——② 以学识及理智而受人尊敬的学者，③ 曾于1866年刊有《契丹及通往彼处之路》(*Cathay and the Way thither*)，④ 于1871年、后于1875年刊有《马可·波罗先生之书》(*The Book of Ser Marco Polo*)。⑤ 玉尔的《马可·波罗》(Marco Polo)再难找到，本世纪初，人们打算将之重印。但玉尔已于1889年12月30日亡故。⑥ 人们本可如多次

（接上页注）西方列强关系史》(*Histoire des relations de la Chine avec les puissances occidentales, 1860-1902*)的评论。针对该作的汉字误写，伯希和记："误写一个中国名同误写一个欧洲名同样严重。" 见P. Pelliot, "*Histoire des relations de la Chine avec les puissances occidentales, 1860-1900* [le t. III porte 1860-1902]," *Bulletin de l'École française d'Extrême-Orient*, t. 3, no. 4, oct.-déc. 1903, p. 685. 另见Hambis, "Paul Pelliot (1878-1945), historien et linguiste," pp. 31-32.

① 所涉作品：Henri Cordier, "Jean de Mandeville," *T'oung pao*, v. 2, no. 4, nov. 1891, pp. 288-323.

② 1876年，高第经下文将述及（第50页）的英国东印度事务部（East-India Office）图书馆员莱因霍尔德·罗斯特（Reinhold Rost, 1822—1896）引荐，在位于伦敦的该部结识英国东方学者玉尔（1820—1889）。见Henry Yule, translated and edited, with notes by, *The Book of Ser Marco Polo, the Venetian, Concerning the Kingdoms and Marvels of the East, Third Edition*, revised throughout in the light of recent discoveries by Henri Cordier, v. 1, London: John Murray, 1903, p. vii. 高第后为玉尔多次发有纪念文章：Henri Cordier, "Sir Henry Yule: notice," *Compte rendu des séances de la Société de géographie et de la Commission centrale*, no. 2, 1890, pp. 26-29. Cordier, "Le Colonel Sir Henry Yule," *Journal asiatique*, s. 8, t. 15, févr.-mars 1890, pp. 243-264. Henri Cordier, "Colonel Sir Henry Yule," *T'oung pao*, v. 1, no. 1, avr. 1890, pp. 66-68. 第一篇在1890年1月17日地理学会会议上宣读，第三篇几为其重刊版。

③ 关于伯希和对玉尔之推重，另见Denis Sinor, "Remembering Paul Pelliot, 1878-1945," *Journal of the American Oriental Society*, v. 119, no. 3, July-Sept. 1999, p. 469.

④ 所涉作品：Henry Yule, translated and edited by, *Cathay and the Way Thither, Being a Collection of Medieval Notices of China, With a Preliminary Essay on the Intercourse Between China and the Western Nations Previous to the Discovery of the Cape Route*, 2 v., London: The Hakluyt Society, 1866. 中文环境中之"契丹"译法，试据玉尔相关考述，见该作第一卷pp. cxxxv-cxliii.

⑤ 所涉作品：Henry Yule, newly translated and edited, with notes by, *The Book of Ser Marco Polo, the Venetian, Concerning the Kingdoms and Marvels of the East*, 2 v., London: John Murray, 1871. Henry Yule, newly translated and edited, with notes, maps, and other illustrations by, *The Book of Ser Marco Polo, the Venetian, Concerning the Kingdoms and Marvels of the East, Second Edition, Revised, With the Addition of New Matter and Many New Illustrations*, 2 v., London: John Murray, 1875. 关于高第对该作之评价，见Cordier, "Le Colonel Sir Henry Yule," p. 256.

⑥ 玉尔生前曾希望自编《马可·波罗》第三版并对高第言及。见Cordier, "Sir Henry Yule: notice," p. 28. Cordier, "Le Colonel Sir Henry Yule," p. 257. Cordier, "Colonel Sir Henry Yule," p. 68. Yule, *The Book of Ser Marco Polo*, 3rd ed., v. 1, p. viii.

对一些远东相关作品——如伟烈亚力、梅辉立（Mayers）①、贝勒、白挨底（Playfair）②的作品——那般，满足于照原样复制已售罄的版本，无视二十五年间科学所做进步。③所幸A.F.玉尔（A. F. Yule）小姐的孝心得到了出版商约翰·默里（John Murray）的慨然支持，他们另有打算，决定在尊重玉尔原始文本的同时进行重订，加入所需更正或细化，并请高第做该调整。他愉快地完成其任务，新版于1903年出版，④1920年又补以一卷《注释与补遗》（Notes and Addenda）。⑤高第以其能力在其注释中加入了截至1920年人们所写、可阐明该威尼斯旅行者之该作的几乎一切。不过，这并不意味着关于马可·波罗已无一言可加。即便不论可从东方——主要是中国——材源中提取的新注解，叙述本身所采用的文本亦非最令人满意者。可以理解的是，高第照原样保留了玉尔所确立的英文文本，但该文本并非总是对原文的正确翻译，其折中风格使其有时接收了一些可疑的句子成

---

① 梅辉立（William Frederick Mayers，1831—1878），英国入华外交官。

② 白挨底（George MacDonald Home Playfair，1850—1917），英国入华外交官。高第后为其撰有讣闻：H. C., "G. M. H. Playfair," *T'oung pao*, s. 2, v. 17, no. 4-5, oct.-déc. 1916, p. 556. 该期《通报》于1918年3月刊。

③ 针对伟烈亚力，此处至少部分当指后人在对其《中国文献解题》（A. Wylie, *Notes on Chinese Literature, With Introductory Remarks on the Progressive Advancement of the Art, and a List of Translations From the Chinese, Into Various European Languages*, Shanghae: American Presbyterian Mission Press, 1867. 通行中译名作《汉籍解题》）再版过程中所做者。见高第就该作第二版（1901年刊）所撰评论：H. C., "Notes on Chinese Literature," *T'oung pao*, s. 2, v. 3, no. 5, déc. 1902, pp. 340-341.（《高第作品目录》误录该评论页码作"330—331"。见*Bibliographie des œuvres de Henri Cordier*, p. 61）

④ 所涉作品：Yule, translated and edited, with notes by, *The Book of Ser Marco Polo, the Venetian, Concerning the Kingdoms and Marvels of the East, Third Edition*, revised throughout in the light of recent discoveries by Henri Cordier, 2 v., London: John Murray, 1903. cii+462，xxii+662页。伯希和对该作撰有评论：P. Pelliot, "The Book of Ser Marco Polo, the Venetian, concerning the kingdoms and marvels of the East, 3ᵉ éd.," *Bulletin de l'École française d'Extrême-Orient*, t. 4, no. 3, juil.-sept. 1904, pp. 768-772. 关于高第在该新版中所做工作，见该文（p. 769）。玉尔《马可·波罗》第一版刊后传到中国，即引起包括高第在内的西方在华学者的关注。见Yule, *The Book of Ser Marco Polo*, 3ʳᵈ ed., v. 1, p. vii. 高第在下文将述及（第20—21、27页）的其早期作品《东京近事记》中已参考该作。见Henri Cordier, *A Narrative of the Recent Events in Tong-king*, Shanghai: American Presbyterian Mission Press, 1875, pp. 2-3. Henri Cordier, "A Narrative of Recent Events in Tong-king," *Journal of the North-China Branch of the Royal Asiatic Society*, n. s., no. 9, p. 117.

⑤ 所涉作品：Henri Cordier, *Ser Marco Polo, Notes an Addenda to Sir Henry Yule's Edition, Containing the Results of Recent Research and Discovery*, London: John Murray, 1920. x+161页。伯希和对该作供有信息（p. v）。关于高第所作马可·波罗相关作品，另见*Bibliographie des œuvres de Henri Cordier*, pp. 10, 40-41, 63, 70, 93.

分，而遗漏了可被视为可信而重要的另一些。此外，专有名词的变体通常未被指出，而玉尔版本对这些名称所取形式有时并非最佳者。在我看来，《马可·波罗》的下一位出版者应先从新一次的写本比对入手。

在于约翰·默里处出版其《马可·波罗》版本之前，玉尔曾于1866年为哈克路特学会（Hakluyt Society）刊有《契丹及通往彼处之路》。该作也已从市场上消失。哈克路特学会的理事会面对高第再版《马可·波罗》所取得的成功，建议其亦再版《契丹及通往彼处之路》。该第二版以四卷取代两卷，于1913至1916年出版。① 较之在其《马可·波罗》中，玉尔在此处所做更是开拓者之举，重订工作变得完全必要。高第如其一贯，在此展现出对人们就该主题所写之一切的可赞知晓。作为更优于《马可·波罗》之处，该第二版配有一个出色的索引，在长时间里将是信息宝库。然而，基于戈卢博维奇（Golubovich）② 神父、尊敬的慕阿德（A. C. Moule）③ 及许多其他人的研究近期所带来或尚将带来的关于在中世纪完全或部分走过通往"契丹"之路的旅行者及传教士的信息，其间某些章节已过时或很快将

---

① 所涉作品：Henry Yule, translated and edited by, *Cathay and the Way Thither, Being a Collection of Medieval Notices of China, With a Preliminary Essay on the Intercourse Between China and the Western Nations Previous to the Discovery of the Cape Route, New Edition*, revised throughout in the light of recent discoveries by Henri Cordier, 4 v., London: The Hakluyt Society, 1913-1916. 第二卷xii+（2）+367页，自标于1913年刊，实际于1914年1月刊；针对鄂多立克（Odoric of Pordenone）；第三卷xv+269页，自标于1914年刊，实际于1915年10月收到样书；第一卷xxiii+（1）+318+xxxvi页，于1915年刊；第四卷xii+359页，自标于1916年刊，实际于1917年4月刊。见*Bibliographie des œuvres de Henri Cordier*, pp. 99, 105（该目录之索引漏标该页之多处Yule。对比p. 151），109. 关于哈克路特学会对高第之相关委托、高第在该新版中所做工作及伯希和对该版之贡献，见该版前言（第一卷pp. xii-xiv）。在上述（第12页）1877年所发《中世纪之远东》评论中，高第已表现出对玉尔该作的熟悉。

② 吉罗拉莫·戈卢博维奇（Girolamo Golubovich，1865—1941），达尔马提亚裔方济各会士，编有《圣地及方济各会东方列传及书目》（*Biblioteca bio-bibliografica della Terra Santa e dell'Oriente francescano*）。见Cordier, *Bibliotheca Sinica*, 2ᵉ éd., col. 4003.

③ 慕阿德（Arthur Christopher Moule，1873—1957），英国驻华传教士，同伯希和合编有《马可·波罗寰宇记》：A. C. Moule & Paul Pelliot, *Marco Polo: The Description of the World*, 2 v., London: George Routledge & Sons, 1938. [该作按原计划凡四卷。在该两卷中，主要工作为慕阿德所做。见Hartmut Walravens, compiled by, *Paul Pelliot (1878-1945), His Life and Works — a Bibliography*, Bloomington, Indiana: Research Institute for Inner Asian Studies, Indiana University, 2001, p. 140] 关于伯希和对其之推重，见Sinor, "Remembering Paul Pelliot, 1878-1945," p. 469. 高第为其叔父、英国人华传教士慕雅德（Arthur Evans Moule，1836—1918）所撰讣闻误录传主中文名作"慕阿德"。见H(enri). C(ordier)., "Arthur Evans Moule 慕阿德 *(sic)*," *T'oung pao*, s. 2, v. 18, no. 3, juil. 1917, pp. 238-239. 该期《通报》于1919年1月刊。

过时。①无人比高第更为这些新发现及新细化而欣喜。

高第致力于赴亚洲之欧洲古代旅行者的研究直至其最后一日。在其亡故时，他刚刚交付其对多明我会士、塞韦拉克（Séverac）之茹尔丹·加泰拉（Jourdain Catala）的《奇迹志》（*Mirabilia descripta*）所作加注译本的清样。②此处他仍是循着玉尔的足迹，③后者曾将茹尔丹修士的该作译成英文，收于1863年所出哈克路特学会的一卷中。④但玉尔的该作作为其在该领域中所刊第一部作品，甚待改进，故而高第正当地认为，此次最好整个重做，以其自己的名义。⑤

---

① 关于伯希和对马可·波罗之关注，另见Hambis, "Paul Pelliot (1878-1945), historien et linguiste," pp. 31, 36. Walravens, *Paul Pelliot (1878-1945), His Life and Works*, pp. 64, 80, 95, 125, 138, 140, 141, 142, 147, 149.

② 高第采用了Jourdain Catalani de Sévérac形式。由于该版尚未问世，我无法评估其该选择的理由。——原注
高第此前采用过的相应形式如Jourdain de Sévérac（见Cordier, "Sir Henry Yule: notice," p. 27. Cordier, "Le Colonel Sir Henry Yule," p. 248）、Jourdain de Sévérac（见Cordier, "Colonel Sir Henry Yule," p. 66）。茹尔丹·德塞韦拉克（Jourdain de Sévérac），生活于13至14世纪的多明我会士，《奇迹志》系其东方行记。就对其之称呼而言，Catalani、Catala等同根词均源自加泰罗尼亚地区之名，指涉其人之祖籍；位于法国东南的塞韦拉克勒沙托（Sévérac-le-Château，奥克语作Severac lo Castèl）或系其出生地。其作一些版本所署Jordanus系其人之名的拉丁文形式，英语以原形采用。

③ 高第编《鄂多立克行记》亦是循着玉尔的足迹。见Cordier, "Sir Henry Yule: notice," p. 27. Cordier, "Colonel Sir Henry Yule," pp. 66-67. 关于该作在编写过程中所受玉尔之影响，见Cordier, "Le Colonel Sir Henry Yule," pp. 251-252.

④ 所涉作品：Jordanus, *Mirabilia Descripta, The Wonders of the East (Circa 1330)*, translated from the Latin original, as published at Paris in 1839, in the *Recueil de Voyages et de Mémoires*, of the Society of Geography, with the addition of a commentary, by Henry Yule, London: The Hakluyt Society, 1863. 高第记，法国地理学会所刊"行记及回忆录汇编"（*Recueil de voyages et de mémoires*）丛书（1824至1866年刊）启发了玉尔最初几部作品，中有其第一部历史地理作品《奇迹志》——系自该丛书所含该作拉丁文文本译成英文并添加注释而成。见Société de géographie, publié par, *Recueil de voyages et de mémoires*, t. 4, Paris: Arthus-Bertrand, 1839. Cordier, "Sir Henry Yule: notice," p. 27. Cordier, "Le Colonel Sir Henry Yule," p. 248. Cordier, "Colonel Sir Henry Yule," p. 66. 关于该作者之名，地理学会该版前言作"Jordan Catalani或Jourdain Catalani，生于塞韦拉克（Séverac）"（p. 1），正文前所附所据写本之影印版插图标作Jourdain de Séverac（未设页码），正文作Jordanus（p. 37）。

⑤ 1925年1月所刊《通报》1924年10月期的"目录"专栏之"新书"版块报道该作在印的消息，记该作为"拉丁文文本，高第先生的法文译文以及注释，附大英博物馆（British Museum）所藏写本之影印版"。见"Livres nouveaux," *T'oung pao*, s. 2, v. 23, no. 4, oct. 1924, p. 279. 关于该作行之可能契机，见H(enri). O(mont)., "*Mirabilia descripta, Les merveilles de l'Asie*," *Bibliothèque de l'École des chartes*, t. 86, 1925, pp. 444-445. 在1925年11月13日铭文与美文学术院周会上，该院年度主席以高第夫人的名义向该院赠送高第该遗作，该院以之为高第的最后一部作品。见"Livres offerts," *Académie des inscriptions et belles-lettres, Comptes rendus des séances de l'année 1925*, sept.-déc., p. 298.

远东目录、中世纪旅行者，这似乎本已足够用去一位学者的整整一生。高第刊有许多其他东西。① 1881年承担一门远东历史、地理及法律课程，1888年任该课程正式教授，② 此外，自1886年起数年间任政治科学自由学院（Ecole libre des Sciences politiques）教授，③ 其历史及地理作品延展至整个远东。这位很爱国的人士自始即是一位"殖民者"。④ 1873年，他在上海结识安邺（Francis Garnier），其时后者受遊悲黎（Dupré）⑤ 上将召唤，出发赴东京（Tonkin）执行任务，在当地光荣地死去。⑥ 安邺是实干家，也是被玉尔持以高度且应当之重视的学者。⑦ 高第对其献有一篇动情的讣闻，⑧ 后于1874年年末写有一篇《东京近事记》（*Narrative of Recent*

---

① 另见Froidevaux, "Un historien de l'Extrême-Orient: M. Henri Cordier," p. 76.

② 1888年3月30日法国公共教育部部长令对该课程设立讲席并任命高第为首任教授。见 *Bibliographie des œuvres de Henri Cordier*, p. vii. Pino, "La chaire de « géographie, histoire et institutions des États de l'Extrême-Orient » (1872-1977)," p. 317.

③ 高第自1886年11月18日起任政治科学自由学院教授（1905年《通报》在内封仍有该头衔之标注），讲授远东同西方政治及商贸关系史。见 *Bibliographie des œuvres de Henri Cordier*, p. vii. R., "Henri Cordier," p. 337.

④ 另见Nguyen Tri, "Être orientaliste au XIXe siècle: le cas Henri Cordier," pp. 245-251. 关于高第明确之国别意识，见 *Journal des débats politiques et littéraires*, 14 août 1879. （见该号第二版关于出洋肄业局文。作者之为高第，据 *Bibliographie des œuvres de Henri Cordier*, p. 6）*Journal des débats politiques et littéraires*, 18 janv. 1883. （见该号第二版高第文）KAO, "Missions catholiques en Chine," *Le Gaulois*, 19 nov. 1883, p. 2. （作者之为高第，据 *Bibliographie des œuvres de Henri Cordier*, p. 15）H(enri). C(ordier)., "La politique religeuse de l'Occident en Chine," *Revue de l'Extrême-Orient*, t. 2, no. 4, oct.-déc. 1884, p. 585. 关于高第之爱国情节之于其学术研究之影响，另见S(tanley). Lane-Poole, "Histoire des Relations de la Chine Avec les Puissances Occidentales, I. (1860-1875), II. (1875-1887)," *The English Historical Review*, v. 17, no. 68, Oct. 1902, p. 806.

⑤ 遊悲黎（Marie-Jules Dupré，1813—1881），法国海军上将，时任法国驻印度支那总督。

⑥ 安邺（本名François，1839—1873），法国海军上尉，于1873年12月21日在河内战死。

⑦ 见Pelliot, "The Book of Ser Marco Polo, the Venetian, concerning the kingdoms and marvels of the East, 3e éd.," p. 769. 玉尔为安邺撰有纪念文章：H. Yule, "Francis Garnier (Gold Medallist of the Royal Geographical Society), in Memoriam," *Ocean Highways: The Geographical Review*, n. s., v. 1, no. 12, Mar. 1874, pp. 487-491.

⑧ 高第为安邺所撰讣闻先于1874年2月13日在王家亚洲学会北华分会宣读，后载其时多个在华外文刊物，高第自认以载《王家亚洲学会北华分会会刊》者最为准确。见Henri Cordier, "Lieutenant Francis Garnier (French Navy)," *Journal of the North-China Branch of the Royal Asiatic Society*, n. s., no. 8, pp. 185-187. *Bibliographie des œuvres de Henri Cordier*, p. 2.《通报》后为该"东京征服者"的父亲、兄长及女儿发有讣告。见"Francis Garnier," *T'oung pao*, v. 2, no. 4, nov. 1891, p. 351. Henri Cordier, "Léon Garnier," *T'oung pao*, s. 2, v. 2, no. 4, oct. 1901, pp. 278-279. H. Cordier, "Madame Jean Cavalier-Bénézet," *T'oung pao*, s. 2, v. 5, no. 5, déc. 1904, p. 626.

高第（1849—1925）

Events in Tong-King）, 该文于1875年发表, 当时在远东引起一些反响。①返法后, 高第开始为《评论杂志》《论争报》（Journal des Débats）、②《宗教史杂志》（Revue d'histoire des religions）、③《历史杂志》（Revue historique）④供稿, 但他缺少一份杂志以大量发表远东相关大幅作品及文献。通过在罗露（E. Leroux）⑤处创办《远东杂志》——第一卷于1882年出版——他以为克服了该困难, 但该杂志于1887年刊行第三卷之后止步。阻碍该期刊成功的理由之一是缺乏中文铅字。⑥不久后, 高第终于找到其所需工具, 同施古德（Gustave Schlegel）合作, ⑦他主编国际杂志《通报》, 由

---

① 该文之节选曾于1874年12月14日在王家亚洲学会北华分会宣读, 次年1月刊单行本: Cordier, *A Narrative of the Recent Events in Tong-king*, Shanghai: American Presbyterian Mission Press, 1875. 74页. 关于该作之反响, 见该单行本后记（pp. 73-74）及*Bibliographie des œuvres de Henri Cordier*, p. 3. 该作后载《王家亚洲学会北华分会会刊》（未收后记）: Cordier, "A Narrative of Recent Events in Tong-king," *Journal of the North-China Branch of the Royal Asiatic Society*, n. s., no. 9, pp. 115-172. 关于在该作发表于该刊过程中伟烈亚力所起作用, 见Chang, "Crowdsourcing *avant la lettre*: Henri Cordier and French Sinology, ca. 1875-1925," p. 52. 在1875年4月30日铭文与美文学术院周会上, 该院称, 收到该作单行本赠书. 见"Livres offerts," *Académie des inscriptions et belles-lettres, Comptes rendus des séances de l'année 1875*, s. 4, t. 3, avr.-mai-juin, p. 162.

② 该报即上述（第14页）《政治论争与文学论争报》。关于高第在该报所发文章, 见*Bibliographie des œuvres de Henri Cordier*, pp. 6, 7, 8, 9, 11, 13, 14, 42, 82.

③ 该刊实名*Revue de l'histoire des religions*。关于高第在该刊所发文章, 见*Bibliographie des œuvres de Henri Cordier*, pp. 7, 8, 36, 122.

④ 关于高第在该刊所发文章, 见*Bibliographie des œuvres de Henri Cordier*, p. 9.

⑤ 位于巴黎的罗露［自起中文名见《远东杂志》（*Revue de l'Extrême-Orient*）封面］其时系法国亚洲学会（Société asiatique）及现代东方语言学院出版商, 出版东方学、美洲学等领域的书籍及多种学术期刊. 见S. Reinach, "Ernest Leroux," *Revue archéologique*, s. 5, t. 5, janv.-juin 1917, pp. 350-352. L. Finot, "E. Leroux," *Bulletin de l'École française d'Extrême-Orient*, t. 17, no. 6, 1917, p. 60. *Librairie Ernest Leroux, Catalogue général (1871-1932)*, Paris: Imprimerie des Presses universitaires de France, (1932).

⑥ 《远东杂志》, 季刊, 第二卷各期于1883至1884年刊, 合订本于1884年刊; 第三卷各期于1885年刊, 合订本于1887年刊. 见Cordier, *Bibliotheca Sinica*, 2ᵉ éd., col. 854. *Bibliographie des œuvres de Henri Cordier*, pp. 9-18. 高第记: "高第先生所创立并主编的该《杂志》的最大部分由其编写." 见"Principales publications de M. Henri Cordier," Cordier, *Les origines de deux établissements français dans l'Extrême-Orient, Chang-haï — Ning-po*, p. 76. *Bibliographie des œuvres de Henri Cordier*, p. 9. 关于停刊原因, 1903年, 高第记: "因缺少中文铅字, 我不得不停止《远东杂志》的出版. 确实, 二十年前, 在国家印刷厂之外, 在巴黎印刷中文文本几乎是不可能的, 其高昂的收费标准使得无官方关系的周期性科学汇编无以生存. 亦因自儒莲（Stanislas Julien）亡故后, 较之被理雅各（Legge）在牛津以其名投以光辉, 中国研究在法国表现平庸." 见Henri Cordier, "Le Dr. Gustave Schlegel," *T'oung pao*, s. 2, v. 4, no. 5, déc. 1903, p. 407. 另见*Bibliographie des œuvres de Henri Cordier*, p. 22. 儒莲（1799—1873）, 法兰西学院"汉与满洲鞑靼语言文学"讲席（chaire de langues et littératures chinoises et tartares mandchoues）教授.

⑦ 施古德（Gustaaf Schlegel, 1840—1903. 在法国学界通行其名之法语形式Gustave）,

出版商博睿（E. J. Brill）在莱顿提供印刷。第一期于1890年出版。①其时在欧洲并无具备一定科学格调、献给远东的其他机关刊物，在1912年《东亚杂志》（Ostasiastische Zeitschrift）创刊前仍无。②创办并维持《通报》或许是高第可为东方学所做的最大贡献。③

在《远东杂志》存在之前（编译者按：原文如此），高第已于1883年刊有《18世纪在中国之法国》（La France en Chine au XVIIIᵉ siècle）相关文献第一卷（无第二卷④），于1910年给出其反观作品——《18世纪在法国之中国》（La Chine en France au XVIIIᵉ siècle）。⑤自1886至1893

（接上页注）德裔荷兰前驻华外交官，时任莱顿大学（Universiteit Leiden）中国语言文学教授。关于高第同其在《通报》上之合作，见Nguyen Tri, "Être orientaliste au XIXᵉ siècle: le cas Henri Cordier," pp. 258-260. 高第后为其撰有讣闻：Cordier, "Le Dr. Gustave Schlegel," T'oung pao, s. 2, v. 4, no. 5, déc. 1903, pp. 407-415.

① 1889年，高第借先后在瑞典斯德哥尔摩及挪威克里斯蒂安尼亚（今奥斯陆）所开（两国其时奉同一国王）第八届国际东方学学者大会之机，动员施古德及博睿（Evert Jan Brill）的两位负责人弗兰斯·德斯托普拉尔（Frans de Stoppelaar, 1841—1906）及阿德里安·范奥尔特（Adriaan van Oordt, 1840—1903）合办刊物。关于《通报》创立之经过，见Cordier, "Le Dr. Gustave Schlegel," pp. 407-408. Bibliographie des œuvres de Henri Cordier, p. 22. 在施古德讣闻中，高第记，该刊主编未因该刊而获取丝毫报酬。主编即主要编辑者，出版商承担出版费用（p. 408）。就用法而言，中文词"通报"可对应高第所处时代法国学术机构定期刊布信息之载体的常用名Bulletin。见Li-chuan Tai, "L'histoire des colonies dans le monde de l'érudition: le cas d'Henri Cordier," Outre-mers, Revue d'histoire, sem. 2, 2012, p. 556. 《通报》第一期于1890年4月问世。每年出版五期，常规发行月份为3月、5月、7月、10月、12月。创刊后，第一卷第五之发行延至1891年2月，第二卷第五期之发行延至1892年1月，至1892年方始实现自然年完整发行当年五期。见Bibliographie des œuvres de Henri Cordier, pp. 22-29.（在该目录中，《通报》第一卷第五期所收文章之条目被置于"1890年"下，第二卷第五期所收文章之条目被置于"1892年"下，处理方式不一）在该刊历史上，因时局及人事，延期发行之例并不罕见，且在封面上不再按实刊时间标注，而常在各期目录页底端注明实刊月份。如其副名所示，该刊自我定位为"旨在用于东亚（中国、日本、朝鲜、印度支那、中亚与马来西亚）历史、语言、地理及人种志研究之档案"。自1906年第二系列第七卷起，该刊副名改为"东亚历史、语言、地理及人种志相关档案"，直至高第去世仍如此。高第后为德斯托普拉尔撰有讣告：Henri Cordier, "F. de Stoppelaar," T'oung pao, s. 2, v. 7, no. 2, mai 1906, p. 310.

② 1903年，高第就《通报》记："除诸东方学会的通报外，在欧洲，它是唯一仅献给中亚及东亚研究的汇编。"见Cordier, "Le Dr. Gustave Schlegel," p. 408.

③ 1906年，高第在德斯托普拉尔讣告中记："《通报》被建立，我们不得不一起越过开端的艰难阶段及施古德博士亡故前的困难时期。"见Cordier, "F. de Stoppelaar," p. 310. 另见Cordier, "Le Dr. Gustave Schlegel," p. 408. 1924年，高第记，《通报》"发展直至今日，尽管有大战的可怕事件"。见Bibliographie des œuvres de Henri Cordier, p. 22. 第一次世界大战期间及其后数年间，《通报》的编刊渐趋大幅后延，合期乃至合卷渐趋增多，第十九卷系1918、1919年合卷，第二十卷系1920、1921年合卷，其后恢复单年独卷，直至高第去世。

④ 另见Froidevaux, "Un historien de l'Extrême-Orient: M. Henri Cordier," p. 77.

⑤ 前作即《18世纪在中国之法国：基于外交部存放室所藏写本、附引言及注释刊行之未刊文献（第一卷）》：Henri Cordier, La France en Chine au dix-huitième siècle: documents inédits

高第（1849—1925）

年，他为《大百科全书》（*Grande Encyclopédie*）头十七卷写有献给远东的所有条目。①拉维斯（Lavisse）及朗博（Rambaud）《通史》（*Histoire générale*）中的远东相关章节亦出自其手。②1892年被任命为公共教育部（Ministère de l'Instruction publique）历史工作与科学工作委员会成员后，③他向该委员会所编《历史地理与描述地理通报》（*Bulletin de géographie historique et descriptive*）交予多篇论文，其中第一篇（1895年）献给《法兰西国王查理五世加泰罗尼亚地图集中之远东》（*L'Extrême-Orient dans l'Atlas catalan de Charles V roi de France*）。④其他作品发表于《外交史杂

（接上页注）*publiés sur les manuscrits conservés au Dépôt des affaires étrangères avec une introduction et des notes, tome premier*, Paris: Ernest Leroux, 1883. lxv+298页。属高第所编"旨在用于法国同远东政治及商贸关系史之文献"（*Documents pour servir à l'histoire des relations politiques et commerciales de la France avec l'Extrême-Orient*）系列。该作似拟初名《17及18世纪在中国之法国：取自外交部档案及多个公私收藏、附引言及注释刊行之文献》（*La France en Chine au XVIIe et au XVIIIe siècles: documents tirés des archives du Département des affaires étrangères et de diverses collections publiques et particulières publiés avec une introduction et des notes*）。见《中国书目》第一版初编第一卷合订本所附出版商广告。关于"旨在用于法国同远东政治及商贸关系史之文献"系列之刊发作品，见"Principales publications de M. Henri Cordier," Cordier, *Les origines de deux établissements français dans l'Extrême-Orient, Chang-haï — Ning-po*, pp. 72-73.《18世纪在法国之中国》：Henri Cordier, *La Chine en France au XVIIIe siècle*, Paris: Henri Laurens, 1910. 138+（1）页。属"好奇者与爱好者书系"（*Bibliothèque des curieux et des amateurs*）。两作写法不同：前作作为文献汇编，其所针对之领域如其所从属之系列所示；后述及其时法国人对中国风物或"中国式"风物的追逐，法国学者对中国的评论及利用以及赴法的一些中国人等。

① 高第此类举动实则延续至1894年《大百科全书》（*La Grande Encyclopédie*）第二十一卷（最末条目"日本"部分内容非出其手，《高第作品目录》对此标注不确。对比 *La Grande Encyclopédie*, t. 21, pp. 22-28, 41-46）。见*Bibliographie des œuvres de Henri Cordier*, pp. 18, 19, 20, 21, 24（该目录之索引漏收该页相应条目信息，对比p. 140），25, 26, 27, 28, 30, 31, 35.《大百科全书》即《大百科全书：科学、文学及艺术分类清单》：(Marcellin) Berthelot & al., sous la direction de, *La Grande Encyclopédie, Inventaire raisonné des sciences, des lettres et des arts*, 31 t., Paris: Lamirault et Cie, Société anonyme de *La Grande Encyclopédie*, (1886-1902).

② 自1895至1900年，高第在该作发有六篇文章。见*Bibliographie des œuvres de Henri Cordier*, pp. 37, 40（该目录在第三篇文章之条目中误录相关章次作"十七"，实为"二十二"；误录相关卷次作"十三"，实为"八"），45, 47, 53.《四世纪至今日通史》由巴黎文学院（Faculté des lettres de Paris）教授埃内斯特·拉维斯（Ernest Lavisse, 1842—1922）、阿尔弗雷德·朗博（Alfred Rambaud, 1842—1905）主编：Ernest Lavisse & Alfred Rambaud, sous la direction de, *Histoire générale du IVe siècle à nos jours*, 12 t., Paris: Armand Colin (& Cie), 1893-1901.

③ 在1892年5月7日该会会议上，经公共教育部部长令，高第被任命为历史工作与科学工作委员会历史地理与描述地理学部成员。见"Procès-verbaux," *Ministère de l'instruction publique et des beaux-arts, Comité des travaux historiques et scientifiques, Bulletin de géographie historique et descriptive*, no. 2, 1892, p. 95.

④ 所涉作品：Henri Cordier, "L'Extrême-Orient dans l'atlas catalan de Charles V, roi de France," *Ministère de l'instruction publique et des beaux-arts, Comité des travaux historiques et scientifiques, Bulletin de géographie historique et descriptive*, no. 1, 1895, pp. 19-64. 该文曾由作为院

志》（*Revue d'histoire diplomatique*）、①《地理学会通报》（*Bulletin de la Société de Géographie*）、②东方语言学院（Ecole des Langues orientales）教授在东方学学者大会或其院百年纪念之际所刊文集、③《亚洲学报》（*Journal Asiatique*），④在1908年入选研究院后，在《铭文与美文学术院报告》（*Comptes rendus de l'Académie des Inscriptions et Belles-Lettres*）及《学者报》（*Journal des Savants*）上。⑤这些论文间许多——包括曾发表于《通报》的某些——未做改动重刊于自1914至1923年在墨颂讷

（接上页注）外人员的高第在1894年2月9日及16日铭文与美文学术院周会上宣读。见*Académie des inscriptions et belles-lettres, Comptes rendus des séances de l'année 1894*, s. 4, t. 22, janv.-févr., pp. 20, 24. 《历史地理与描述地理通报》自1913年起更名为《地理学部通报》（*Bulletin de la Section de géographie*）。关于高第在该刊所发文章，见*Bibliographie des œuvres de Henri Cordier*, pp. 31-32, 35, 37-38, 39, 42, 43, 47, 51, 52, 54, 55, 64, 68, 73, 76, 77, 80, 83, 85, 86, 92, 95, 103, 110, 112, 115, 118, 121, 123, 128.

① 关于高第在该刊所发文章，见*Bibliographie des œuvres de Henri Cordier*, p. 33.

② 《地理学会通报》自1900年起更名为《地理：地理学会通报》（*La Géographie: Bulletin de la Société de géographie*），即上述（第8页）《地理》。高第自1893年起同该刊合作。见Reizler & Lacroix, "Henri Cordier (1849-1925)," p. 396. 关于高第在该刊所发文章，见*Bibliographie des œuvres de Henri Cordier*, pp. 32, 35, 44, 46, 48, 49, 51, 54, 55, 61, 62, 66, 67, 68, 69, 70, 71, 78, 79, 83, 84, 87, 89, 92, 93, 95, 100, 101, 104, 108, 115, 118, 122, 123, 124, 125, 127-128, 129.

③ 关于高第在现代东方语言学院成员于国际东方学学者大会之际所刊文集所发文章，见*Bibliographie des œuvres de Henri Cordier*, pp. 15, 18-19, 21. 此类文集所收文章之作者的身份实不限于教授。如，1883年在第六届国际东方学学者大会之际所刊《东方杂编》（*Mélanges orientaux*）及1886年在第七届国际东方学学者大会之际所刊《新东方杂编》（*Nouveaux mélanges orientaux*）先后均收录高第、该院罗马尼亚语教师皮科的文章，两人其时尚非教授（见Cordier, "Émile Picot," pp. 447-448），故该两文集副名中professeurs一词有所夸张。见*Mélanges orientaux: textes et traductions publiés par les professeurs de l'École spéciales* (sic) *des langues orientales vivantes, à l'occasion du sixième Congrès international des orientalistes réuni à Leyde (septembre 1883)*, Paris: Ernest Leroux, 1883. *Nouveaux mélanges orientaux: mémoires, textes et traductions publiés par les professeurs de l'École spéciale des langues orientales vivantes, à l'occasion du septième Congrès international des orientalistes réuni à Vienne (septembre 1886)*, Paris: Imprimerie nationale, Ernest Leroux, 1886. 关于高第在现代东方语言学院百年纪念文集所发文章，见*Bibliographie des œuvres de Henri Cordier*, p. 38.

④ 关于高第在该刊所发文章，见*Bibliographie des œuvres de Henri Cordier*, pp. 25, 51, 83, 87, 110, 112, 113.

⑤ 1908年5月22日，高第当选铭文与美文学术院自由成员（membre libre），从而进入该院所从属的法兰西研究院。见*Académie des inscriptions et belles-lettres, Comptes rendus des séances de l'année 1908*, mai-juin, pp. 307, 313, 321, 323. 关于高第同铭文与美文学术院之渊源〔含其在《铭文与美文学术院会议报告》（*Académie des inscriptions et belles-lettres, Comptes rendus des séances*）及《学者报》（自1909年1月起，该刊由法兰西研究院所辖铭文与美文学术院单独主持。见Henri Cordier, "Édouard Chavannes," *Journal des savants*, n. s., an. 16, mars-avr. 1918, p. 104）所发文章〕，可见拙文《高第同铭文与美文学院渊源考》，待发。

高第（1849—1925）

佛（Maisonneuve）先生们处所刊《东方历史及地理杂编》（*Mélanges d'histoire et de géographie orientales*）四卷中。①

高第曾为其关于17及18世纪及关于复辟（Restauration）及七月王朝（monarchie de Juillet）时期的研究而常赴外交部档案馆（Archives des Affaires-Etrangères），获该馆也为其打开19世纪下半叶的纸箱。他据此写成五巨卷：《1857至1858年中国远征》（*L'expédition de Chine de 1857-1858*，1905年）②、《1860年中国远征》（*L'expédition de Chine de 1860*，1906年）③，尤其是《1860至1902年中国同西方列强关系史》（*Histoire des relations de la Chine avec les puissances occidentales 1860-1902*，三卷，1901—1902年）④，均被填满文献。其一种汲自英文档案的仿作今由马士

---

① 所涉作品：Henri Cordier, *Mélanges d'histoire et de géographie orientales*, 4 t., Paris: Jean Maisonneuve & fils, 1914-1923. 第一卷于1914年刊，收文十三篇，317+（2）页；第二卷于1920年刊，收文十九篇，322+（1）页；第三卷于1922年刊，收文五篇，368+（1）页；第四卷于1923年刊，收文七篇，272+（1）页。"未做改动"一说不确：《亚洲学报》版《沙畹》（Cordier, "Édouard Chavannes," *Journal asiatique*, s. 11, t. 11, mars-avr. 1918, pp. 197-248）收入本集时增录已故瑞士裔法国前驻华外交官、法兰西学院"汉与满洲鞑靼语言文学"讲席教授（见*Académie des inscriptions et belles-lettres, Comptes rendus des séances de l'année 1893*, s. 4, t. 21, mars-avr., pp. 62-63）、《通报》合作主编（自1904年起。见该年《通报》卷首。关于沙畹成为该刊主编之经过，见Nguyen Tri, "Être orientaliste au XIXe siècle: le cas Henri Cordier," pp. 257-258）沙畹（Édouard Chavannes, 1865—1918）遗作一篇信息（t. 4, p. 272）。自起中文名"墨颂讷佛书肆"见L. (sic) Léon de Rosny, 日本语考, *Introduction à l'étude de la langue japonaise*, Paris: Maisonneuve et Cie, 1856. 该出版商在出版高第该作之时代先后自我定位为"五洲书店""东方及美洲书店"。《中国书目》第二版初编的出版商"东方及美洲书店"E.吉尔莫托（E. Guilmoto）自标为其继任者。

② 即《1857至1858年中国远征：外交史——注释与文献》：Henri Cordier, *L'expédition de Chine de 1857-58: histoire diplomatique — notes et documents*, Paris: Félix Alcan, 1905. 478页。属相应出版商所刊"当代史书系"（*Bibliothèque d'histoire contemporaine*）。

③ 即《1860年中国远征：外交史——注释与文献》：Henri Cordier, *L'expédition de Chine de 1860: histoire diplomatique — notes et documents*, Paris: Félix Alcan, 1906. 460页。属相应出版商所刊"当代史书系"。

④ Henri Cordier, *Histoire des relations de la Chine avec les puissances occidentales, 1860-1902*, 3 t., Paris: Félix Alcan, 1901-1902. 《1860至1900年中国同西方列强关系史（第一卷）：同治皇帝（1861—1875）》[*Histoire des relations de la Chine avec les puissances occidentales, 1860-1900, I, L'empereur T'oung tché (1861-1875)*] 于1901年刊，570页；《1860至1900年中国同西方列强关系史（第二卷）：光绪皇帝，第一部分（1875—1887）》[*Histoire des relations de la Chine avec les puissances occidentales, 1860-1900, II, L'empereur Kouang-siu (première partie, 1875-1887)*] 于1902年刊，650页；《1860至1902年中国同西方列强关系史（第三卷）：光绪皇帝，第二部分（1888—1902）》[*Histoire des relations de la Chine avec les puissances occidentales, 1860-1902, III, L'empereur Kouang-siu (deuxième partie, 1888-1902)*] 于1902年刊，598页。属相应出版商所刊"当代史书系"。伯希和对该作撰有评论：Pelliot, "*Histoire des relations de la Chine*

（H. B. Morse）①先生的三卷本《中华帝国对外关系史》（*The international relations of the Chinese Empire*，1910—1918年）构成，针对1834至1911年的时段。对于想谈论鸦片战争至1911年革命间之中国的任何人而言，这些是不可或缺的工作用具。

最后，总是不知疲倦的高第于1920至1921年在戈伊特纳处出有一部《自远古直至清朝倾覆中国及其同外国关系通史》（*Histoire générale de la Chine et de ses relations avec les pays étrangers depuis les temps les plus anciens jusqu'à la chute de la dynastie mandchoue*）。②坦率而言，四卷规模

（接上页注）*avec les puissances occidentales, 1860-1900* [le t. III porte 1860-1902]," *Bulletin de l'École française d'Extrême-Orient*, t. 3, no. 4, oct.-déc. 1903, pp. 684-715. （《高第作品目录》未录该评论信息。见 *Bibliographie des œuvres de Henri Cordier*, pp. 58-59）

① 马士（Hosea Ballou Morse, 1855—1934），原籍美国，入中国海关任职，后入英国籍。

② 所涉作品：Henri Cordier, *Histoire générale de la Chine et de ses relations avec les pays étrangers depuis les temps les plus anciens jusqu'à la chute de la dynastie mandchoue*, 4 t., Paris: Paul Geuthner, 1920-1921. 第一卷《自远古直至唐朝倾覆（公元907年）》[*Depuis les temps les plus anciens jusqu'à la chute de la dynastie T'ang (907 après J.-C.)*]于1920年刊，574页；第二卷《自五代（907年）直至蒙古人倾覆（1368年）》[*Depuis les Cinq Dynasties (907) jusqu'à la chute des Mongols (1368)*]于1920年刊，432+（2）页；第三卷《自明朝建统（1368年）直至嘉庆亡故（1820年）》[*Depuis l'avènement des Ming (1368) jusqu'à la mort de Kia k'ing (1820)*]于1920年刊，428页；第四卷《自道光登基（1821年）直至当代》[*Depuis l'avènement de Tao kouang (1821) jusqu'à l'époque actuelle*]于1921年刊，425+（2）页。在上述（第25页）1901年所刊《1860至1900年中国同西方列强关系史（第一卷）》书前标有同一作者"在准备中"的《自古代直至今日中华帝国同西方国家关系通史》（*Histoire générale des relations de l'Empire chinois avec les pays d'Occident depuis les temps anciens jusqu'à nos jours*）。高第在上述（第9页）载《通报》1911年10月期的《葡萄牙人之抵华》文首自注，"该论文构成一部《自16世纪直至今日中华帝国同西方列强关系通史》（*Histoire générale des relations de l'Empire chinois avec les puissances occidentales depuis le XVIᵉ siècle jusqu'à nos jours*）的'第一部分'"，后该文经增补（如可对比两者之首尾）被纳入《中国及其同外国关系通史》第三卷。见Cordier, *Histoire générale de la Chine et de ses relations avec les pays étrangers depuis les temps les plus anciens jusqu'à la chute de la dynastie mandchoue, III*, pp. 90-147. 由此可知，将中国同外国关系通史及中国通史合为一书，当系1911年后高第新起之念。高第在载《通报》1915年12月期的《中国人起源：外国理论》（"Origine des Chinois: théories étrangères"）文首自注，该文"构成一部《中国通史》（*Histoire générale de la Chine*）的'第一章'"，后该文经增补（如可对比前者第601页同后者第31至35页）被纳入《中国及其同外国关系通史》第一卷。见Henri Cordier, "Origine des Chinois: théories étrangères", *T'oung pao*, s. 2, v. 16, no. 5, déc. 1915, pp. 575-603. Cordier, *Histoire générale de la Chine et de ses relations avec les pays étrangers depuis les temps les plus anciens jusqu'à la chute de la dynastie mandchoue, I*, pp. 5-37. 上述（第18页）1919年1月所刊《通报》1917年7月期所收《英国人在远东之发端》（"Le début des Anglais dans l'Extrême-Orient"）一文后经增补（如可对比前者229页同后者第212页）被纳入《中国及其同外国关系通史》第三卷。见Henri Cordier, "Le début des Anglais dans l'Extrême-Orient", *T'oung pao*, s. 2, v. 18, no. 3, juil. 1917, pp. 175-234. Cordier, *Histoire générale de la Chine et de ses relations avec les pays étrangers depuis les temps les plus anciens jusqu'à la chute de la dynastie mandchoue, III*, pp. 158-216. 高第将该书用作其在现代东方语言学院的教材。见其在该院弟子、生于瑞士的法国汉学学者戴密微（Paul Demiéville，1894—1979）

高第（1849—1925）

的该作代表巨大的努力，会有用——销售情况及英译计划可为证明——因为从某些方面看，无其他同类作品，而并非在高第该作中有最扎实的内容。"同外国之关系"相关部分是好的，那是高第以一手方式劳作的领域。针对中国通史则不然。① 该处任务过重，这是人们刚刚开始开垦的广阔田地。高第曾居中国，但无法直接阅读中文文本。② 如此，其叙述的元素通常供自冯秉正（de Mailla）神父的《中国通史》（1777—1785年），后者本是对一部12世纪汇编及其续作的不总忠实的译作。③ 然而，在中国，如同在别处，且较之过往更甚，回溯至源头的需要很迫切。不论《通史》多么认真，某些章节在该作问世之际即多少过时。④

（接上页注）1966年所记：Demiéville, "Aperçu historique des études sinologiques en France," p. 476. 另见A. Pino, "Cordier, Henri," Labrousse, *Langues O' 1795-1995*, p. 318. 关于该作之形成，另见Froidevaux, "Un historien de l'Extrême-Orient: M. Henri Cordier," pp. 77-78.

① 另见Demiéville, "Aperçu historique des études sinologiques en France," p. 476.

② 高第之不通中文另见Demiéville, "Aperçu historique des études sinologiques en France," p. 475. Nguyen Tri, "Être orientaliste au XIXe siècle: le cas Henri Cordier," pp. 221-223. 1877年舍费尔向公共教育部部长举荐高第之时称高第熟悉汉语等主要东方语言。见Nguyen Tri, "Être orientaliste au XIXe siècle: le cas Henri Cordier," p. 220. 此后在法国学界，关于"高第通晓汉语乃至亚洲语言"的神话仍在延续。如，在1945年11月9日铭文与美文学术院周会上，年度主席、法国希伯来学学者阿道夫·洛兹（Adolphe Lods, 1867—1948）在为伯希和所做葬礼颂词中，误记后者曾在现代东方语言学院从高第上过三年汉语课程。见*Académie des inscriptions et belles-lettres, Comptes rendus des séances de l'année 1945*, oct.-déc., p. 521. 另见Ménard, "Les manuscrits de la version française d'*Odoric de Pordenone*," p. 492. Pierre Singaravélou, *L'École française d'Extrême-Orient: Essai d'histoire sociale et politique de la science coloniale*, Paris: CNRS, 2019, p. 52.

③ 所涉作品：Joseph-Anne-Marie de Moyriac de Mailla, *Histoire générale de la Chine, ou Annales de cet empire, traduites du* Tong-kien-kang-mou, 13 t., Paris: Ph.-D. Pierres, Clousier, Moutard, 1777-1785. 《中国通史》由法国人华传教士冯秉正（Joseph-Anne-Marie de Moyriac de Mailla, 1669—1748）据宋朱熹（1130—1200）《通鉴纲目》等以法文编译而成，作为其遗作，刊本凡十三卷，法国教士格鲁贤（Jean-Baptiste Grosier, 1743—1823）及法国东方学者德奥特莱（Michel-Ange-André Le Roux des Hauterayes, 1724—1795）编行。第十二卷为德奥特莱所编该作索引等，第十三卷为格鲁贤所作补卷，另以《中国总述》（通行中译名作《中国通典》）之名单行：Grosier, *Description générale de la Chine, ou Tableau de l'état actuel de cet empire*, Paris: Moutard, 1785. 高第在其早期作品《东京近事记》中已参考冯秉正该作。见Cordier, *A Narrative of the Recent Events in Tong-king*, pp. 2, 3, 18, 20, 21. Cordier, "A Narrative of Recent Events in Tong-king," pp. 115, 117, 128, 130, 131. 另数次述及该作之撰作及刊行经过。法国人华传教士宋君荣（Antoine Gaubil, 1689—1759）曾谈及对该作有重订之必要，高第转述之。见Cordier, *Bibliotheca Sinica*, 1re éd., col. 237-238. Henri Cordier, "Chine," *Revue historique*, an. 7, t. 18, janv.-avr. 1882, pp. 144-145. Cordier, *Bibliotheca Sinica*, 2e éd., col. 584-585. （对比Louis Pfister, *Notices biographiques et bibliographiques sur les jésuites de l'ancienne Mission de Chine, 1552-1773*, t. 2, Chang-hai: Imprimerie de la Mission catholique, 1934, pp. 601-602）。

④ 对该作"未参考中文材源""所仰赖之西方材源过时"类评价，另见其时美、英学者在本国所发相关评论，如K(enneth). S(cott). Latourette, "*Histoire Générale de la Chine, et de Ses

在此我们差不多来到高第"东方"作品的终点，①但其活动并非局限于此。生具几乎普遍的好奇心以及无匹的记忆力，②他找到时间关注最为多样的研究。③虽非职业美洲学学者，他跟随该领域的进展。1893年，他成为巴黎美洲学学者学会（Société des Américanistes de Paris）秘书长，④其涉及美洲的文章为于1913年在墨颂讷佛处所出一卷《美洲杂编》（*Mélanges américains*）提供了材料。⑤在科学工作委员会（Comité

（接上页注）Relations avec les Pays Étrangers," *The American Historical Review*, v. 27, no. 3, Apr. 1922, p. 576. K. S. Latourette, "Histoire Générale de la Chine et de Ses Relations Avec les Pays Étrangers Depuis les Temps les Plus Anciens Jusqu'à la Chute de la Dynastie Mandchoue," *Political Science Quarterly*, v. 37, no. 2, June 1922, pp. 322-323. Lionel Giles, "Histoire Générale de la Chine et de Ses Relations Avec les Pays Étrangers Depuis les Temps les Plus Anciens Jusqu'à la Chute de la Dynastie Mandchoue," *The Journal of the Royal Asiatic Society of Great Britain and Ireland*, no. 2, Apr. 1923, p. 317. 亦可见后世相关评价，如Demiéville, "Aperçu historique des études sinologiques en France," p. 476. Nguyen Tri, "Être orientaliste au XIXe siècle: le cas Henri Cordier," p. 231. 当时，弗鲁瓦德沃、法国驻印度支那远东学学者保罗·布代（Paul Boudet，1888—1948）及卡尼亚则对该作一味给予好评。见Froidevaux, "Un historien de l'Extrême-Orient: M. Henri Cordier," p. 78. (Paul Boudet,) "Henri Cordier et la bibliographie de l'Indochine," p. 350. Cagnat, "Notice sur la vie et les travaux de M. Henri Cordier," pp. 302-303. 后两文相关内容基于弗鲁瓦德沃文。

① 学界对高第之东方学学术领域的大致划定另如：综合史、地理作品、早期地理及历史作品、目录。见"Henri Cordier," *Geographical Review*, v. 15, no. 3, July 1925, p. 501. 目录作品、历史地理作品、论及东西（特别是中西乃至中法）关系的作品、关于西方（特别是法国）中国研究及中国在法国之影响的作品、大众化作品。见Zoe Zwecker, "Henri Cordier and the Meeting of East and West," Cyriac K. Pullapilly, Edwin J. van Kley, edited by, *Asia and the West: Encounters and Exchanges from the Age of Explorations, Essays in Honor of Donald F. Lach*, Notre Dame, Indiana: Cross Cultural Publications, Cross Roads Books, 1986, pp. 314-323.

② 另见Reizler & Lacroix, "Henri Cordier (1849-1925)," p. 400. Cagnat, "Notice sur la vie et les travaux de M. Henri Cordier," p. 294.

③ 另见"Notes bibliographiques," *T'oung pao*, s. 2, v. 23, no. 4, oct. 1924, p. 272. "Actes de la Société de géographie," *La Géographie*, t. 43, no. 1, janv. 1925, p. 84. "Henri Cordier et la bibliographie de l'Indochine," p. 349. H(enri). D(ehérain)., "Henri Cordier," *Journal des savants*, n. s., an. 23, mars-avr. 1925, p. 80. *Académie des inscriptions et belles-lettres, Comptes rendus des séances de l'année 1925*, mars-mai, p. 87. Reizler & Lacroix, "Henri Cordier (1849-1925)," p. 399. Aurousseau, "Henri Cordier," pp. 284-285. "Bibliographie des Œuvres de Henri Cordier," *The Journal of the Royal Asiatic Society of Great Britain and Ireland*, no. 3, July 1925, p. 565. Cagnat, "Notice sur la vie et les travaux de M. Henri Cordier," p. 297.

④ "1893年"一说另见*Bibliographie des œuvres de Henri Cordier*, p. vii. 关于该会起源，见高第在1920年6月1日该会创立二十五周年纪念会议上的发言："Actes de la Société," *Journal de la Société des américanistes de Paris*, n. s., t. 12, 1920, pp. 204-206. 据该发言，该会自1893年起召开成立筹备会，1895年成立（p. 205）。关于高第在该会刊物《巴黎美洲学学者学会学报》（*Journal de la Société des américanistes de Paris*）上所发文章，见*Bibliographie des œuvres de Henri Cordier*, pp. 39, 40, 43-44, 47, 57, 68, 77, 83, 95, 120, 125, 126.

⑤ 所涉作品：Henri Cordier, *Mélanges américains*, Paris: Jean Maisonneuve & fils, 1913. 收文二十八篇，306页。该文集由高第自编。见Henri Vignaud, "*Mélanges américains*," *Journal de la Société des américanistes de Paris*, n. s., t. 10, fasc. 2, 1913, p. 657. [《高第作品目录》误录该评论

des travaux scientifiques）（历史地理与描述地理学部）、在地理学会、在铭文学术院（Académie des Inscriptions），他总是非洲及亚洲旅行者的内行代言人。[①]他熟悉法国及外国文学及历史问题，向《研究者同好奇者中介》（Intermédiaire des chercheurs et des curieux）交有许多注释。[②]在纯文献领域，其出版物尤以目录类为主：《博马舍作品目录》（*Bibliographie des œuvres de Beaumarchais*，1883年）[③]、《阿兰-勒内·勒萨日作品相关试编目录》（*Essai bibliographique sur les œuvres d'Alain-René Lesage*，1910年）[④]，为奥诺雷·尚皮翁（Honoré Champion）书店所从事的斯丹达尔（Stendhal）伟大版本编有《斯丹达尔目录》（*Bibliographie Stendhalienne*，1914年），[⑤]加上《加斯东·马斯佩罗作品目录》（*Bibliographie des œuvres de Gaston Maspero*，1922年）[⑥]——一段长久友谊的敬意。最后，高第是老巴黎的热烈爱好者。自1899年起为巴黎纪念物之友学会（Société des Amis des Monuments parisiens）委员会成员，[⑦]1918

（接上页注）所刊分册作"第三分册"，实为第二分册。见*Bibliographie des œuvres de Henri Cordier*, p. 98］Cagnat, "Notice sur la vie et les travaux de M. Henri Cordier," p. 303.

① 另见Reizler & Lacroix, "Henri Cordier (1849-1925)," p. 396.

② 关于高第在该刊所发文章，见*Bibliographie des œuvres de Henri Cordier*, pp. 28, 30, 31, 33, 34, 42, 43, 44-45, 46, 47, 75.

③ Henri Cordier, *Bibliographie des œuvres de Beaumarchais*, Paris: A. Quantin, 1883. vi+143页。皮埃尔-奥古斯丁·卡龙德博马舍（Pierre-Augustin Caron de Beaumarchais，1732—1799），法国剧作家。关于高第所作相关作品，另见*Bibliographie des œuvres de Henri Cordier*, p. 118.

④ Henri Cordier, *Essai bibliographique sur les œuvres d'Alain-René Lesage*, Paris: Henri Leclerc, 1910. 348页。关于该作在该合订本刊前之连载情况，见*Bibliographie des œuvres de Henri Cordier*, p. 78. 阿兰-勒内·勒萨日（Alain-René Lesage，1668—1747），法国小说家、剧作家。

⑤ 所涉作品：Henri Cordier, *Bibliographie stendhalienne*, Paris: Honoré Champion, 1914. xiv+416页。该作系该出版商所刊"斯丹达尔全集"（*Œuvres complètes de Stendhal*）之一种。高第编该作系以出版商之请。见"Notes bibliographiques," *T'oung pao*, s. 2, v. 23, no. 4, oct. 1924, p. 272. 法国作家亨利·贝勒（Henri Beyle，1783—1842）之笔名Stendhal因源自德国城市名Stendal，其发音呈德语、法语混合状态，中译名曾作较接近法语发音的"司汤达"，今在一定程度上改作较接近实际发音的"斯丹达尔"。关于高第所作相关作品，另见*Bibliographie des œuvres de Henri Cordier*, pp. 21, 28, 42, 46, 111. 高第有文讲述其同斯丹达尔之渊源：Henri Cordier, "Comment je suis devenu stendhalien," *Revue critique des idées et des livres*, t. 20, no. 118, 10 mars 1913, pp. 536-549. 另见Dehérain & al., "Notes et nouvelles," p. 311.

⑥ Cordier, *Bibliographie des œuvres de Gaston Maspero*, Paris: Paul Geuthner, 1922. xvii+153页。实刊年份或为1923年。见*Bibliographie des œuvres de Henri Cordier*, p. 126.

⑦ 巴黎纪念物之友学会于1884年创立。自该会创立初期，高第即为该会会员。见"Liste des sociétaires," *Bulletin de la Société des amis des monuments parisiens*, no. 2, 1885, p. 5.

年成为老巴黎委员会（commission du Vieux Paris）成员。①除插入《学者报》的多篇文章外，其对首都及其郊区之旧地形的兴趣特别在两篇论文——《巴黎一角：现代东方语言学院，里尔路2号》（*Un coin de Paris, l'Ecole des Langues orientales vivantes, 2, rue de Lille*，1913年）②和《内勒酒店编年（四国学院—法兰西研究院）》［*Annales de l'Hôtel de Nesle (Collège des Quatre-Nations-Institut de France)*，1916年］③——中表达。

这是学者的活动，惊人地多样。还应说说杰出的其人。④高第生善交游，是大量学会及同业午餐及晚餐的成员，普遍的好感围绕着他。⑤我确信，自其1876年返法，他从未错过一届东方学学者大会，⑥除去1902年在河内召开的远东研究大会——在最后一刻，他为无法参加而遗憾。⑦在法

---

① 自当年11月18日起。见*Bibliographie des œuvres de Henri Cordier*, p. viii.

② Henri Cordier, *Un coin de Paris: l'École des langues orientales vivantes, 2, rue de Lille*, Paris: Ernest Leroux, 1913. 81页。

③ 该单行本自标摘自《法兰西国家研究院铭文与美文学术院文集》（*Mémoires de l'Institut national de France, Académie des inscriptions et belles-lettres*）第四十一卷，而该卷刊于1920年。见Henri Cordier, "Annales de l'Hôtel de Nesle (Collège des Quatre-Nations — Institut de France)," *Mémoires de l'Institut national de France, Académie des inscriptions et belles-lettres*, t. 41, 1920, pp. 19-158. *Bibliographie des œuvres de Henri Cordier*, p. 107. 该文集不定期出版，第四十卷刊于1916年。

④ 另见Froidevaux, "Un historien de l'Extrême-Orient: M. Henri Cordier," p. 76.

⑤ 这种好感在高第七十五岁生日之际于1924年12月18日献给其的晚宴之时很热烈地显现。见《地理》，1925年1月，第83—86页；《法国亚洲委员会通报》（*Bulletin du Comité de l'Asie Française*），1925年2月，第76—79页（H.弗鲁瓦德沃作）。——原注
另见R. Verneau, "Henri Cordier," *Journal de la Société des américanistes de Paris*, n. s. t. 17, 1925, p. 320. Cagnat, "Notice sur la vie et les travaux de M. Henri Cordier," p. 304. 针对该注，见"Actes de la Société de géographie," *La Géographie*, t. 43, no. 1, janv. 1925, pp. 83-86. Froidevaux, "Un historien de l'Extrême-Orient: M. Henri Cordier," *L'Asie française*, an. 25, no. 229, févr. 1925, pp. 76-79. 后文由弗鲁瓦德沃以法国亚洲委员会（Comité de l'Asie française）名义撰作，误记《中国书目》开本为四开（p. 76），实为大八开；误记《日本书目》自标刊于1913年（p. 76）；误录"旨在用于自13直至16世纪末地理史之行记及文献汇编"作"旨在用于自13直至15世纪末地理史之行记及文献汇编"（p. 77）；误记《1860至1902年中国同西方列强关系史》所涉时段为1861至1902年（p. 77）；误录《东方历史及地理杂编》出版商名（p. 78）。《法国亚洲委员会通报》自1910年起更名为《法国亚洲：法国亚洲委员会月度通报》（*L'Asie française: Bulletin mensuel du Comité de l'Asie française*）。弗鲁瓦德沃，继高第任巴黎美洲学者学会秘书长（见"Actes de la Société," *Journal de la Société des américanistes de Paris*, n. s., t. 12, 1920, p. 206），撰该文时任地理学会档案保管员兼图书馆员、《法国亚洲》主编。

⑥ 另见Cagnat, "Notice sur la vie et les travaux de M. Henri Cordier," pp. 303-304. Demiéville, "Aperçu historique des études sinologiques en France," p. 476.

⑦ 1902年12月3至10日，第一届国际远东研究大会（Congrès international des études d'Extrême-Orient）在河内召开，是为首次在远东本土召开的远东学大会。法国远东学院院长［见"Documents administratifs," *Bulletin de l'École française d'Extrême-Orient*, t. 1, no. 1,

国亦如在外国，政府、地理学会、研究院多次选其为代表。如此，他代表政府参加于1910年在布宜诺斯艾利斯召开的第十七届国际美洲学学者大会（Congrès international des Américanistes）。①有时召唤来自外国：1904年，他受邀去圣路易斯博览会（Exposition de Saint-Louis）做讲座；②1905年，赴好望角参加其时不列颠协会（British Association）在该处所开会议。③荣誉向其大量而来：荣誉军团军官勋位受勋者（officier de la

---

（接上页注）janv.-mars 1901, p. 68］菲诺任该次大会主席，法国远东学院中文教授（见 "Documents administratifs," *Bulletin de l'École française d'Extrême-Orient*, t. 1, no. 2, avr.-juin 1901, p. 170）伯希和等人任秘书。该次大会的创始委员会于1901年12月20日在现代东方语言学院召开首次会议，高第位列其间。见 "Documents administratifs," *Bulletin de l'École française d'Extrême-Orient*, t. 3, no. 3, juil.-sept. 1903, p. 540. 高第有文记该次会议："Congrès international des orientalistes de Hanoï," *T'oung pao*, s. 2, v. 3, no. 5, déc. 1902, p. 323. （作者之确定，据 *Bibliographie des œuvres de Henri Cordier*, p. 60）Henri Cordier, "Congrès des orientalistes de Hanoï," *T'oung pao*, s. 2, v. 4, no. 1, mars 1903, pp. 53-69.

① 第十七届国际美洲学学者大会先后于1910年5月17至23日在布宜诺斯艾利斯（见Robert Lehmann-Nitsche, publicadas por, *Actas del XVII° Congreso internacional de americanistas, sesión de Buenos Aires, 17-23 de mayo de 1910*, Buenos Aires: Imprenta de Coni hermanos, 1912）、9月7至14日在墨西哥［见(Louis) Capitan, "Le XVII° Congrès international des américanistes (Congrès du Centenaire) tenu à Mexico, du 7 au 14 septembre 1910," *Journal de la Société des américanistes de Paris*, n. s., t. 8, fasc. 1-2, 1911, pp. 61-73］召开［该年系阿根廷、墨西哥独立运动发端（分别于1810年5月、9月）百年纪念］。高第有文记布宜诺斯艾利斯会议：Henri Cordier, "XVII° Congrès international des américanistes (Buenos-Aires)," *Journal des savants*, n. s., an. 8, sept. 1910, pp. 415-420. （《高第作品目录》误录该次大会作"第十八届"。见*Bibliographie des œuvres de Henri Cordier*, p. 90）据该文，作为本国唯一代表，高第代表法国公共教育部等机构参加该次会议（p. 416）。另见Reizler & Lacroix, "Henri Cordier (1849-1925)," pp. 396-397. 高第基于该次经历撰有其他文章：Henri Cordier, "Buenos-Aires en 1910," *Le Correspondant*, n. s., t. 205, livr. 4, 25 nov. 1910, pp. 716-744.

② 艺术与科学大会（Congress of Arts and Science）作为圣路易斯世界博览会（Universal Exposition, St. Louis）的一环，于1904年9月19至25日召开。高第应该次大会主席之邀，前往做关于亚洲史的讲座。9月21日，高第以英语做讲座。同年，讲稿法文版出版。其英文原版载1906年所刊该次大会专册第二卷。见 "Chronological Order of Proceedings," Howard J. Rogers, edited by, *Congress of Arts and Science, Universal Exposition, St. Louis, 1904, Volume I*, Boston, New York: Houghton, Mifflin and Company, 1905, pp. 77-80. "Speakers and Chairmen," Rogers, *Congress of Arts and Science, Universal Exposition, St. Louis, 1904, Volume I*, p. 56. Henri Cordier, "A General Survey of the History of Asia, With Special Reference to China and the Far East," Howard J. Rogers, edited by, *Congress of Arts and Science, Universal Exposition, St. Louis, 1904, Volume II*, Boston, New York: Houghton, Mifflin and Company, 1906, pp. 86-108. "Rapport sur l'enseignement secondaire à l'Exposition de Saint-Louis, 1904," Cordier, *Mélanges américains*, p. 83. *Bibliographie des œuvres de Henri Cordier*, p. 66.

③ 他据以撰成一卷《环非海上之旅》（*Le Périple d'Afrique*），巴黎，无日期（1906年），八开。——原注
该作即上述（第9页）《环非海上之旅：从开普敦到赞比西河及印度洋》（*Le périple d'Afrique: du Cap au Zambèse et à l'océan Indien*），231+（2）页。"不列颠协会"全名为"不列颠科学促进协会"（British Association for the Advancement of Science）。高第另有文记该次会议：Henri Cordier, "L'Association britannique pour l'avancement des sciences dans l'Afrique australe," *La Géographie*, t. 12, no. 6, 15 déc. 1905, pp. 385-423.

Légion d'honneur，1921年）、①研究院成员（1908年）、法国目录学会（Société française de bibliographie）主席（1908年）、第五十二届学会大会（Congrès des Sociétés Savantes）主席（1914年）、②亚洲学会副主席（1918年）、③地理学会主席（1924年）、历史工作与科学工作委员会历史地理与描述地理学部（section de géographie historique et descriptive）主席（1918年）、现代东方语言学院（Ecole des Langues Orientales vivantes）副院长（1919年）、民间传统学会（Société des traditions populaires）主席（1918年）、④埃内斯特·勒南学会（Société Ernest Renan）⑤主席（1921年）、国家地理委员会（Comité national de Géographie）副主席（1920年），许多法国及外国学会的荣誉成员，特别是王家亚洲学会（Royal Asiatic Society）荣誉成员⑥及不列颠学术院（British Academy）通讯会员（自1921年起）。⑦他坚持出席所有会议，精确履行其许多职责所含所有义

---

① 在1921年地理学会成立百年之际，法兰西共和国（République de France）总统签署命令，向多人授予荣誉军团勋位，其中，高第自骑士勋位（chevalier，1884年7月12日以记者身份受勋。见"Chevaliers," M.-Ch. Maupetit, sous la direction de, *Annuaire de la Légion d'honneur pour l'année 1889*, an. 3, 1889, p. 138）晋升至军官勋位。见 "La Société de géographie, 1821-1921," *La Géographie*, t. 36, no. 2, juil.-août 1921, p. 286. 高第曾发言简述该会历史（见该文pp. 215-218）。

② 第五十二届巴黎及诸省学会大会（Congrès des sociétés savantes de Paris et des départements）于1914年4月14至18日在巴黎召开。见"52ᵉ Congrès des sociétés savantes de Paris et des départements à la Sorbonne," *Journal officiel de la République française*, an. 46, no. 102, 13, 14, 15 avr. 1914, pp. 3461-3467. "52ᵉ Congrès des sociétés savantes de Paris et des départements à la Sorbonne," *Journal officiel de la République française*, an. 46, no. 103, 16 avr. 1914, pp. 3496-3508. "52ᵉ Congrès des sociétés savantes de Paris et des départements à la Sorbonne," *Journal officiel de la République française*, an. 46, no. 104, 17 avr. 1914, pp. 3550-3554. "52ᵉ Congrès des sociétés savantes de Paris et des départements à la Sorbonne," *Journal officiel de la République française*, an. 46, no. 105, 18 avr. 1914, pp. 3597-3598. "52ᵉ Congrès des sociétés savantes de Paris et des départements à la Sorbonne," *Journal officiel de la République française*, an. 46, no. 106, 19 avr. 1914, pp. 3656-3661.

③ 经该会副主席，法国语文学者、东方学学者阿道夫·雷尼耶（Adolphe Regnier，1804—1884）及该会成员、法国近东学学者斯坦尼斯拉斯·居亚尔（Stanislas Guyard，1846—1884）推荐，在1877年11月9日该会会议上，"《中国书目》作者"高第成为法国亚洲学会成员。见"Nouvelles et mélanges," *Journal asiatique*, s. 7, t. 10, oct.-nov.-déc. 1877, p. 529. 经该会领导小组举荐，高第在1918年3月8日该会会议上被该会委员会临时任命为该会副主席，顶替当年年初辞世的沙畹。见"Société asiatique," *Journal asiatique*, s. 11, t. 11, mars-avr. 1918, p. 367.

④ 自当年6月25日起。见*Bibliographie des œuvres de Henri Cordier*, p. viii.

⑤ 埃内斯特·勒南学会又名"法国宗教史学会"（Société française d'histoire des religions）。埃内斯特·勒南（Ernest Renan，1823—1892），法国近东学学者。

⑥ 自1893年5月8日起。见*Bibliographie des œuvres de Henri Cordier*, p. vii.

⑦ 自当年7月21日起。高第另是位于威尼斯的威尼托王家故乡史委员会（Regia deputazione veneta di storia patria）的通讯会员（自1892年11月22日起）、位于伦敦的王家地理学会［Royal

务。①但尤其是在研究院他感觉在自己家。在其最末几年，可说他每日来此工作，在图书馆已成为其所有的一角，他通常查阅的书在此排成一线。除去周日上午——其时总会在家中找到他——②人们可在研究院遇到他，③总是好客，准备好给出一条信息、一个建议、一个支持。④

这位"成功"人士保持着纯朴与和善。⑤他善待年轻人，只要求他们正直劳作。以其出版物，高第为远东学配备了价值经过检验的工具，而此外，以其在学术团体的榜样及行动，他对当今这代献身于远东研究的法国学者的定向及发展有过重大影响。我们这些他爱并爱他的人，都将因他为我们所做的一切善举而对他常怀感激。⑥

（接上页注）Geographical Society] 的通讯成员（自1908年3月起）、日内瓦地理学会 [Société de géographie de Genève] 荣誉成员（自1909年1月起）、位于罗马的王家地理学会（Reale società geografica）的荣誉成员（自1916年2月25日起）。见 *Bibliographie des œuvres de Henri Cordier*, pp. vii-viii.

① 另见"Actes de la Société de géographie," *La Géographie*, t. 43, no. 1, janv. 1925, p. 85. *Académie des inscriptions et belles-lettres, Comptes rendus des séances de l'année 1925*, mars-mai, pp. 86-87. Aurousseau, "Henri Cordier," p. 280. Dehérain & al., "Notes et nouvelles," p. 311. Cagnat, "Notice sur la vie et les travaux de M. Henri Cordier," p. 303. Demiéville, "Aperçu historique des études sinologiques en France," p. 476.

② 周日系高第的在家会客日。自《通报》创刊起，该刊每卷标出高第的会客地点及时间（其家，"周日上、下午"，后作"下午""冬季周日下午"）。"周日下午会客"一说另见 Nguyen Tri, "Être orientaliste au XIXe siècle: le cas Henri Cordier," p. 260.

③ 另见"Actes de la Société de géographie," *La Géographie*, t. 43, no. 1, janv. 1925, p. 84. D., "Henri Cordier," p. 82. *Académie des inscriptions et belles-lettres, Comptes rendus des séances de l'année 1925*, mars-mai, p. 87. Dehérain & al., "Notes et nouvelles," p. 311. Cagnat, "Notice sur la vie et les travaux de M. Henri Cordier," p. 306.

④ 另见"Actes de la Société de géographie," *La Géographie*, t. 43, no. 1, janv. 1925, p. 84. *Académie des inscriptions et belles-lettres, Comptes rendus des séances de l'année 1925*, mars-mai, p. 89. Aurousseau, "Henri Cordier," p. 286. R., "Henri Cordier," p. 337. E(dward). D(enison). R(oss)., "M. Henri Cordier," *The Journal of the Royal Asiatic Society of Great Britain and Ireland*, no. 3, July 1925, p. 572. Verneau, "Henri Cordier," p. 321. Demiéville, "Aperçu historique des études sinologiques en France," p. 476. Nguyen Tri, "Être orientaliste au XIXe siècle: le cas Henri Cordier," p. 213.

⑤ 另见 *Académie des inscriptions et belles-lettres, Comptes rendus des séances de l'année 1925*, mars-mai, p. 89. Aurousseau, "Henri Cordier," p. 286. Verneau, "Henri Cordier," p. 320. Adriano Augusto Michieli, "Henri Cordier," *Archivio veneto-tridentino*, v. 9, 1926, p. 317. Demiéville, "Aperçu historique des études sinologiques en France," p. 476.

⑥ 高第的双亲被葬于利雪，而他自己长眠于耶尔（Yerres）[塞纳与瓦兹（Seine-et-Oise）]的墓地。——原注

关于高第的讣闻：《铭文与美文学术院报告》（*Comptes rendus de l'Acad. des Inscr. et Belles-Lettres*），1925年，第86—89页，Ch.-V.朗格卢瓦作；①《地理》，1925年4—5月，第395—402页；②《学者报》，1925年3—4月，第80—83页，H.德埃兰（H. Dehérain）作；③《中国快报及电讯》，1925年4月16日，第252—253页，A.G.安吉尔（A. G. Angier）作（很有趣）；④《法国亚洲委员会通报》，1925年3—4月，第97页；⑤1925年5月12日的《时代》（*The Times*），Ed. 丹尼森·罗斯（Ed. Denison Ross）

---

① *Académie des inscriptions et belles-lettres, Comptes rendus des séances de l'année 1925*, mars-mai, pp. 86-89. 在1925年3月20日铭文与美文学术院周会上宣读。该文误记高第于约1876年随中国政府使团返法（p. 88），误记1881年远东历史、地理及法律课程系为高第而创设（pp. 88-89），误记高第任地理学会主席数年（p. 89）。夏尔–维克托·朗格卢瓦（Charles-Victor Langlois，1863—1929），法国中世纪史学者，时任铭文与美文学术院年度主席。

② Reizler & Lacroix, "Henri Cordier (1849-1925)," *La Géographie*, t. 43, no. 4-5, avr.-mai 1925, pp. 394-402. 第394页系所附照片。该文所收阿尔弗雷德·拉克鲁瓦在1925年3月27日地理学会会议上所做悼词误记高第在上海时寓居一位英国银行家中（pp. 397-398），误记高第于1876年返法途中在苏伊士接中国政府委任其照管派赴西方之使团的电报（p. 398），误记高第七十五岁寿诞之际所刊其作品之目录系其会友、弟子及朋友所编（p. 398），误记《中国书目》开本为大四开（p. 398），误记高第为语文学者（p. 399）。该文之末所附高第主要作品目录误记《中国书目》出版时间（pp. 400-401），录高第在《四世纪至今日通史》所发文章信息不全（p. 401），误记《加斯东·马斯佩罗作品目录》前件凡xxvii页。斯坦尼斯拉斯·赖茨勒（Stanislas Reizler，1882—1974），俄裔法国学者，时任地理学会图书馆员。阿尔弗雷德·拉克鲁瓦，法国矿物学者，时任地理学会副主席。

③ D., "Henri Cordier," *Journal des savants*, n. s., an. 23, mars-avr. 1925, pp. 80-83. 该文主要追溯高第在《学者报》所发文章，误录个别出处期次等。德埃兰，时任法兰西研究院图书馆馆员、《学者报》编务秘书。关于高第同其之交谊，见 "Livres offerts," *Académie des inscriptions et belles-lettres, Comptes rendus des séances de l'année 1921*, nov.-déc., p. 362. "Livres offerts," *Académie des inscriptions et belles-lettres, Comptes rendus des séances de l'année 1925*, janv.-févr., pp. 41-42.

④ A. G(orton). Angier, "The Late M. Henri Cordier — A Noted Academician and Sinologue," *The China Express and Telegraph*, Apr. 16, 1925, pp. 252-253. 在该文中，A.戈顿·安吉尔（A. Gorton Angier）记，其家族同高第之渊源始于1878年巴黎国际展览会（Paris International Exhibition）上其父同后者的偶遇（高第亦记如此。见Cordier, "Some Personal Recollections," p. 28）。其时在华的A.戈顿·安吉尔此后见到作为其父执的高第并同后者通信多年。该文所述高第生平信息几乎均转录自后者1908年载《伦敦与中国快报》的《若干个人摅忆》，以致一些信息的准确度成疑。如，记高第于1869年2月20日离马赛赴远东（p. 252），记高第之父于1860年赴华（p. 252），记高第第二次赴华途中在塞得港接日意格电报（p. 253）。另衍生新误。如，记高第于1875年首次赴北京（p. 253）；对高第有"退休"一说（p. 253），实则高第去世前仍在现代东方语言学院任教。A.戈顿·安吉尔著有《远东重访》：A. Gorton Angier, *The Far East Revisited: Essays on Political, Commercial, Social, and General Conditions in Malaya, China, Korea and Japan*, London: Witherby & Co., 1908. 作者署衔"《伦敦与中国电讯》（*London and China Telegraph*）及《伦敦与中国快报》（*London and China Express*）编辑"。该刊物系列长期关注高第作品。见*Bibliographie des œuvres de Henri Cordier*, pp. 6, 10, 12, 34-35, 41, 51, 54-55, 57, 65, 74, 81, 89, 113, 117, 126.

⑤ "M. Henri Cordier," *L'Asie française*, an. 25, no. 230, mars-avr. 1925, p. 97. 该文误记高第于3月17日亡故。高第生前为法国亚洲委员会成员。

爵士作［在《王家亚洲学会会刊》（*J.R.A.S.*）重刊，1925年，第571—572页］；①《东方学院通报》（*Bulletin of the School of Oriental Studies*），第三卷，第855—856页，颜慈（W. Perceval Yetts）作；②《地理杂志》（*Geographical Journal*），1925年8月，第179页；③《印度支那杂志》（*Revue indochinoise*），1925年3—4月，第349—351页，未署名［系自保罗·布代；由其在《法国印度支那目录》（*Bibliogr. de l'Indochine française*）重刊，第八补编，1925年3月，河内，1925年（编译者按：原文如此），八开，第1—3页］。④

---

① R., "M. Henri Cordier," *The Journal of the Royal Asiatic Society of Great Britain and Ireland*, no. 3, July 1925, pp. 571-572. 该文误记高第在华八年（p. 571）；误记《中国书目》于1881年始刊（pp. 571-572）；误记1924年所刊最末分册将《中国书目》条目数提至4439（p. 572），实为将列数提至4439；误记高第启发沙畹学习汉语，实为高第建议沙畹从中国哲学研究转向中国历史研究，此前沙畹已在现代东方语言学院开始汉语学习［见H(enri). C(ordier)., "Édouard Chavannes," *T'oung pao*, s. 2, v. 18, no. 1-2, mars-mai 1917, pp. 114-115. （该期《通报》于1918年9月刊）A. Pino, "Jametel, Maurice," Labrousse, *Langues O' 1795-1995*, p. 291］。爱德华·丹尼森·罗斯（Edward Denison Ross, 1871—1940），英国东方学者，时任伦敦大学（University of London）东方学院（School of Oriental Studies）院长［见R(alph). L(illey). T(urner)., "Sir Edward Denison Ross," *Bulletin of the School of Oriental and African Studies, University of London*, v. 10, no. 3, 1940, p. 833］。

② W. Perceval Yetts, "Professor Henri Cordier," *Bulletin of the School of Oriental Studies, University of London*, v. 3, no. 4, 1925, pp. 855-856. 该文误记《中国书目》于1881年始刊（p. 856）。颜慈（Walter Perceval Yetts, 1878—1957），英国入华医师。

③ "Henri Cordier," *The Geographical Journal*, v. 66, no. 2, Aug. 1925, p. 179. 该文误记高第亡故日期作"5月23日"，误记高第对东方怀有好感［对比"Une ville chinoise," *Journal des débats politiques et littéraires*, 1er oct. 1879. （作者之为高第，据*Bibliographie des œuvres de Henri Cordier*, p. 6）Henri Cordier, *Conférence sur les relations de la Chine avec l'Europe*, Rouen: Imprimerie E. Cagniard, 1901, p. 15］，误记高第于1881年返法并于同年成为现代东方语言学院教授，误记高第于1903年被委以玉尔《马可·波罗》第三版的编订工作（对比Yule, *The Book of Ser Marco Polo*, 3rd ed., v. 1, pp. viii, x.）。该刊系英国王家地理学会刊物。

④ "Henri Cordier et la bibliographie de l'Indochine," *Revue indochinoise*, n. s., t. 43, no. 3-4, mars-avr. 1925, pp. 349-351. 该文参考过上述（第28、30页）1925年2月所发弗鲁瓦德沃文，误记高第自1869至1880年在华，其后被任命为东方语言学院教授（p. 349）。布代同雷米·布儒瓦（Rémy Bourgeois, 1897—1947）合编的《法国印度支那目录》（*Bibliographie de l'Indochine française*）旨在从所收内容的时限上接续高第《印度支那书目》。见Finot, "*Bibliographie de l'Indochine française, 1913-1926*," pp. 500-501. 高第讣闻另如：Aurousseau, "Henri Cordier," *Bulletin de l'École française d'Extrême-Orient*, t. 25, no. 1-2, 1925, pp. 279-286. 该文误记高第在上海入一家英国银行供职（p. 279），误记高第于返华途中在苏伊士接到中国政府任命其为中国赴欧学生使团秘书的电报（p. 280），误记舍费尔推动于1881年在东方语言学院为高第创设远东历史、地理及法律课程（p. 280），误记高第《契丹及通往彼处之路》凡三卷（p. 282），误录高第在《四世纪至今日通史》所发第四篇文章题目中"19世纪"作"14世纪"（p. 282）等。鄂庐梭，时为《法国远东学院通报》（*Bulletin de l'École française d'Extrême-Orient*）主管。关于高第同该院之渊源，

（接上页注）见该文（p. 286）。又，Dehérain & al., "Notes et nouvelles," *Revue de l'histoire des colonies françaises*, an. 13, t. 18, trim. 2, 1925, pp. 310-313. 该文误记高第于1855年自美国赴法（p. 310），误记高第入上海一家银行供职（p. 310），误记东方语言学院于1881年开设远东历史、地理及法律课程（p. 311）。《法国殖民地史杂志》（*Revue de l'histoire des colonies françaises*）系法国殖民地史学会刊物。关于高第同该会之渊源，另见该文（p. 312）。又，R., "Henri Cordier," *Revue archéologique*, s. 5, t. 21, janv.-juin 1925, p. 337. 该文误记高第在华十一年，误记高第自1876年起任一个赴法中国使团的秘书，误记高第于3月18日亡故。萨洛蒙·赖纳赫（Salomon Reinach，1858—1932），德裔法国考古学者，时任《考古杂志》（*Revue archéologique*）主编之一。又，"Henri Cordier," *Geographical Review*, v. 15, no. 3, July 1925, pp. 500-501. 该文误记《1857至1858年中国远征》系针对英国远征（p. 501），实则不限于英国；误记"旨在用于自13直至16世纪末地理史之行记及文献汇编"在高第亡故时刊有二十三卷（p. 501）；误记《中国书目》刊于1904年、凡四卷（p. 501）；误记《东方历史及地理杂志》有文涉及法国人华传教士张诚（Jean-François Gerbillon，1654—1707）的六封未刊书信（p. 501），实为五封。《地理评论》（*Geographical Review*）系美国地理学会（American Geographical Society）刊物。又，Verneau, "Henri Cordier," *Journal de la Société des américanistes de Paris*, n. s. t. 17, 1925, pp. 320-322. 该文误记《18世纪在中国之法国》刊于1882年（p. 320）；误记"旨在用于自13直至16世纪末地理史之行记及文献汇编"刊至1885年（p. 320）；误记高第《法国同中国之冲突》（*Le conflit entre la France et la Chine*）刊于1884年（p. 320），实为1883年；误记《高第作品目录》正文凡154页（p. 320）。勒内·韦尔诺（René Verneau，1852—1938），时任巴黎美洲学者学会主席。又，R. M., "Henri Cordier," *Le Globe*, t. 65, 1926, pp. 39-40. 该文误记高第在华期间展现出对语文学的兴趣（pp. 39-40），误记高第七十五岁寿诞之际所刊其作品之目录系其会友、弟子及朋友所编［p. 40。袭自上述（第34页）拉克鲁瓦悼词］。《地球》（*Le Globe*）系日内瓦地理学会刊物。拉乌尔·蒙唐东（Raoul Montandon，1877—1950），该会正式成员（见Frédéric Montandon, "Raoul Montandon, 1877-1950," *Le Globe*, t. 89, 1950, p. 20）。又，Michieli, "Henri Cordier," *Archivio veneto-tridentino*, v. 9, 1926, pp. 314-317. 该文基于伯希和该文，误记高第在华期间关注当地语言（p. 314），误记颇节于1881年亡故而其在东方语言学院之教席空缺（p. 315），误记高第三大远东书目自1881年始刊（p. 316），误记《1857至1858年中国远征》《1860年中国远征》《1860至1902年中国同西列强关系史》凡九卷（p. 316），误记高第编有美洲史及法国史的多种《历史及评论杂编》（*Mélanges historiques et critiques*）（p. 317）。另不乏有用信息，如，记高第为编《鄂多立克行记》多次赴意大利咨询多位意大利学者（p. 315）。《威尼托-特兰蒂诺档案》（*Archivio veneto-tridentino*）系威尼托-特兰蒂诺王家故乡史委员会（Regia deputazione veneto-tridentina di storia patria，前身即威尼托王家故乡史委员会）刊物。阿德里亚诺·奥古斯托·米基耶利（Adriano Augusto Michieli，1875—1959），该会正式会员（见"Atti della R. deputazione veneto-tridentina di storia patria," *Archivio veneto-tridentino*, v. 9, 1926, p. 362）。又，其时亦有中国刊物发有高第讣告：《Henri Cordier之死及其著作》，载《书报介绍》1925年第十八期，第38—39页。又，高第去世四年后，在1929年11月22日铭文与美文学术院年度公开会议上，该院常任秘书卡尼亚遵照该院在年度公开会议上为某位已故成员做《生平及作品概述》的传统，宣读其所作《高第先生生平及作品概述》：Cagnat, "Notice sur la vie et les travaux de M. Henri Cordier," *Académie des inscriptions et belles-lettres, Comptes rendus des séances de l'année 1929*, oct.-déc., pp. 292-306. 卡尼亚撰写该文时参考过伯希和该文（pp. 301-302）、上述弗鲁瓦德沃文（pp. 302-303）及一些难得一见的材料（如经高第夫人同意，查阅高第个人笔记。见p. 294），所记有前人所未道者，然亦有不确之处，如：记高第于1869年初入位于上海的旗昌洋行（p. 295）；记高第抵华当年王家亚洲学会北华分会的图书馆员之位空缺（pp. 295-296）；记高第甫自华返法即创办《远东杂志》（p. 301）；记1902年高第赴热那亚参加美洲发现四百周年纪念活动（p. 304），实为1892年（见"Actes de la Société," *Journal de la Société des américanistes de Paris*, n. s., t. 12, 1920, p. 205）。伯希和称该文为"一位对其有很深感情的会友对我们的前创刊人兼主编所致动情的敬意""一段长久友谊的正当敬意"。见"Notes bibliographiques," *T'oung pao*, s. 2, v. 27, no. 2-3, 1930, p. 216. "Livres reçus," *T'oung pao*, s. 2, v. 28, no. 1-2, 1931, p. 139.

《中国书目》第一版前言[*]

近十年前,当我抵达中国时,当我开始研究该广阔帝国的历史、科学、风俗及习惯时,我发现自己面对着展现于初涉一个无限研究领域的所有新来者的困难。在该数量庞大的涉华出版物——在所有语言中编作、关于最为多样之主题的出版物——中间,谁可引导我?我的第一个想法是求助于一部分类目录——不存在——因而只得自己对经手作品做某种拣选分类。希望为他人省去一项我不得不做的无用而无聊的工作,我有了想法:出版一部认真编写的涉及中央帝国之作品的目录,对致力于远东的学者及爱好者或会有一些帮助。

***

抵达上海后不久,被任命为王家亚洲学会北华分会荣誉图书馆员,我着手从事该学会书籍之目录的编写。

亚洲学会(Société Asiatique)图书馆包括约1300个书卷(加1023个中文书卷),其中总体论及东方及专门论及中国者的大部分由伟烈亚力(Alex. Wylie)先生转让,[①]亦包含数量可观的周期性出版物及在科学机构

---

[*] Cordier, *Bibliotheca Sinica, Dictionnaire bibliographique des ouvrages relatifs à l'Empire chinois, tome premier*, fasc. 1, Paris: Ernest Leroux, 1878, col. i-xiv. 本译文之标题系编译者所拟。

[①] 在《王家亚洲学会北华分会图书馆(包括伟烈亚力先生藏书)系统分类目录》中,高第记,伟烈亚力图书馆的718个书卷或小册被加入亚洲学会既有藏品,合而构成约1300个书卷的东方(编译者按:实则不限于此)相关标准作品收藏,此不包括伟烈亚力的1023个中文书卷。见Cordier, *A Catalogue of the Library of the North China Branch of the Royal Asiatic Society (Including the Library of Alex. Wylie, Esq.)*, p. v. 在1902年致该会的信中,高第记,伟烈亚力的图书馆包括718个书卷或小册及1023个中文书卷,于1869年4月被转让给该会。见"Proceedings," *Journal of the China Branch of the Royal Asiatic Society, for the Year 1903-1904*, p. xv. "1869年4月"一说另见"Report of the Council of the North-China Branch of the Royal Asiatic Society, for the Year 1869," p. ii.

支持下所编文集。该图书馆的目录于1871年年末出版。①尽管我此前在法国及英国的研究已对我在目录学作品方面有所训练，编写该目录仍是我进入新研究的引导，给予我专门的嗅觉——如果我能这样表达——于我而言着手于一部中国目录手册所必需的目录嗅觉。我为完成该目录而曾积累的笔记、开启的研究使我决定最终践行我抵达上海时曾有的想法，为西方民众所写关于中国的作品做其他无疑更能胜任者曾为欧洲不同国家所着手从事之事。我也很指望评论者对第一个尝试的宽容。我说"第一个尝试"，因为当我开始收集该作之材料时，中国目录曾奇特地被我们的前辈所忽略，而应构成之的要素散落各处——散片零件。因而我们将检查何为这些工作要素，与此同时，它们将向我们指出：

该作之材源②

截至其时已刊具一定重要性的唯一专门目录是安德烈埃（Andreae）博士及盖格尔（Geiger）先生的《汉字文法书广总目》（*Bibliotheca Sinologica*）③。它构成八开的一卷，于1864年在法兰克福刊印，x—108页，

---

① A Catalogue of the Library of the North China Branch of the Royal Asiatic Society (including the Library of Alex. Wylie, Esq.) Systematically classed. by Henri Cordier, Hon. Librarian. Shanghai: Printed at the « Ching-foong » general printing office, 1872, gr. in-8, pp. VIII-86. ——原注

高第1902年致王家亚洲学会北华分会的信及《若干个人撷忆》记，该作出版于1872年。见"Proceedings," *Journal of the China Branch of the Royal Asiatic Society, for the Year 1903-1904*, p. xv. Cordier, "Some Personal Recollections," p. 27.《高第作品目录》将该作条目置于"1872年"下，附记其刊印于"12月"结束，并附录1873年初所发相关评论信息。见"*Catalogue of the Library of the North China Branch of the Royal Asiatic Society (Including the Library of Alexander Wylie, Esq.)*," *The China Review*, v. 1, no. 4, Jan.-Feb. 1873, p. 270. *Bibliographie des œuvres de Henri Cordier*, p. 1.

② 对比同年4月20日《历史评论与文学评论杂志》所发高第对穆麟德（Paul Georg von Möllendorff，1847—1901）等《中国目录手册》（*Manual of Chinese Bibliography*）之评论，可知该前言中汉学目录回溯部分至迟至当年4月已大致写成。见Henri Cordier, "*Manual of Chinese Bibliography*," *Revue critique d'histoire et de littérature*, n. s., t. 5, no. 16, 20 avr. 1878, pp. 253-255.

③ Han-tsé-wên-fà-chōu-kouang-tsòng-mōu. Bibliotheca Sinologica. Uebersichtliche Zusammenstellungen als Wegweiser durch das Gebiet der sinologischen Literatur von Dr. med. V. Andreae und John Geiger. Als Anhang ist beigefügt: Verzeichniss einer grossen Anzahl ächt chinesischer Bücher nebst Mittheilung der Titel in chinesischen Schriftzeichen. Frankfurt a. M., Verlag von K. Theodor Völcker. MDCCCLXIV. in-8, pp. x-108-31-16. ——原注

Han-tsé-wên-fà-chōu-kouang-tsòng-mōu原作作Hán-tsé-wên-fà-chōu-kouang-tsòng-mōu。见

附一个占据31—16页的中文作品清单。①对书籍做一些分类的干瘪清单，基于莫伊泽尔（Meusel）、泰尔诺-孔庞（Ternaux-Compans）等作品的无华之作，其间在精确标题之侧，混入严重错误及有时对实存证明不够确实的作品的指示。以百来页自然不可能包含一个涉华作品的完整清单，因此《汉字文法书广总目》只可被视为一种选目、一个概要。

1849年8月，卫三畏博士曾在《中国丛报》（Chinese Repository）刊有一个包括373号、主要以英文及法文所作作品的清单，于1849年12月在同一文集中附有一个补编（374—402号）。②在该清单中所给标题很大程度上属于《丛报》（Repository）头十七卷所评作品。

《中日丛报》（Chinese and Japanese Repository）此后着手从事一个新目录的刊发：1864年11月号包含该尝试，无后续。③

回溯至更远的时代，可在赖曼（Reimann）④、在杜赫德（du Halde）

（接上页注）V. Andreae & John Geiger, 汉字文法书广总目, Bibliotheca sinologica, Uebersichtliche Zusammenstellungen als Wegweiser durch das Gebiet der sinologischen Literatur, Frankfurt a. M.: K. Theodor Völcker, 1864. 该作由懂中文的法学博士、德意志宗教学者赫尔曼·维克托·安德烈埃（Hermann Victor Andreae，1817—1889）等以德文编纂。

① 在该作刊本中，《汉字文法书广总目》凡x+108页，后接一页"更正"。其后所附《原本汉书宝汇》凡31+16页，于同年先出单行本：Buch- und Antiquariats-Handlung von Karl Theodor Völcker, herausgegeben von, 原本汉书宝汇, Bibliotheca Sinica, Katalog einer Sammlung werthvoller und seltener chinesischer Originalwerke, Frankfurt a. M.: K. Theodor Völcker, 1864. 系位于美茵河畔法兰克福的出版商兼旧书店卡尔·特奥多尔·弗尔克（Karl Theodor Völcker）的藏品目录。该单行本之末有该书店撰于1864年4月底的"《汉字文法书广总目》即将出版"的广告。

② List of Works upon China, principally in the English and French languages: I. Philological Works; II. Translations; III. General Accounts, Travels, etc. (Chinese Repository, Aug. 1849, XVIII, pp. 402-444) — Additions. (Ibid., Dec. 1849, XVIII, pp. 657-661) ——原注
即以英文编纂的《涉华作品清单》。作者之为卫三畏，另见陶德民编：《卫三畏在东亚：美日所藏资料选编》，郑州：大象出版社，2016年，第61页。

③ The Names of Works on Chinese and China. With short critical Notes by the Editor. (Chinese & Japanese Repository, Nov. 1864. 包含三十号）——原注
即以英文编纂的《中文及中国相关作品名录》。篇末注明"待续"，似未见下文。见"The Names of Works on Chinese and China, With Short Critical Notes by the Editor," The Chinese and Japanese Repository, v. 2, no. 16, Nov. 1864, pp. 167-168.

④ Jacobi Friderici Reimanni Historia literaria Babyloniorum et Sinensium... Brunsvigae et Hildesiae. 1741, pet. in-8. ——原注
Reimanni原作作Reimmanni。见Jacobus Fridericus Reimmannus, Historia literaria Babyloniorum et Sinensium, illa, methodo chronologica, haec, scientifica adumbrata, Brunsviga & Hildesia: Vidua Schroederi, 1741. 即德意志学者雅各布·弗里德里希·赖曼（Jacob Friedrich Reimmann，1668—1743）以拉丁文编纂的《巴比伦人及中国人文献史》。

神父海牙版的"告读者",①在德庇时(John Francis Davis)爵士所作《中国人》(The Chinese)的荷兰文译本中②发现一些涉华作品清单。更为切近,在《现代中国》(Chine moderne)[巴赞(Bazin)作]的第二部分中。③最后,1867年,德尼克(N. B. Dennys)先生在其《中日条约口岸》(Treaty Ports of China and Japan)中作为附录加入一个历史、地理及旅行作品的相当单薄的目录④。

---

① 这是一个按时间次序编排的百来种作品的清单,自1531至1729年。该清单被插入"告读者"之末,第lxxiv—lxxx页。——原注
所涉作品为法国教士杜赫德(Jean-Baptiste du Halde, 1674—1743)四卷本《中华帝国及中国鞑靼地区地理、历史、编年、政治及自然描述》(通行中译名作《中华帝国全志》)1736年海牙版:J.-B. du Halde, *Description géographique, historique, chronologique, politique, et physique de l'Empire de la Chine et de la Tartarie chinoise*, 4 t., La Haye: Henri Scheurleer, 1736. 其初版于1735年刊于巴黎:J.-B. du Halde, *Description géographique, historique, chronologique, politique, et physique de l'Empire de la Chine et de la Tartarie chinoise*, 4 t., Paris: P. G. Le Mercier, 1735.

② China en de Chinezen. Door J. F. Davis,... Amsterdam, 1841, 3 vol. in-8. 该清单包括约八十种作品,被插入引言中。——原注
原作为英国人华外交官德庇时(1795—1890)的两卷本《中国人:中华帝国及其居民总体描述》:John Francis Davis, *The Chinese: A General Description of the Empire of China and Its Inhabitants*, 2 v., London: Charles Knight (& Co.), 1836.

③ Chine moderne... Paris, Didot, 1837-1853, 2 vol. in-8. 该按时间次序(1477—1852)编排的作品极有缺陷,1700年前所刊作品的标题(316个)几乎均取自泰尔诺-孔庞,找不到如杜赫德(Du Halde)巴黎版及宋君荣神父所作《中国编年史论》(Traité de la chronologie chinoise, 巴黎,1814年)那般重要的指示。——原注
该书系颇节《中国图识》(Chine, 1837年刊。自起中文名见正文第一页)的续作,第一部分由颇节撰写,第二部分由法国汉学学者巴赞(Antoine Bazin, 1799—1862)撰写。见G. Pauthier, *Chine, ou Description historique, géographique et littéraire de ce vaste empire*, Paris: Firmin Didot frères, 1837. G. Pauthier & Bazin, *Chine moderne, ou Description historique, géographique et littéraire de ce vaste empire*, Paris: Firmin Didot frères, 1853. 宋君荣遗作《中国编年史论》由法国东方学者安托万-伊萨克·西尔韦斯特德萨西(Antoine-Isaac Silvestre de Sacy, 1758—1838)附于《北京传教士作中国人历史、科学、艺术、风俗、习惯等相关论文》(*Mémoires concernant l'histoire, les sciences, les arts, les mœurs, les usages, &c. des Chinois, par les missionnaires de Pékin*。通行中译名一作《中国杂纂》)第十六卷出版(见该卷p. vi):Gaubil, *Traité de la chronologie chinoise*, publié pour servir de suite aux *Mémoires concernant les Chinois*, par Silvestre de Sacy, Paris, Strasbourg: Treuttel et Würtz, 1814. 关于其刊行经过,见Cordier, *Bibliotheca Sinica*, 2ᵉ éd., col. 563-564.

④ Catalogue of Books on China (other than philological) published on China and Japan in the English language compiled by N. B. Dennys; br. in-8. ——原注
即英国前入华外交官、时任香港《德臣报》(*The China Mail*)社长(见Henri Cordier, "N. B. Dennys," *T'oung pao*, s. 2, v. 2, no. 1, mars 1901, p. 91)的德尼克(Nicholas Belfield Dennys, 1839—1900)以英文编纂的《在中国及日本以英文所刊涉华书籍(语文学之外)目录》:"Catalogue of Books on China (Other Than Philological) Published on China and Japan in the English Language," N. B. Dennys, compiled and edited by, *The Treaty Ports of China and Japan: A Complete Guide to the Open Ports of Those Countries, Together With Peking, Yedo, Hongkong and Macao, Forming a Guide Book & Vade Mecum for Travellers, Merchants, and Residents in General*, London: Trübner and Co., Hongkong: A. Shortrede and Co., 1867, Appendix C, pp. 1-26.

《中国书目》第一版前言

某些东方目录作品对中国献有一些章节。皮内洛（Pinelo）在其《东方书目概要》（*Epitome de la Bibliotheca oriental*）①中给出一些珍贵信息。泰尔诺-孔庞的《书目》（*Bibliothèque*）②当小心查阅。在出色的指示之侧，因未审校样，泰尔诺犯下最严重的错误，有时标录不存在的作品。在《东方书目》（*Bibliotheca orientalis*）第二卷，岑克尔（Zenker）博士将十一章献给中国及其属地。③最后，荷兰人在一个1875年所刊目录中向我们展示其对该遥远国家相关研究的参与。④

---

① Epitome de la Biblioteca oriental y occidental... en que se contienen los escritores de las Indias orientales y occidentales y reinos de China, Tartaria, Japon, Persia, Armenia, Etiopia, y otras partes. Madrid, 1737, 3. vol. in-fol. ——原注

即西班牙最高王家诸印度会议（Supremo i real consejo de las Indias）录事安东尼奥·德莱昂皮内洛（Antonio de León Pinelo，约1590—1660）以西班牙文编纂，后经西班牙财政、诸印度与海事总务大臣（secretario del Despacho universal de hacienda, Indias i marina）德托雷努埃瓦侯爵（marqués de Torre-Nueva）增订、于1737至1738年再版的三卷本《东西方航海及地理书目概要》：Antonio de León Pinelo, *Epítome de la bibliotheca oriental, y occidental, náutica y geográfica*, añadido, y enmendado nuevamente, por mano del marqués de Torre-Nueva, 3 t., Madrid: Francisco Martínez Abad, 1737-1738. 第一版一卷于1629年刊。

② Bibliothèque Asiatique et Africaine ou Catalogue des ouvrages relatifs à l'Asie et à l'Afrique qui ont paru depuis la découverte de l'imprimerie jusqu'en 1700, par H. Ternaux-Compans. Paris, Arthus Bertrand, MDCCCXLI, in-8. ——原注

即法国外交官、目录学者、历史学者亨利·泰尔诺-孔庞（Henri Ternaux-Compans，1807—1864）以法文编纂的《亚非书目，或自印刷术发明直至1700年所出涉及亚洲及非洲作品目录》。该学者之目录作品另如《美洲书目，或自其发现直至1700年所出涉及美洲作品目录》：H. Ternaux, *Bibliothèque américaine, ou Catalogue des ouvrages relatifs à l'Amérique qui ont paru depuis sa découverte jusqu'à l'an 1700*, Paris: Arthus-Bertrand, 1837.

③ Bibliotheca Orientalis. Manuel de Bibliographie orientale... par J. Th. Zenker. Dr. — Leipzig, 1846-1861, 2 vol. in-8：" 中国文献"，6637—6867号（编译者按：本书此处略去一些内容）。标题总体上精确。——原注

所涉作品为德意志东方学学者尤利乌斯·特奥多尔·岑克尔（Julius Theodor Zenker, 1811—1884）以法文编纂的两卷本《东方书目》，涉及中国者位于第二卷第505至532页、第541至548页。1840年，岑克尔刊有以拉丁文编纂的《东方书目，第一部分，包含自印刷术发明直至我们时代所刊阿拉伯文、波斯文、土耳其文书籍》：Julius Theodorus Zenker, edidit, *Bibliotheca orientalis, Pars I, libros continens Arabicos, Persicos, Turcicos inde ab arte typographica inventa ad nostra usque tempora impressos*, Lipsia: Guilielmus Engelmann, 1840. 系《阿拉伯书目》（*Bibliotheca Arabica*）。嗣后其《东方书目》似未再有以拉丁文编纂者出版。第二卷之后，其法文版《东方书目》亦似未有新卷出版。

④ De bœfening der oostersche talen in Nederland en zijne overzeesche bezittingen 1800-1874. — Bibliographisch overzicht door P. A. Boele van Hensbroek. Leiden, Bull (sic), 1875. 第34—36页。—— Feestgave ter gelegenheid van het Driedhonderd-jang (sic) Bestaan der Leidsche Hoogeschool. Leiden, Brill, 8 Februari, MDCCCLXXV, in-4. ——原注

所涉作品为荷兰书商兼出版商彼得·安德烈亚斯·马丁·布勒范亨斯布鲁克（Pieter Andreas Martin Boele van Hensbroek, 1853—1912）以荷兰文编纂的《1800至1874年在荷兰及其海外

我们按理查阅了将其研究之领域局限于一个单独主题、一种单一科学的作者，例如：针对历史，莫伊泽尔；①针对旅行，施图克（Stuck）②和布歇德拉里夏德里（Boucher de la Richarderie）③；针对匿名作品，巴尔比耶（Barbier）④；

（接上页注）领地东方语言研究：目录性概览》：P. A. M. Boele van Hensbroek, *De beoefening der oostersche talen in Nederland en zijne overzeesche bezittingen 1800-1874, bibliographisch overzicht*, Leiden: E. J. Brill, 1875.（中译名部分内容承蒙北京外国语大学欧洲语言文化学院林霄霄老师赐教）高第所录系该作在1875年2月8日莱顿高等学校（Leidsche Hoogeschool）成立三百周年之际的献礼版（*Feestgave ter gelegenheid van het driehonderd-jarig Bestaan der Leidsche Hoogeschool*），同年该作另有单行本。

① Bibliotheca historica. Instructa a B. Burcardo Gotthelf Struvio aucta a B. Christi. Gottlieb Budero nunc vero a Ioanne Georgio Meuselio ita descripta, amplificata et emendata, ut paene novum opus videri possit. Voluminis II Pars II. Lispiae, apud Heredes Weidmanni et Reichium MDCCLXXXVI, in-8. 第十七章："论及中国事物的作家"，第106页及其后（编译者按：本书此处略去一些内容）。——原注

descripta原作作digesta。见Ioanne Georgius Meuselius, ita digesta, amplificata et emendata a, *Bibliotheca historica*, instructa a Burcardo Gotthelf Struvio, aucta a Christi. Gottlieb Budero, 11 v., Lispia: Heredes Weidmanni et Reichius, Libraria Weidmanniana, 1782-1804. 即以拉丁文编纂的十一卷本《历史书目》，该作由德意志学者布克哈特·哥特黑尔夫·施特鲁韦（Burkhard Gotthelf Struve, 1671—1738）初创，其弟子，德意志法律学者、历史学者克里斯蒂安·戈特利布·布德尔（Christian Gottlieb Buder, 1693—1763）增补，后经德意志历史学者、目录学者约翰·格奥尔格·莫伊泽尔（Johann Georg Meusel, 1743—1820）划分、扩展、修订而"几能被视为全新作品"。涉及中国者位于第二卷第二部分第十六章（第101—105页）、十七章（第106—192页）。

② Gottlieb Heinrich Stuck's K. P. Kommissionsraths und Kaemmerers der Stadt Halle Verzeichnis von aeltern und neuern Land-und Reisebeschreibungen. Ein Versuch eines Hauptstücks der geographischen Litteratur mit einem vollstaendigen Realregister; und eine *(sic)* Vorrede von M. Iohann Ernst Fabri. Halle, 1784, in-8, pp. XVI-504. ——原注

即哈雷市财政局长戈特利布·海因里希·施图克（Gottlieb Heinrich Stuck, 1716—1787）以德文编纂的《新旧国家描述及旅行描述清单》。

③ Bibliothèque universelle des Voyages... par G. Boucher de la Richarderie. A Paris, 6 vol. in-8, 1808. ——原注

即法国最高法院（Cour de cassation）前法官吉勒·布歇德拉里夏德里（Gilles Boucher de la Richarderie, 1733—1810）以法文编纂的六卷本《寰宇旅行书目》。

④ Dictionnaire des Ouvrages anonymes par Ant.-Alex. Barbier, Troisième Edition, revue et augmentée par MM. Olivier Barbier, René et Paul Billard de la Bibliothèque nationale. Paris, Paul Daffis, 1875 et seq. ——原注

即法国国家参政院（Conseil d'État）图书馆员、皇帝兼国王图书馆员安托万-亚历山大·巴尔比耶（Antoine-Alexandre Barbier, 1765—1825）以法文编纂，后经供职于法国国家图书馆的其子奥利维耶（Olivier Barbier, 1806—1882）以及勒内·比亚尔（René Billard, 1829—1877）、保罗·比亚尔（Paul Billard, 1832—1880）增订的第三版四卷本《匿名词典》[原名《匿名及化名词典》（*Dictionnaire des ouvrages anonymes et pseudonymes*）]：Ant.-Alex. Barbier, *Dictionnaire des ouvrages anonymes, troisième édition*, revue et augmentée par Olivier Barbier, René et Paul Billard, 4 t., Paris: Paul Daffis, 1872-1879. 第一版四卷于1806至1809年刊，第二版四卷于1822至1827年刊。

《中国书目》第一版前言

针对地理，恩格尔曼（Engelmann）①和《历史地理书目》（*Bibliotheca hist.-geographica*）②；针对耶稣会（Compagnie de Jésus）僧侣，德巴克尔（de Backer）③和卡拉永（Carayon）④；针对新教传教团，《新教传教士纪念》（*Memorials of Protestant Missionaries*）⑤；针对医学，保利（Pauly）⑥；针对科学，伦敦王家学会（Société royale de Londres）所刊目录⑦，等等。

---

① Bibliotheca Geographica. — Verzeichniss der seit der Mitte des vorigen Jahrhunderts bis zu Ende des Jahres 1856 in Deutschland erschienenen Werke über Geographie und Reisen mit Einschluss der Landkarten, Pläne und Ansichten. Herausgegeben von Wilhelm Engelmann. Leipzig, W. Engelmann, 1857-1858, 2 vol. in-8. ——原注

即德意志书商兼出版商威廉·恩格尔曼（Wilhelm Engelmann，1808—1878）以德文编纂的《地理书目：自上世纪中叶直至1856年年末在德意志所出地理及旅行相关作品清单》。

② Bibliotheca historico-geographica oder systematisch geordnete Uebersicht der in Deutschland und dem Auslande auf dem Gebiete der gesammten Geschichte und Geographie neu erschienenen Bücher herausgegeben von Ernst A. Zuchold. Erster Jahrgang. I. Heft. 1853, Göttingen. ——原注

即德意志目录学者恩斯特·阿曼杜斯·楚霍尔特（Ernst Amandus Zuchold，？—1867）以德文编纂的《历史地理书目，或在德意志及外国在总体历史及地理领域新出书籍系统排列概览》第一年第一分册。后有他人续作。

③ Bibliothèque des écrivains de la Compagnie de Jésus... par Augustin de Backer de la Compagnie de Jésus avec la collaboration d'Alois de Backer et de Charles Sommervogel de la même Compagnie. Nouvelle édition, refondue et considérablement augmentée. Liége, 3 vol. in-fol., 1869-1877. ——原注

即比利时耶稣会士阿洛伊斯·德巴克尔（Alois de Backer，1823—1883）及法国耶稣会士卡洛斯·佐默福格尔（Carlos Sommervogel，1834—1902，其名另作Charles）在比利时耶稣会士、阿洛伊斯之兄奥古斯丁（Augustin de Backer，1809—1873）所作内容的基础上以法文编就的第二版三卷本《耶稣会作家书目》。第一版七系列由德巴克尔兄弟编纂，于1853至1861年刊。

④ Bibliographie historique de la Compagnie de Jésus, par le P. Auguste Carayon. Paris, 1864. ——原注

即法国耶稣会士奥古斯特·卡拉永（Auguste Carayon，1813—1874）以法文编纂的《耶稣会历史目录》。

⑤ Memorials of Protestant Missionaries to the Chinese: giving a list of their publications and obituary notices of the deceased. With copious indexes. Shanghae, 1867, in-8. ——原注

即伟烈亚力以英文编纂的《赴中国人间新教传教士纪念：给出其出版物及逝者讣闻清单》。关于伟烈亚力对该作署其名之态度，见Cordier, "The Life and Labours of Alexander Wylie," p. 363. Cordier, *Bibliotheca Sinica*, 2ᵉ éd., col. 1300.

⑥ Bibliographie des Sciences médicales. Bibliographie, — Biographie, — Histoire, — Epidémies, — Topographies, — Endémies, par Alphonse Pauly, de la Bib. nat..... Paris, Tross, 1874, in-8. ——原注

即供职于法国国家图书馆的阿方斯·保利（Alphonse Pauly，1830—1909）以法文编纂的《医学科学目录》。

⑦ Catalogue of Scientific Papers (1800-1863). Compiled and published by the Royal Society of London 1867-72, 6 vol. in-4. ——原注

即伦敦王家自然知识促进学会（The Royal Society of London for Improving Natural Knowledge）以英文编刊的六卷本《科学论文目录（1800—1863）》。

献给不同国家的专论对我们最有帮助：针对英国及美国，阿利本（Allibone）①和朗兹（Lowndes）②；针对葡萄牙，菲加涅雷（Figaniere）③和席尔瓦（Silva）④；针对法国，《书业报》（*Journal de la Librairie*）；亦查阅了总体目录学者，如瓦特（Watt）博士⑤、布吕内（Brunet）⑥、

---

① A Critical Dictionary of English Literature and British and American Authors living and deceased from the earliest accounts to the latter half of the nineteenth century. Containing over forty-six thousand articles (authors), with Forty Indexes of Subjects. By S. Austin Allibone. Philadelphia, J. B. Lippincott & Co. 1872 *(sic)*-1871, second issue. 3 vol. gr. in-8 à 2 col. ——原注

即美国目录学者塞缪尔·奥斯汀·阿利本（Samuel Austin Allibone，1816—1889）以英文编纂的三卷本《自最早描述至19世纪下半叶英语文学及在世及已故英国及美国作者评论性词典》：S. Austin Allibone, *A Critical Dictionary of English Literature and British and American Authors, Living and Deceased, From the Earliest Accounts to the Latter Half of the Nineteenth Century*, 3 v., Philadelphia: J. B. Lippincott & Co., 1870-1871. 同期另有其他版本。

② The Bibliographer's Manual of English Literature... by William Thomas Lowndes. New edition, revised, corrected, and enlarged by Henry G. Bohn, London, 1857-1864, 4 vol. pet. in-8. ——原注

即英国目录学者威廉·托马斯·朗兹（William Thomas Lowndes，约1798—1843）以英文初编、德裔英国出版商亨利·乔治·博恩（Henry George Bohn，1796—1884）增订的《目录学者英国文献手册》。同期有不止一个版本。第一版四卷于1834年刊。

③ Bibliographia historica portugueza ou Catalogo methodico dos auctores portuguezes, e de alguns estrangeiros domiciliarios em Portugal, que tractaram da historia civil, politica e ecclesiastica d'estes reinos e seus dominios, e das naçoês *(sic)* ultramarinas, e cujas obras correm impressas em vulgar; onde tamben *(sic)* se apontam muitos documentos e escriptos anonymos que lhe dizem respeito por Jorge Cesar de Figaniere, Official da Secretaria de Estado dos Negocios Estrangeiros... Lisboa: 1850, in-8, pp. VIII-349. ——原注

naçoês原作作nações，tamben原作作tambem。见Jorge César de Figanière, *Bibliographia histórica portugueza, ou Catálogo methódico dos auctores portuguezes, e de alguns estrangeiros domiciliários em Portugal, que tractaram da história civil, política e ecclesiástica d'estes reinos e seus domínios, e das nações ultramarinas, e cujas obras correm impressas em vulgar; onde também se apontam muitos documentos e escriptos anónymos que lhe dizem respeito*, Lisboa: Typographia do Panorama, 1850. 即供职于葡萄牙对外贸易国务秘书处（Secretaria de Estado dos negócios estrangeiros）的若热·塞萨尔·德菲加涅雷（Jorge César de Figanière，1813—1887）以葡萄牙文编纂的《葡萄牙历史目录》。

④ Diccionario Bibliographico Portuguez Estudos de Innocencio Francisco da Silva applicaveis a Portugal e ao Brasil. Lisboa na imprensa nacional, I, 1858 et seq. ——原注

即葡萄牙目录学者因努森西乌·弗朗西士库·达席尔瓦（Innocêncio Francisco da Silva，1810—1876）以葡萄牙文编纂的《葡萄牙目录词典》。该作于1858年刊第一卷，后分卷续刊。

⑤ Bibliotheca Britannica, ora *(sic)* General Index to British and Foreign Literature. By Robert Watt. In two Parts: Authors and Subjects. Edinburgh, 1824, 4 vol. gr. in-4. ——原注

即英国目录学者罗伯特·瓦特（Robert Watt，1774—1819）之遗作、以英文编纂的四卷本《不列颠书目，或不列颠及外国文献总索引》：Robert Watt, *Bibliotheca Britannica, or A General Index to British and Foreign Literature*, 4 v., Edinburgh: Archibald Constable and Company, 1824.

⑥ Manuel du Libraire et de l'Amateur de Livres... par Jacques-Charles Brunet... 5ᵉ édition. Paris, Didot, 1860-1865. — 6 vol. in-8 à 2 col. 其中一卷用于《……系统性清单》（*Table Méthodique..*）。——原注

《寰宇传记》(*Biographie universelle*)①及《普通传记》(*Biographie générale*)。瓦特博士的《不列颠书目》(*Bibliotheca Britannica*)被分为两部分，各包括四开的两卷。在第一部分，作者按字母之次序被采用；在第二部分，书籍被按题材次序分组：其间对中国献有一个长条目。更为切近的阿利本的词典不能使人忘记瓦特的《书目》(*Bibliotheca*)，后者尽管有很大的不完善之处，仍跻身于最有用的目录作品之列。《书商手册》(*Manuel du Libraire*)在前几版中的东方部分平庸得可叹，在第五版改善很多，不过，从中国角度看仍待改进。

在这些目录作品之外，需加上学会目录：伦敦地理学会(Société de Géographie)②、上海亚洲学会(Société asiatique)等；书商目录：巴黎的东代-迪普雷(Dondey-Dupré)、迪普拉(Duprat)、墨颂讷佛、罗露，海牙的M.奈霍夫(M. Nijhoff)，伦敦的特吕布纳(Trübner)、夸里奇(Quaritch)等；私人藏书目录：朗格莱斯(Langlès，巴黎，1825年)③、雷慕沙(Abel-

---

（接上页注）即法国目录学者雅克-夏尔·布吕内（Jacques-Charles Brunet, 1780—1867）以法文编纂的第五版六卷本《书商及书籍爱好者手册》。该版第六卷为按学科分类的《系统性清单》等。第一版三卷于1810年刊，第二版四卷于1814年刊，第三版四卷于1820年刊，第四版五卷于1842至1844年刊。

① 即法国书商兼出版商路易-加布里埃尔·米肖（Louis-Gabriel Michaud, 1773—1858）等所主编的第二版四十五卷本《米肖古今寰宇传记，或按字母次序的以其作品、其行为、其才能、其道德或其罪恶而为人关注之所有人的公私生活史》[*Biographie universelle (Michaud) ancienne et moderne, ou Histoire, par ordre alphabétique, de la vie publique et privée de tous les hommes qui se sont fait remarquer par leurs écrits, leurs actions, leurs talents, leurs vertus ou leurs crimes, nouvelle édition, revue, corrigée, et considérablement augmentée d'articles omis ou nouveaux*]，同期有不止一个版本。第一版八十五卷于1811至1862年刊。作品之确定，据W(eis)s, "Navarette (sic) (Ferdinand)," *Biographie universelle (Michaud) ancienne et moderne*, t. 30, Paris: Madame C. Desplaces, Leipzig: F. A. Brockhaus, pp. 249-250, 664. Cordier, *Bibliotheca Sinica*, 1re éd., col. 19. 夏尔·魏斯（Charles Weiss, 1779—1866），生于贝桑松的法国目录学者，另自行主编有《寰宇传记》。

② Classified Catalogue of the Library of the Royal Geographical Society to December 1870. London: John Murray, 1871, in-8. —— 原注
即王家地理学会以英文编纂的《至1870年12月王家地理学会图书馆分类目录》。

③ *Catalogue des livres, imprimés et manuscrits, composant la bibliothèque de feu M. Louis-Mathieu Langlès*, Paris: J.-S. Merlin, 1825. 路易-马蒂厄·朗格莱斯（Louis-Mathieu Langlès, 1763—1824），生前任法国国王图书馆（Bibliothèque du Roi）东方写本部主任、王家东方语言专门学院（École royale et spéciale des langues orientales，即现代东方语言学院）波斯语教授。

Rémusat，巴黎，1833年）①、柯恒儒（Klaproth，巴黎，1839年）②、兰德瑞瑟（Landresse，巴黎，1862年）③、颇节（巴黎，1873年）④、加略利（Callery，巴黎，1877年）⑤、罗歇（Rochet，巴黎，1878年）⑥等；公共图书馆目录：多亏总馆长利奥波德·德利勒（Léopold Delisle）⑦先生相助，我得以利用国家图书馆（Bibliothèque nationale）的写本目录，涉华书籍在《亚洲史目录》（Catalogue de l'Histoire de l'Asie）中被描述：Matières III $O^2k,402$、O^2S，对开本。⑧这是一个珍贵的信息宝藏。此外，应加上伦敦的大英博物馆的可赞目录，获准进入"阅览室"（Reading Room）的读者均可查阅。我亦检阅了外省收藏——里昂⑨、图尔等。公共教育部所刊写本目录⑩

---

① *Catalogue des livres, imprimés et manuscrits, composant la bibliothèque de feu M. J.-P. Abel-Rémusat*, Paris: J.-S. Merlin, 1833. 雷慕沙（Jean-Pierre Abel-Rémusat，1788—1832），生前任法兰西学院"汉与满洲鞑靼语言文学"讲席首任教授。

② *Catalogue des livres imprimés, des manuscrits et des ouvrages chinois, tartares, japonais, etc., composant la bibliothèque de feu M. Klaproth*, Paris: R. Merlin, 1839. 柯恒儒（Julius Klaproth，1783—1835），德意志东方学学者。高第针对其撰有专文：Henri Cordier, "Un orientaliste allemand: Jules Klaproth," *Académie des inscriptions et belles-lettres, Comptes rendus des séances de l'année 1917*, juil.-août, pp. 297-308.

③ *Catalogue des livres imprimés et manuscrits des ouvrages chinois, tartares, japonais, etc. et des chartes du XIIe au XVe siècle composant la bibliothèque de feu M. Ern. Clerc de Landresse*, Paris: J.-F. Delion, 1862. 兰德瑞瑟（Ernest Clerc de Landresse，1800—1862），生前任法兰西研究院图书馆员。

④ *Catalogue des livres chinois composant la bibliothèque de feu M. G. Pauthier*, Paris: Ernest Leroux, 1873.

⑤ 对比*Catalogue des livres chinois provenant de la bibliothèque de feu M. J.-M. Callery*, Paris: Ernest Leroux, 1876. 加略利（Joseph-Marie Callery，1810—1862），意大利裔法国入华传教士、外交官。

⑥ *Catalogue de livres sur l'anthropologie, l'ethnographie, les voyages, les beaux-arts, les langues et littératures chinoise, mandchoue, mongole, etc. provenant de la bibliothèque de MM. Rochet frères après décès de Louis Rochet*, Paris: Ernest Leroux, 1878. 路易·罗歇（Louis Rochet，1813—1878），法国远东学学者。

⑦ 利奥波德·德利勒（1826—1910），时任法国国家图书馆总馆长。见Edmond Pottier & al., "Léopold Delisle," *Bibliothèque de l'École des chartes*, t. 71, 1910, p. 449.

⑧ 第十五章，Chine O^2n：该章包括三十五页，除第一页外，每页包含十六幅地图，凡545个地图或号码。——原注

⑨ Manuscrits de la Bibliothèque de Lyon... par Ant.-Fr. Delandine. Paris et à Lyon, 1812, 3 vol. in-8. ——原注

即里昂图书馆（Bibliothèque de Lyon）馆长安托万-弗朗索瓦·德朗迪纳（Antoine-François Delandine，1756—1820）以法文编纂的三卷本《里昂图书馆写本》。

⑩ Catalogue général des Manuscrits des Bibliothèques publiques des départements publié sous les auspices du ministre de l'Instruction publique. Paris, Imprimerie nationale, 4 vol, in-4, 1849-1872. ——原注

即以法文编纂的四卷本《各省公共图书馆写本总目》。

以及黑内尔（Haenel）的目录①于我甚有用。

此即我从事我的工作时可支配的主要文献。我还是有竞争者的。1875年11月21日，我第二次北京之行后不久，穆麟德（P. G. von Mœllendorff）先生写信给我："我刚在北京自鲍乃迪修士大司祭处得知，您正在准备一部中国目录。

"尽管对尊作的计划及规模毫无确切信息，我还是自认有义务告知，我以英文编写的一部同类作品此刻正在欧洲印刷。

"除去不言自明者，我的作品包含同中国有关的古今作品，一个在欧洲及中国科学杂志及报纸上所发所有文章的完整清单，不计散见于杂志间的'评论'，所列标题数量已达4500号。"

我为其信谢过穆先生，答曰：在我看来，对于一个尚研究甚少的问题，两部作品并不算多，况且我的以法文编写，等等。

穆先生们的作品于去年出版，②我认为，当人们比较过我的同他们的作品，不会指责我利用了我的对手的研究。较之其一卷八开378页，我的则为两卷大八开约八百页，每页两列，③以小字号印刷。在此我并非要批评《中国目录手册》，但遗憾的是，这部远离欧洲图书馆而编作的作品有缺陷，复制了泰尔诺–孔庞及《汉字文法书广总目》的错误。描述二手书籍时，穆先生们不幸犯下一些差错。例如，我们会看到，塞特尔（Settle）的一部

---

① Catalogi Librorum Manuscriptorum qui in Bibliothecis Galliæ, Helvetiæ, Belgii, Britanniæ M., Hispaniæ, Lusitaniæ asservantur, nunc primum editi a D. Gustavo Hænel. Lipsiæ, Sumtibus I. C. Hinrichs. M D CCC XXX, in-4. ——原注
即德意志法律学者古斯塔夫·弗里德里希·黑内尔（Gustav Friedrich Hänel，1792—1878）以拉丁文编纂的《法国、瑞士、比利时、大不列颠、西班牙、葡萄牙图书馆藏写本书目录》。

② Manual of Chinese Bibliography, being a list of works and essays relating to China. By P. G. & O. F. von Möllendorff, Interpreters to H. I. G. M.'s Consulate at Shanghai and Tientsin. Shang hai: Printed at the «Celestial Empire» office. 1876, in-8, pp. VIII-378. ——原注
Consulate实为Consulates。见P. G. & O. F. von Möllendorff, *Manual of Chinese Bibliography, Being a List of Works and Essays Relating to China*, Shanghai: Printed at the "Celestial Empire" Office, 1876. 如按《中国书目》该前言所标"1878年6月"计，"去年"一说与之不对应。《中国目录手册》（通行中译名作《汉籍目录便览》）自署编者德国"驻上海及天津领事馆译员"穆麟德及其胞弟穆林德（Otto Franz von Möllendorff，1848—1903），实则全部或主要由前者以英文编纂。其编者之确定可见拙著《高第〈中国书目〉研究》第144页。

③ 《中国书目》第一版初编两卷凡xiv+1408列（每列一页码，多为每面两列）。按高第此处对page（页）的用法，该初编合约七百页。

戏剧（908号）被置于历史作品间，①一部长篇小说（1757号）被置于植物学，②一本复辟时期的政治小册（224号）被置于自中文的译作间。③

个人信息

我希望在我的作品中所提及的作品尽可能地经亲见而描述，为达此目标，我须从事长期的研究。很容易理解，对我而言，亲见一切是不可能的，因此我以星号标注转录自其他作者的标题，④以赋予我取自作品本身者更大的精确性。

在上海，我查阅了亚洲学会的图书馆、被安置于徐家汇其美丽建筑中的耶稣会可敬神父的图书馆、伟烈亚力先生的图书馆；我亦借助属于福

---

① 所涉作品为英国诗人、剧家埃尔卡纳·塞特尔（Elkanah Settle，1648—1724）的《鞑靼征服中国：一部悲剧》：Elkanah Settle, *The Conquest of China, by the Tartars: a Tragedy*, London: Printed by T. M. for W. Cademan, 1676. 在《中国目录手册》中，相应条目位于"B.中华帝国"之"X.历史与年表"版块。见von Möllendorff, *Manual of Chinese Bibliography*, p. 83. 高第此说或受载《教务杂志》（*The Chinese Recorder and Missionary Journal*）第八卷第一期（1877年1—2月期）的《中国目录手册》评论启发。见"*Manual of Chinese Bibliography*," *The Chinese Recorder and Missionary Journal*, v. 8, no. 1, Jan.-Feb. 1877, p. 115.

② 所涉作品为法国画家、艺术评论家艾蒂安–让·德莱克吕泽（Étienne-Jean Delécluze，1781—1863）的《Ying-li（编译者按：村庄名）之水百合：中国短篇小说》：E.-J. Delécluze, *Le lys d'eau de Ying-li: nouvelle chinoise*, Paris, 1839. 在《中国目录手册》中，相应条目位于"B.中华帝国"之"XII.自然史"之"c.植物学"版块。《中国目录手册》误录作者姓作Delécluse，另录作品标题中lys作另一形式lis，录Ying-li作Yingli。见von Möllendorff, *Manual of Chinese Bibliography*, p. 143.

③ 见《评论杂志》，第十六期，1878年4月20日。——原注
所涉作品为法国记者、作家亚历山大·巴尔吉内（Alexandre Barginet，1797—1843）的《天启皇帝首相及宠臣、文官Tchen-Tcheou-li之真实故事》：*Histoire véritable de Tchen-Tcheou-li, mandarin lettré, premier ministre et favori de l'empereur Tien-ki, écrite par lui-même, et traduite du chinois par Alexandre Barginet*, Paris: Nadau, 1822. Tchen Tcheou-li系想象人物。关于高第对该作"政治小册"之定性，另见《中国书目》。在《中国目录手册》中，相应条目位于"A.中国语言及文学"之"V.译作"之"b.无中文文本"版块。《中国书目》录有该作条目，位于"第一部分：中国本部"之"X.—历史"之"传记"版块。见von Möllendorff, *Manual of Chinese Bibliography*, p. 27. Cordier, "*Manual of Chinese Bibliography*," p. 256. Cordier, *Bibliotheca Sinica*, 1ʳᵉ éd., col. 288. Cordier, *Bibliotheca Sinica*, 2ᵉ éd., col. 678. 关于穆麟德兄弟同高第之汉学目录之争，可见拙著《高第〈中国书目〉研究》第147—159、179—250页。

④ 该做法亦见于高第其他作品，如《博马舍作品目录》《通报》首期所收年度作品目录（Henri Cordier, "Bibliographie des principaux ouvrages, articles de revues, mémoires de sociétés savantes, etc., parus pendant l'année 1889," *T'oung pao*, v. 1, no. 1, avr. 1890, pp. 87-94）、阿里斯讣闻所附传主作品目录、《日本书目》《印度支那书目》等。

勃士、金斯密（T. W. Kingsmill）①、詹美生（R. Alex. Jamieson）②博士等先生的一些其他个人收藏。我应当提及我自己的图书馆——中国最美者之一：它于1877年6月17至18日夜间随"湄公"号（«Meikong»）在哈丰角（Raz-afoun）尖端沉没。该损失从我处剥夺了一个我自童年起怀着热爱所组建的收藏，同时也从我处夺去了我最有用的工作工具之一。

我也未忽略查阅在我在宁波、芝罘、天津及扬子江港口的旅途中所能遇到的图书馆。我在香港城市图书馆（City Library de Hong kong）度过两三天，记下一些重要写本及一个有趣的报纸系列。1875年我最后一次北京之旅献给检查北堂的遣使会传教士图书馆。请允许我在此处感谢田嘉璧（L. G. Delaplace）阁下——哈德良堡主教、北京宗座代牧③，为其肯以父亲般的仁慈给予我自由行事权，以探索其收藏——其中大部分由耶稣会旧日神父的书籍组成。我应当说，我在我的寻究中殊为失望。除去一些写本——中有孙璋（de la Charme）④神父的一本词典——在北堂图书馆（Bibliothèque du Peh tang），我未发现任何在我看来有趣的东西。我确认，耶稣会士的书籍间，一部分被基督徒埋于法国墓地而腐烂，另一部分被寄往蒙古（我检查过的书卷间多部曾在宣化府捆扎），余者转入外国收藏。

返回欧洲后，我在巴黎及伦敦的图书馆继续我的研究。在后一城市，大英博物馆及东印度事务部图书馆（East-India Office Library）为我提供了珍贵的材料。我不禁要提请我们的法国劳作者注意，并向我们的图书馆保管员作为榜样举出人们在大罗素街（Great Russell Street）⑤宏伟建筑中所遇到的和善、礼貌、便利。为其在我的研究期间肯对我所表现的善意，我对《航海家恩里克王子生平》（«Life of Prince Henry the Navigator»）的作者、大英博物馆的地图部（département des Cartes）的理查德·亨利·梅杰

---

① 金斯密（Thomas William Kingsmill, 1837—1910），英国入华工程师。高第后为其撰有讣告：H. C., "T. W. Kingsmill," *T'oung pao*, s. 2, v. 11, no. 5, déc. 1910, p. 689.
② 詹美生（R. Alexander Jamieson），英国入华记者。
③ 田嘉璧（Louis-Gabriel Delaplace, 1820—1884），法国入华遣使会士，时任天主教北京教区宗座代牧。
④ 孙璋（Alexandre de la Charme, 1695—1767），法国入华传教士。
⑤ 大英博物馆所在地。

（Richard Henry Major）①先生及东印度事务部博学的莱因霍尔德·罗斯特博士致以真诚的感谢。

在巴黎，我将一年时间献给探索黎塞留街（rue de Richelieu）②广阔存放室的珍宝。在马扎然（la Mazarine）③，我只找到少量东西。在军械库（l'Arsenal）——我顺便为其和善的鼓励感谢保罗·拉克鲁瓦［Paul Lacroix，爱书人雅各布（Bibliophile Jacob）］④先生——我只找到一两部独一无二的书卷及同样数量的写本：国家图书馆吸收了首都其他收藏的大部分有趣文献。在圣热纳维埃芙（Sainte-Geneviève），多亏我等目录学者之祭酒、馆长费迪南·德尼（Ferdinand Denis）⑤先生对科学的热情，我获得了我在法国所不很习惯的工作便利。我为他给予我的珍贵提示及出色建议而对之致以特别感谢。蒙其乐于相助，我填平了我作品中的许多缺漏。在海军地图与平面图存放室（dépôt des Cartes et Plans de la Marine）——主任水文地理工程师德拉马尔什（Delamarche）先生的支持使之对我敞开大门——我在保管员沙尔穆瓦（Charmois）先生处遇到很大的礼貌及无界的殷勤——顺便一提，其图书馆是巴黎编目最好的。在外交部（département des Affaires étrangères），福热尔（Faugère）先生——人们蒙其整理出帕斯卡尔（Pascal）《思想录》（Pensées）的第一个精确文本——⑥准许我编制涉华文献清单。同样的清单作于国家档案馆（Archives nationales）。在研究院图书馆——蒙埃内斯特·勒南先生引荐——我寻找白晋（Bouvet）⑦

---

① 理查德·亨利·梅杰（1818—1891），大英博物馆地图与海图部（Department of Maps and Charts）保管员，著有《被称为"航海家"之葡萄牙恩里克王子生平及其结果》：Richard Henry Major, *The Life of Prince Henry of Portugal, Surnamed the Navigator, and Its Results*, London: A. Asher & Co., 1868.《契丹及通往彼处之路》第一版刊出前，作为哈克路特学会成员的梅杰曾协助审读该作校样。见Yule, *Cathay and the Way Thither*, v. 1, pp. 12, vi.
② 法国国家图书馆所在地。
③ 即马扎然图书馆（Bibliothèque Mazarine）。
④ 保罗·拉克鲁瓦（1806—1884），一称"爱书人雅各布"，时任军械库图书馆（Bibliothèque de l'Arsenal）馆长。
⑤ 费迪南·德尼（1798—1890），时任圣热纳维埃芙图书馆（Bibliothèque Sainte-Geneviève）馆长。
⑥ 普罗斯珀·福热尔（Prosper Faugère，1810—1887）编有法国学者布莱兹·帕斯卡尔（Blaise Pascal，1623—1662）的《思想录》：*Pensées: fragments et lettres de Blaise Pascal, publiés pour la première fois conformément aux manuscrits originaux en grande partie inédits*, par Prosper Faugère, 2 t., Paris: Andrieux, 1844.
⑦ 白晋（Joachim Bouvet，1656—1730），法国入华传教士。

神父文件而丝毫未见，另触及钱德明（Amiot）①神父一个甚重要的书信系列。在东方语言学院（Ecole des Langues Orientales）——对此我会再述及——秘书兼图书馆员卡里埃（Carrière）先生殷勤招待我参观该收藏——尽管起自切近，今日看却并不嫌少，已对劳作者尽最大帮助。最后，经耶稣会传教团特派员（procureur des Missions）、尊敬的塔扬（Tailhan）神父推荐，我得以编写属于洛蒙街（rue Lhomond）该会图书馆之涉华写本的目录。为其良好的建议，我也当深深感谢尊敬的塔扬神父及尊敬的德吉耶尔米（de Guilhermy）神父。

除图书馆外，我也有甚多亏欠：

北京俄国正教传教团首领鲍乃迪修士大司祭及关于中世纪时期之中亚的学术论文的作者贝勒博士②乐于为我做有一个俄文出版物的小型目录。在付印之时，瑞典王家图书馆（Bibliothèque royale de Suède）的奥古斯特·斯特林堡（August Strindberg）③先生交予我一篇广阔的论文，包括对约150种瑞典作品——其中大部分为我所未知——的描述，组成某种《中国瑞典书目》（*Bibliotheca Sina-Svecana*）。

巴勒莫国家图书馆（Biblioteca nazionale）的安东尼奥·彭尼诺（Antonio Pennino）先生向我提供了关于该收藏一些珍本的信息。多位辑有作品标题的人士——或为编制清单，或用作概要——很礼貌地同我分享。我当举出《德臣报》（*China Mail*）及《中国评论》（*China Review*）前编辑、香港的德尼克博士，耶稣会尊敬的费赖之神父，前驻华医务传教士雒魏林（W. Lockhart）④博士及美国商行旗昌洋行（Russell et Cie）首领之一、王家亚洲学会北华分会主席福勃士（Frank B. Forbes）⑤先生。末一位的笔记有许

---

① 钱德明（Jean-Joseph-Marie Amiot，1718—1793），法国入华传教士。
② 具体作品名见上述（第6页）高第所撰贝勒讣闻之末所附传主作品清单：Cordier, "Le docteur Emile Vasilievitch Bretschneider," pp. 195-196.
③ 奥古斯特·斯特林堡（1849—1912），瑞典作家，供职于瑞典王家图书馆（Kungliga biblioteket）。
④ 雒魏林（William Lockhart，1811—1896），英国入华传教士。高第后为其撰有讣闻：Henri Cordier, "William Lockhart, 雒魏林, Lo Wei-lin," *T'oung pao*, v. 7, no. 3, juil. 1896, pp. 275-276.
⑤ 福勃士（一称Frank）自1873至1874年任王家亚洲学会北华分会主席。见"Report of the Council of the North-China Branch of the Royal Asiatic Society, for the Year 1873," *Journal of the*

多，按字母次序排列，包括取自布吕内及朗兹《手册》（Manuels）、泰尔诺–孔庞《书目》及一些书商目录的大量标题。对福勒士先生，我亦当为在一项我不止一次险些放弃的工作期间出色的见解以及鼓励性示意而致以很真诚的感谢。

在华的所有人都认识伟烈亚力先生。这位"英国及海外圣经公会"（« British and Foreign Bible Society »）博学而谦逊的代表从其位于上海山东路"伦敦会"（« London Mission »）的工作间向前来敲门者给出最有用的信息。其图书馆的一部分曾被转让给亚洲学会，但最珍贵的部分连同新加入的卷册仍在其处。以罕见的和善，伟烈亚力先生准许我在其图书馆工作。我当自责经常打扰到这位杰出人士自己的工作，冒昧前来——借口只是想制作一部严肃作品——待在他的书籍及他的写本中间。是在该处，我得以检查儒莲对马若瑟（de Prémare）①神父之《札记》（Notitia）所做副本、汪达洪（de Ventavon）②神父的《中庸》译本及1001个独一无二或极珍贵的小册。此外，伟烈亚力先生是一位同事——如果像我这样的学生能将一位他那样的老师视作同事的话——他不是写有《中国文献解题》（Notes on Chinese Literature）③？该作如今是力求在中国文献迷宫中辨别方向者的随身便览。

我是怀着混有尊敬及真诚友谊感觉的深深感谢谈及耶稣会可敬的费赖之神父。很少外国侨民认识这位谦逊的僧侣——圣方济各·沙勿略（St-François-Xavier）④及利玛窦（Matteo Ricci）⑤的后继者蒙他重组其在徐家汇的图书馆。多少次，夏天，冒着8月造访过上海者方能估量其强度的高温，冬天，无惧在宽大而无火的朝北厅堂里几小时的劳作；多少次，我走上自黄埔江边的外国租界通向徐家汇村的路，为了同这位虔诚的传教士谈

（接上页注）*North-China Branch of the Royal Asiatic Society*, n. s., no. 8, p. i. "Report of the Council of the North-China Branch of the Royal Asiatic Society, for the Year 1874," p. i.

① 马若瑟（Joseph-Henri-Marie de Prémare，1666—1736），法国入华传教士。
② 汪达洪（Jean-Mathieu de Ventavon，1733—1787），法国入华传教士。
③ Notes on Chinese Literature: with introductory remarks on the progressive advancement of the Art; and a list of translations from the Chinese, into various European languages. By A. Wylie. Shanghae, 1867, in-4. ——原注
④ 方济各·沙勿略（Francisco Xavier，1506—1552），西班牙赴远东传教士。
⑤ 利玛窦（1552—1610），意大利入华传教士。

论我们的研究。①当我得知一个对我们研究有益的事实，我立刻告诉他；一旦一个稀有版本、一些值得被关注的卷册经过其手——此类有很多——他很快让我知晓。我应加上，尽管我付出大量努力，他隐居于遥远的国度，我回到巴黎，他在一个中国村庄，我在这个可知一切的巨大城市，我仍是他的债务人。自巴黎出发的文献通常是经过费赖之神父的小室之后才到达我处。我曾想将这部他跟随所有进展的作品题献给他，该传教士的谦逊以及对未写出一本配得上他的书的畏惧使我未得实现该心愿。

我总是尽可能地尝试打探源头本身。故此，承蒙如美国驻北京使团前秘书卫三畏博士、黄埔的韩士（H. F. Hance）②博士、汉学学者之祭酒德庇时爵士般杰出的学者提供其出版物的清单。我的请求很少未得回应，我愿意忘记两三次——该怎么说——我所遇到的两三次"冷漠"，只记取人们对我所表现出的热情。

在所有这些我所引名字之外，我姑且加上我父亲的名字，得其支持，在该漫长工作的过程中和在我在华居留期间，我未吝于可推动我事业之成功的奔走活动。对所有我熟悉其面孔而其名字避开我叛逆记忆的人，最后，对所有肯以其建议、以其鼓励帮助我的人，一千次感谢。

＊＊＊

工作完成，应为其找个出版商。我记得我对一位被视作对科学满怀热情之人的专业出版商的第一次造访，我记得冷漠的接待、轻蔑的神态——尽管有一封恳切的推荐信——他回答我：在着手从事需要长期心力的工作之前，作者应确保得到一个印刷商的协助，他既无金钱也无闲暇着手从事我作品的出版；我也记得我把手稿纸页悄悄塞进公文包时的气馁——该出版商看都没看！这是所有无一部下流小说之十个版本所给自信而来到一个书商面前的人的故事。驻北京代办罗淑亚伯爵（comte de

---

① 另见 Cagnat, "Notice sur la vie et les travaux de M. Henri Cordier," p. 295.
② 韩士（Henry Fletcher Hance，1827—1886），英国入华外交官。

Rochechouart）①先生、驻上海总领事葛笃（Ernest Godeaux）②先生、阿尔洛子爵（Vicomte d'Arlot）先生、盖鲁（Guéroult）先生的推荐使我在外交部及公共教育部获得支持，得以找到一个认真的出版商。除此之外，我应加上日意格先生及夏尔·舍费尔先生的名字。

日意格先生是帮助中国建立并多年领导福州船政局（arsenal de Foutcheou）的卓越的海军上尉。日意格先生今为中国政府派赴欧洲的一个使团的首领，该使团旨在通过使人在法国科学机构听取最高端的课程，培养在船政局学校已受过训练的年轻人成为官员、工程师。我同日意格先生的私人关系不允许我如应当的那样述说他的全部好处，但对该辉煌官员已无须再加称颂。

承蒙夏尔·舍费尔先生相助，我有幸在该作起首记上"现代东方语言学院出版物"（« Publications de l'Ecole des langues orientales vivantes »），③并得以超越阻止该作刊印的最后障碍。我也承蒙东方语言学院（Ecole des Langues orientales）的该领导者赐予唯有从一位东方学学者兼藏书家处方可期获的千条实用建议。人们知道，多亏舍费尔先生之力，东方语言学院（Ecole des langues orientales）得以重建，所据基础使之成为我们东方机构所需年轻译员的苗圃，在不远的将来，这些年轻译员将受召支撑法国在东方学学者界的古老声望。

作品规划

一部目录手册中的作品分类可以三种不同方式实施：一、按作者之字母次序，如在布吕内《手册》中那般；二、按时间次序，如在泰尔诺-孔庞《书目》中那般；三、按题材次序，如在巴黎的大多数售书目录中那般。

---

① 罗淑亚（Julien de Rochechouart, 1831—1879），法国入华外交官。

② 葛笃（1833—1906），法国入华外交官。高第后为其撰有讣告：H. C., "Ernest Godeaux," *T'oung pao*, s. 2, v. 7, no. 4, oct. 1906, p. 526.

③ 见Nguyen Tri, "Être orientaliste au XIXᵉ siècle: le cas Henri Cordier," p. 219.《中国书目》初编三卷合订本分别作为"现代东方语言学院出版物"第一系列第十卷、第十一卷及第三系列第十五卷刊行。

最后一种编排当然最为科学而用处最大,尤其当其有一个按字母次序的作者索引作为补充之时。我们试图整合这三种方法,以章节划分作品,其间按时间次序编排,一个按字母次序的索引结束这部分类目录。

该作包括五大分类,相继论及:一、中国本部[①];二、在中国之外国人;三、外国人同中国人之关系;四、在外国之中国人[②];五、中国之朝贡国。

一、"中国本部"将包括论及该帝国总体、其地理、其自然史、其历史、其宗教、其科学、其艺术、其语言、其文学、其风俗及其习惯的作品。

二、在第二部分,我们将相继研究对外国人开放的港口、西方民众关于中国的认识——根据罗马史家、阿拉伯人等及自中世纪直至今日的旅行者。[③]

三、中国外交史将位于该部分,我们将在其中找到涉及不同使团及天朝同外国列强所缔结条约的文献。

四、"在外国之中国人"将给我们机会指示中央帝国居民在其国以外所做周游——自佛教徒朝圣者直至郭大人(Kouo Ta-jen)驻伦敦使团[④],并研究对外移民及苦力贩运问题。[⑤]

***

[①] 英语China Proper及在其他西方语言中的对应表达系自16世纪以降西方在特定观念下指称中国的特定词组。19世纪下半叶,在日本衍生出用以对译的和制汉词"支那本部"。19世纪末,中文环境中出现据后者改造而成的"中国本部"。见陈波:《"中国本部"概念的起源与建构——1550年代至1795年》,载《学术月刊》2017年第四期,第145—166页。黄克武:《词汇、战争与东亚的国族边界:"中国本部"概念的起源与变迁》,载《复旦学报(社会科学版)》2020年第六期,第36—47页。为在中文叙述环境中尽量还原西人观念,本书姑以"中国本部"这一在语义层面同以上西文表达对应、在历史层面有实际衍生渊源的方式,对译英语China Proper、法语Chine proprement dite等西文形态。

[②] 《中国书目》第一版初编该部分实名"在外国民众处之中国人"。该分册正文前之"作品分类"处已见。

[③] 《中国书目》第一版初编该部分刊时下分三类,依次为:"I.—外国民众关于中国的认识""II.—商业""III.—对外贸易港"。

[④] 指清人郭嵩焘(1818—1891)任驻英公使期间(1877—1879)。

[⑤] 本书此处略去一些内容。

既然我们已指示该作的起源、如何写出、材源为何、规划为何，经过多年劳作之后，我们将之交付评论家，并恳求其宽容。不全及有误乃目录论作的天性，无论人们为使之完善而付出多少辛苦：较之应然，更应据其实然来评判之。我自信未遗漏任何重要之物，经常宁可不给出一条指示而非给出不精确者。如上所说，我以星号标注我未经手的作品，并总是提及我汲取信息的源头。

高第

巴黎，叙雷纳街（rue de Suresnes）15号，1878年6月

《中国书目》相关评论[*]

《特吕布纳美洲及东方文献记录》（*Trübner's American and Oriental Literary Record*）135-6-7号发伟烈亚力撰《中国书目》第一版初编第一卷第一分册（1878年刊）评论（1879年年初）[①]

  尽管有许多已刊涉华书籍目录——一些是总体全面的，一些是专门的——费力检视高第先生该作者鲜会以之多余。与通常实用的单纯标题清单不同，这是一部最高级别的分类目录，大大有助于将目录提至科学之列。该书的存在理由在一篇写得好的前言中陈说充分，该前言还给出该作规划的总括性概述。由此可知，该作将有五个分类，分别论及：一、"中国本部"；二、"在中国之外国人"；三、"中国人同外国人之关系"（编译者按：《中国书目》第一版初编原文作"外国人同中国人之关系"）；四、"在外国之中国人"（编译者按：《中国书目》第一版初编该部分实名"在外国民众处之中国人"）；五、"中国之朝贡国"。第一个分类将包括关于该帝国的总体作品，关于"地理""自然史""历史""宗教""科学""艺术""语言""文学""风俗"及"习惯"的作品。第二个分类将相继探讨为对外交往而开放的港口，外国人所拥有的中国知识——如为罗马、阿拉伯及自中世纪直至我们自身时代的其他作家及旅行者所提供者。第三个分类将包括涉及中国同外国之外交的文献。第四个分类将包含关于赴其他国家之中国旅行者及移民的最丰满的信息，从早期佛教徒朝圣者的时代直至郭嵩焘（Kwo Sung-taou）使团。第五个分类

---

  [*] 本部分所收文章一些在原文文末自署作者名，一些未署。
  [①] A. W., "Bibliotheca Sinica, Tome Premier, Premier Fascicule," *Trübner's American and Oriental Literary Record*, nos. 135-6-7 (v. 12, nos. 1, 2, 3), 1879, pp. 5-6. 位于"文献情报"专栏。原文以英文撰写。重刊：A. Wylie, "Bibliotheca Sinica, Tome Premier, Premier Fascicule," *The China Review*, v. 7, no. 5, Mar.-Apr. 1879, pp. 339-342. 位于"新书短评与文献情报"专栏。本译文之标题系编译者所拟。

将包括……①中国之朝贡国。每个版块内的作品清单按时序给出，看到勤勉的编者所记出版物的数量，大多数读者或会大吃一惊。该作如今已刊部分全属第一个分类，包括总论性作品，关于"地理""命名""人种志""气候与气象学""自然史""人口""政府""司法"的作品以及"历史"版块的开端。该作将附有一个按字母次序的作者清单，后者将完善在分类方面的一切需求。对于大多数引发普遍兴趣的话题，人们经常会至少妄称不只对该主题有适当了解，兼及相关文献；但对于涉华的一切，无知之做作而非其反面更为很多人所敬重。即便从一些为较崇高天性所统御者处，我们也惯于听到这个问题：关于中国，写了哪些书？该问题被一再重复，尽管大量书卷从印厂涌出，年复一年塞满我们的出版者的架子。有了高第先生的作品，此类询问者就完全没了借口。在当前部分被记录的最早（编译者按：误）作品是一本标注"1655年"的匿名杂编，包含关于中国自然产品的大量信息。标题——太长以至难以尽引——开始部分为：《在中国及欧洲人对自然之可羡技艺》（*Artificia hominum miranda naturae in Sinâ et Europâ*, etc.）。②翻阅高第先生该作的主体，我们发现，相对不多的作者居于突出位置，其作品总体上如同主要干线。在总体性作品间，此类作者有门多萨（Mendoza）、③曾德昭（Semedo）、④李明（Le Comte）、⑤杜赫德（Duhalde）⑥及上世纪罗

---

① 本书此处略去一些内容。
② 所涉作品：*Artificia hominum miranda naturæ, in Sinâ & Europâ, ubi eximia, quæ à mortalium profecta sunt industriâ, sive architectura spectetur, sive politia, & singularia, quæ Sol uterq; in visceribus terræ, aquarum varietate, radicum virtute, florum amœnitate, montium portentis unquam produxit compendiosè proponuntur, conferuntur*, Francofurtum ad Mœnum: Wilhelmus Serlinus & Georgius Fickwirth, 1655. 见Cordier, *Bibliotheca Sinica*, 1ʳᵉ éd., col. 171.
③ 所涉作品为西班牙教士门多萨（Ioan González de Mendoça，1545—1618）的《中华大王国最值得关注之物、礼仪及风俗史》（通行中译名作《中华大帝国史》）：Ioan González de Mendoça, *Historia de las cosas más notables, ritos y costumbres, del gran Reyno de la China*, Roma: Vincentio Accolti, 1585. 见Cordier, *Bibliotheca Sinica*, 1ʳᵉ éd., col. 3-9.
④ 所涉作品为葡萄牙入华传教士曾德昭（Álvaro Semedo，1585—1658）的《中华帝国》（通行中译名作《大中国志》）：Álvaro Semmedo, *Imperio de la China, i cultura evangélica en él*, publicado por Manuel de Faria i Sousa, Madrid: Impresso por Iuan Sánchez, 1642. 见Cordier, *Bibliotheca Sinica*, 1ʳᵉ éd., col. 13-15. 曼努埃尔·德法里亚伊索萨（Manuel de Faria e Sousa，1590—1649。Faria i Sousa系其姓之西班牙语形式），葡萄牙学者、作家，该作编者。
⑤ 所涉作品为法国入华传教士李明（Louis Le Comte，1655—1728）的《中国现状相关新论文》（通行中译名作《中国现势新志》《中国近事报道》）：Louis Le Comte, *Nouveaux mémoires sur l'état présent de la Chine*, 2 t., Paris: Jean Anisson, 1696. 见Cordier, *Bibliotheca Sinica*, 1ʳᵉ éd., col. 24-27.
⑥ 所涉作品即上述（第40页）《中华帝国及中国鞑靼地区地理、历史、编年、政治及

马天主教传教士的《论文》(*Mémoires*);①而在更切近的时代,我们有德庇时(John Davis)爵士的《中国与中国人》(*China and the Chinese*)、②卫三畏的《中国总论》(*Middle Kingdom*)。③还算了解涉华作品之普通类型的人都知道,这些信息源以多么大的程度被此后的作家所利用,在间或出现的大多数总体描述中,相对而言有多么少的新意。近期作品在专门研究及观察上丰富了我们的知识,在这方面,此作可称极为重要。人们并未期待通过阅读一本简单的书籍目录而多受启发,但我们的作者似已勾勒出的规划无疑将包括大量引人入胜的内容,或可成为很多有趣问题的源泉。在已刊部分中,有一些内容值得在文献领域被关注。乔治·普萨尔马纳扎(George Psalmanaazar)值得关注的行骗广为人知,此处简要给出涉及该作者及其作品的要点。④作为高第先生处理其主题之方式的例证——若非限于如此所占篇幅——我们想举关于多明我会教士闵明我(Navarette。编译者按:实为Navarrete,该文下同)刊于1676年之伟大作品《中华君主国历史、政治、伦理及宗教论》(*Tratados historicos, politicos, ethicos, y religiosos de la Monarchia de China*)⑤的条目。标题页的转抄延伸至二十四行。

(接上页注)自然描述》。见Cordier, *Bibliotheca Sinica*, 1re éd., col. 29-35.

① 所涉作品即上述(第40页)《北京传教士作中国人历史、科学、艺术、风俗、习惯等相关论文》: *Mémoires concernant l'histoire, les sciences, les arts, les mœurs, les usages, &c. des Chinois, par les missionnaires de Pékin*, 16 t., Paris: Nyon (l'aîné & fils), Treuttel et Würtz, Strasbourg: Treuttel et Würtz, 1776-1814. 见Cordier, *Bibliotheca Sinica*, 1re éd., col. 37-39.

② 所涉作品即上述(第40页)《中国人:中华帝国及其居民总体描述》。见Cordier, *Bibliotheca Sinica*, 1re éd., col. 51-52.

③ 所涉作品: S. Wells Williams, 中国总论, *The Middle Kingdom: A Survey of the Geography, Government, Education, Social Life, Arts, Religion, &c., of the Chinese Empire and Its Inhabitants*, 2 v., New York, London: Wiley and Putnam, 1848. 《中国书目》两版误录该作第一版出版商之名中Wiley作Wyley。见Cordier, *Bibliotheca Sinica*, 1re éd., col. 61. Cordier, *Bibliotheca Sinica*, 2e éd., col. 85.

④ Cordier, *Bibliotheca Sinica*, 1re éd., col. 145-146. 乔治·普萨尔马纳扎(George Psalmanaazaar, 约1679—1763, 其姓氏亦有其他拼写方式), 生于法国, 后居英国, 自称首个生于台湾而到访欧洲者, 撰有虚构作品《台湾历史及地理描述》: George Psalmanaazaar, *An Historical and Geographical Description of Formosa*, London: Dan. Brown; G. Straban, and W. Davis; Fran. Coggan, 1704. 在其所编《涉及台湾岛作品目录》(*Bibliographie des ouvrages relatifs à l'île Formose*)中, 高第专设"乔治·普萨尔马纳扎"(George Psalmanazar)一章。见Henri Cordier, *Bibliographie des ouvrages relatifs à l'île Formose*, Chartres: Imprimerie Durand, 1893, pp. 43-46.

⑤ Domingo Fernández Navarrete, *Tratados históricos, políticos, éthicos, y religiosos de la Monarchía de China*, Madrid: Imprenta real, 1676. 闵明我(Domingo Fernández Navarrete, 1619—1689), 西班牙人华传教士。

描述性的三行之后是该书卷在四场（编译者按：《中国书目》第一版初编录有五场）知名书籍拍卖会之售价的说明。该作引起如下热烈回应：《致卡斯蒂利亚最高会议主席、尊贵的德比利亚温布罗萨伯爵阁下之陈情书》（*Memorial apologetico al Exc^{mo.} Señor Conde de Villa-Hvmbrosa, Presidente del Consejo Supremo de Castilla*, etc.）。经扩充的该回应第二版此后以标题《致卡斯蒂利亚最高会议主席、尊贵的德比利亚温布罗萨伯爵阁下之详细申述书》（*Reparos historiales apologeticos dirigidos al excelentissimo Señor Conde de Villavmbrosa, Presidente del Consejo Supremo de Castilla*, etc.）刊出。似乎闵明我的作品本应有三卷。不过，第三卷从未刊印，第二卷包含冒犯耶稣会士的内容，奉罗马官方之命取消。已知所存的唯一副本在大英博物馆格伦维尔图书馆（Grenville Library），不全，至第688①页。自第二卷有个大规模的摘录，译成法文，在巴黎的国家图书馆（Bibliothèque Nationale）的一个写本间，附如下注释："如果其赞助人胡安老爷（Don Juan。编译者按：《中国书目》第一版初编原文作Dom Juan）②未在第二卷刊印之时亡故，本应有闵明我的第三卷。经确认，其写本在罗马的密涅瓦修院（Minerva convent）。"在该写本第77页，闵明我间接提及其第三卷。第二卷的一个抄本存于巴黎的耶稣会士的圣热纳维埃芙学校（St. Genevieve School），在涉华写本收藏的第二十三卷。在凯蒂夫（Quétif）及埃沙尔（Echard）神父们所作《多明我会作家》（*Scriptores Ordinis Praedicatorum*）③中，有闵明我前两卷的一个详细描述及针对从未出版的第三卷的一个参考信息。在巴黎的军械库图书馆有卷闵明我行记写本，名《马

---

① 《中国书目》原作668。该书此处所据之《格伦维尔图书馆书目》（*Bibliotheca Grenvilliana*）即如此。见John Thomas Payne & Henry Foss, *Bibliotheca Grenvilliana, or Bibliographical Notices of Rare and Curious Books, Forming Part of the Library of the Right Hon. Thomas Grenville, Vol. II*, London: Printed by William Nicol, Shakspeare Press, 1842, p. 484. 托马斯·格伦维尔（Thomas Grenville，1755—1846），英国政界人士、藏书家，将其藏书遗赠于大英博物馆。

② 闵明我该作题献给胡安·德奥地利（Iuan de Austria，1629—1679），后者系西班牙国王腓力四世（Felipe IV，1605—1665）私生子、西班牙政界人士。

③ Jacobus Quetif, inchoavit, Jacobus Echard, absolvit, *Scriptores Ordinis Prædicatorum recensiti, notisque historicis et criticis illustrati*, 2 t., Lutetia Parisiorum: J.-B.-Christophorus Ballard, Nicolaus Simart, 1719-1721. 雅克·凯蒂夫（Jacques Quétif，1618—1698），法国多明我会士。雅克·埃沙尔（Jacques Échard，1644—1724），法国多明我会士。

尼拉圣多马学院兼大学津贴教授闵明我神父兼修士之旅行及航行》（*Viages y Navegaciones del P. Mº. Fr. Domingo Fernandez Navarette Cathedratico de Prima del Colegio y Universidad de S. Thomas de Manila*, etc.）。闵明我第一卷的一个英文译本被收入丘吉尔（Churchill）的《旅行丛书》（Collection of Travels）①第一卷，于1732年出版，名《中华帝国历史、政治、道德及宗教志》（*An Account of the Empire of China, Historical, Political, Moral and Religious*, etc.）。该《丛书》（Collection）的第三版于1744年出版。闵明我中国行记的英文、法文及德文译本以缩略形式出版，均被细心记录。以此方式，作者得以追溯罗马教会不同修会间的论战高涨之时在宗教界创造巨大轰动的一部作品的余迹。②他同样细心地给出落入其视野的大多数主要作品的谱系。杜赫德伟大作品或大或小、法文及英文的多种版本广为人知。不很为人所知的是，同一作品有1747至1756年间的一个德文译本。实际上同一作品有1774年及其后付印的两卷本俄文译本，冒昧地说，这对大多数读者而言是新知。"地理"版块尤其丰富，除去非凡地积聚了该方面的书籍及小册之外，有一个由英国、法国及德国海军部所刊多种地图、海图的细心而细致的清单及关于耶稣会士地图、当维尔（D'Anville）③及他人地图的大量信息。高第先生何以在其作的该部分收入一些纯语文学论作，如麦嘉温（Macgowan）的《英华口才集》（*Manual of the Amoy Colloquial*）、④麦都思（Medhurst）的《虎尾垄方言词典》（*Dictionary of the*

---

① *A Collection of Voyages and Travels, Some Now First Printed From Original Manuscripts, Others Now First Published in English*, 6 v., London: Printed by Assignment from Messrs. Churchill, for John Walthoe & al., 1732.

② Cordier, *Bibliotheca Sinica*, 1re éd., col. 18-21.

③ 让-巴蒂斯特·布吉尼翁·当维尔（Jean-Baptiste Bourgignon d'Anville, 1697—1782），法国地理学者、绘图师。

④ 相应条目位于《中国书目》第一版"第一部分：中国本部"之"II.—地理"之"B.现代地理"之"分省描述"之"9º福建"版块。在第二版中仍处该版块，改在"9º福建"下新增之"厦门"专题下。该作自起中文名见 J. Macgowan, *英华口才集, A Manual of the Amoy Colloquial, Fourth Edition*, Amoy, Kulangseu: Printed at Chui Keng tong, 1898.（作者署中文名"马约翰"）见 Cordier, *Bibliotheca Sinica*, 1re éd., col. 138. Cordier, *Bibliotheca Sinica*, 2e éd., col. 259. 麦嘉温（John Macgowan, 1835—1922），英国入华传教士。高第后为其撰有讣闻：H. C., "John Macgowan 麦嘉温 *Mai Kia wen*," *T'oung pao*, s. 2, v. 21, no. 4, oct. 1922, p. 365. 对其人之中文名，《中国书目》另作"麦嘉湖"。见 Cordier, *Bibliotheca Sinica*, 2e éd., col. 1315.

Favorlang Dialect），①不很易解。附带一说，后一条目包含一些奇特而有趣的注释。高第先生的《目录词典》（*Dictionnaire Bibliographique*）已在我们手中，其全本的定金使我们得以期待所刊最重要的同类作品之一。所承诺的书末按字母次序的索引将极大地增加其价值。

A. W.

《雅典娜神殿》（*The Athenaeum*）第2694号（1879年6月14日号）发《中国书目》第一版初编第一卷第一分册评论②

巴黎著名出版商罗露先生寄来高第所作《涉及中华帝国作品目录词典》（*Dictionnaire Bibliographique des Ouvrages relatifs à l'Empire Chinois*）第一卷。关于中国及其民众，人们所知很少，面对这一事实，高第先生之第一卷的视野立刻引人作想，其中所提及的许多作品应属或者包含很少可信信息，或者读者寥寥。在两种倾向中均有一定量的真实。中国人如此细心地守护其内在生活，规避外国人探究的凝视，以非凡的语言障碍如此有效地自卫于孤绝，以至欧洲作家所做多限于描述帝国外部。从另一方面看，对关于该主题拥有特别而不寻常信息之作者的作品的接受，不足以鼓励他人深入研究如此艰难的知识分支。但是，如甫抵上海的高第先生一样，或许大多数受其职责召唤而赴华的人渴望知道，关于其居留国，写过什么。有很多编纂涉华作品目录的尝试，从1737年刊于马德里的《东西方目录概要》（'Epitome de la Bibliotheca Oriental y Occidental'），到1876年印于上海、穆先生们所作《中国目录手册》，但皆不完善。穆先生们的作品相对较好，但

---

① 所涉作品：Gilbertus Happart, written in 1650 by, *Dictionary of the Favorlang Dialect of the Formosan Language*, translated from the *Transactions of the Batavian Literary Society*, by W. H. Medhurst, Batavia: Printed at Parapattan, 1840. 相应条目位于《中国书目》第一版"第一部分：中国本部"之"II.—地理"之"B.现代地理"之"分省描述"之"9°福建"之"台湾"之"3°语言"版块。在第二版中改在"台湾"下新增之"6°在台湾之外国人"版块。见Cordier, *Bibliotheca Sinica*, 1ʳᵉ éd., col. 148. Cordier, *Bibliotheca Sinica*, 2ᵉ éd., col. 292. 麦都思（Walter Henry Medhurst, 1796—1857），英国人华传教士、该作译者。关于该作相关信息，见Boele van Hensbroek, *De beoefening der oostersche talen in Nederland en zijne overzeesche bezittingen 1800-1874*, z. 39.

② *The Athenaeum*, no. 2694, June 14, 1879, p. 757. 位于"文献"专栏。原文以英文撰写。本译文之标题系译者所拟。

作者无法查询欧洲图书馆，不可避免地背负遗漏之罪。出于同样原因，因照录泰尔诺-孔庞等人之目录中的条目而陷入错误。故此一部完整的目录有待撰写，而高第先生以此自任。作为王家亚洲学会上海分会的荣誉秘书（编译者按：实为荣誉图书馆员），他有大量机会使自己了解在中国关于该主题所知的一切，而在英格兰、法国的图书馆里勤勉的研究为其提供了尚缺之物。至少他自云如此。我们面前的一卷只是整部作品的第一分册，故此我们只能就目前的片段发表看法。在斟酌该作形式时，高第先生不得不在按字母或时间次序编排标题，还是将之依据其主题分类之间进行选择。如高第先生所注意到的，末种是最为科学的方法，他总体上遵循该法，同时允许自己有相当多的自由对标题进行分类。事实上，他宣称结合了三种方法的优势，"以章节划分作品，其间按时间次序编排，一个按字母次序的索引结束这部分类目录"。整部作品如此被分作五部分，即：一、"中国本部"；二、"在中国之外国人"；三、"外国人同中国人之关系"；四、"在外国民众处之中国人"；五、"中国之朝贡国"。目前一卷是第一部分的第一卷，包含关于中国的总体作品，后随关于地理、关于中国之名称、关于人种志、关于气候、关于自然史的作品及关于历史的版块的开始。条目很丰满，不只作品标题，还给出关于所刊版本的简短的目录性注释，在一些情况下，给出目次。第一个条目为"《国王宇宙志学者安德烈·泰韦尔之寰宇志，附作者所见而我处古今之人所未知的最值得关注之物的多种插图》（La Cosmographie vniverselle d'André Thevel cosmographe dv Roy. Illvstree de diverses figvres des choses plvs remarqvables vevës par l'Auteur, et incogneuës de noz Anciens et Modernes），在巴黎，在纪尧姆·肖迪埃（Guillaume Chaudiere）处……1575年，两卷，对开本，地图四幅"，①总体作品清单中的最末一个为去年出版的格雷（Gray）副主教的《中国》（'China'）。②故此该版块包括三百

---

① 《中国书目》第一版初编原文较之有异：Thevel作Thevet，cosmographe作Cosmographe，et作&，vols.作vols.。见André Thévet, *La cosmographie universelle*, 2 t., Paris: Guillaume Chaudière, 1575. Cordier, *Bibliotheca Sinica*, 1ʳᵉ éd., col. 1. 安德烈·泰韦（André Thévet），16世纪法国教士。

② 实为总体作品清单中一级条目（以大号字标注者）的最后一个。见John Henry Gray, *China: a History of the Laws, Manners, and Customs of the People*, edited by William Gow Gregor, 2 v., London: Macmillan and Co., 1878. Cordier, *Bibliotheca Sinica*, 1ʳᵉ éd., col. 70. 约翰·亨利·格雷（John Henry Gray，1823—1890），时任英国国教驻香港副主教。

余年间所刊关于中国的所有作品。该清单显然很完整，条目精确。不过，缺少1670年刊于巴黎的《鞑靼征服中国史》（'Historia de la Inquista de la China por el Tartaro'）。①此外，在第11页（编译者按：该文所谓之"页"对应《中国书目》之一列）有一处自埃德蒙·斯科特（Edmund Scott）《论爪哇及该地首座英国工厂》（'Discourse of Java and the first English Factory there, &c.'）的奇怪误引。高第先生使该作者说："中国人做买卖很狡诈，只要其不剪头发。"该说法如此不寻常，以至我们翻到所给出处，在彼处发现"埃德蒙·斯科特大师"未说过那样的话。他说的是："中国人做买卖很狡诈，使用可想出的各种骗术及诡计。"接着，在描述他们的宗教信仰及社会习惯后，又说："一旦剪头发，他们再不回中国。"②

《伦敦与中国快报》1879年6月20日号发伟烈亚力撰《中国书目》第一版初编第一卷第二分册（1879年刊）评论③

我们满意地注意到，高第先生目录的第二分册出版，完全维持着第一分册——数月前我们评论者——的声望。高第先生是一位专家，而带给其

---

① Inquista实为Conquista。《中国书目》第一版初编第二分册收有该条目，位于"第一部分：中国本部"之"X.—历史"之"断代史"之"满洲人对中国之征服"版块，而《中国书目》第一版初编第一分册截至"X.—历史"版块首面，故该评论此说言之过早。见Juan de Palafox y Mendoça, *Historia de la conquista de la China por el Tártaro*, Paris: Antonio Bertier, 1670. *Trübner's American and Oriental Literary Record*, nos. 138-9-40 (v. 12, nos. 4, 5, 6), 1879, p. 64. Cordier, *Bibliotheca Sinica*, 1ʳᵉ éd., col. 257. *Librairie Ernest Leroux, Catalogue général (1871-1932)*, p. 92. 帕莱福（Juan de Palafox y Mendoça，1600—1659），西班牙教士、政界人士。安托万·贝尔捷（Antoine Bertier，约1610—1678），法国书商兼出版商，在西班牙亦有业务，故会署西班牙文形式名Antonio。

② 《中国书目》标注上述话引自《广州纪录报》（*The Canton Register*）1836年第九卷第二十二期第88页。在《中国书目》第二版中，高第仍如此引述，补记："可见《广州纪录报》在其奇怪的话上不大精确。"而查在华英文报纸《广州纪录报》相关内容，确如该评论所记。原文结尾为："一旦剪头发，他们再不回中国。不过，他们的孩子可以，只要其不剪头发。""中国人做买卖很狡诈""只要其不剪头发"实为该段中国描述的首尾两句。见"Description of the Chinese in 1602, from *A Discourse of Java and the First English Factory There &c.*, Written by Master Edmund Scot *(sic)*," *The Canton Register*, v. 9, no. 22, May 31ˢᵗ, 1836, p. 88. Cordier, *Bibliotheca Sinica*, 1ʳᵉ éd., col. 11. Cordier, *Bibliotheca Sinica*, 2ᵉ éd., col. 19.

③ "Bibliotheca Sinica," *The London and China Express*, June 20, 1879, p. 670. 位于"文献、科学等"专栏。原文以英文撰写。作者之确定，据Cordier, *Bibliotheca Sinica*, 2ᵉ éd., col. 1823. 本译文之标题系编译者所拟。

任务高文献资质。环境似乎以不寻常的程度帮助其规划，使其得以进入不只欧洲及中国的一些主要图书馆，兼及不够老练坚韧者会错过的很多私有而鲜为人知的资源。我们作者的勤勉及敏锐在每页显而易见。当前的小册仍被用于该作的第一个分类，以接续次级版块"年表"开始，包含弗雷莱（Freret）、雷孝思（Regis）、德金（De Guignes）、宋君荣及一些不甚著名之作者所作论作。①其后论及"中国人起源及古代"，提供四列标题——法文、英文、德文——其中德金、德帕乌（De Pauw）、W.琼斯（W. Jones）爵士、弗尔蒂西亚杜尔班（Fortitia D'Urban，编译者按：Fortitia实为Fortia）、德帕拉韦（De Paravey）及普拉特（Plath）的名字引人注目。②在下一个版块——关于"通史"——中，卫匡国（Martini）及冯秉正（De Mailla）的名字引人注目。③关于"断代史"的次级版块延展逾四十列，即便对那些在中国研究方面有专长的人而言，细读该部分也会得到启发。关于该帝国历史之单独部分的译作及论作数量巨大，合起来构成自约公元前2000年直至当今朝代的几乎持续的历史。散布的大量历史性及文献性注释使之与最基本的名称目录很不同。仅仅提及一部作品被写而非被刊，这本身对公众几无兴趣可言，但鉴于高第先生细心而精确地记录其所提名的每部写本在何处保存及可查，这就成为有可观价值的补充。细心分析该作的该部分，即可给出作为整体之中国历史的尚可概要，参以所示许多作品中的一些，研究者可填满其间任何部分。④在"传记"主题下，有逾七十条长度及重要程度不一的个人素描，其中十四条献给中国哲人孔夫子。⑤在"古

---

① Cordier, *Bibliotheca Sinica*, 1ʳᵉ éd., col. 225-230. 弗雷莱（Nicolas Fréret, 1688—1749），法国学者。雷孝思（Jean-Baptiste Régis, 1663—1738），法国入华传教士。德金（Joseph de Guignes, 1721—1800），法国东方学学者。"德金"一名见Cordier, *Bibliotheca Sinica*, 2ᵉ éd., col. 1592.

② Cordier, *Bibliotheca Sinica*, 1ʳᵉ éd., col. 230-233. 科尔内留斯·德帕乌（Cornelius de Pauw, 1739—1799），荷兰学者。威廉·琼斯（William Jones, 1746—1794），英国语文学者、东方学者。阿格里科勒·弗尔蒂西亚杜尔班（Agricol Fortia d'Urban, 1756—1843），法国历史学者。夏尔-伊波利特·德帕拉韦（Charles-Hippolyte de Paravey, 1787—1871），法国工程师。约翰·海因里希·普拉特（Johann Heinrich Plath, 1802—1874），德意志东方学学者。

③ Cordier, *Bibliotheca Sinica*, 1ʳᵉ éd., col. 233-242. 卫匡国（Martino Martini, 1614—1661），意大利入华传教士。

④ Cordier, *Bibliotheca Sinica*, 1ʳᵉ éd., col. 241-281.

⑤ "十四条"之数系就该版块中一级条目而言，实则不止此数。见Cordier, *Bibliotheca Sinica*, 1ʳᵉ éd., col. 282-290.

物"之下，可发现石刻——如禹碑、石鼓、瓷瓶等——钱币及古代中国的其他遗存。①

第十一个版块——关于"宗教"——占据该分册显然较大的部分。儒教、道教及佛教三种本土派别被以此次序给出，后种以逾三比一的数量超过其他两种之合。②但同献给罗马天主教传教团相关作品的空间——占据逾120列，③且仍未完——相比，所有这些一起沦为全不足道。人们很可能惊讶于在该方面所出文献的数量——始自17世纪的第一年，以几乎每种欧洲语言，从数页的小册至三四十列的更令人敬畏的辞典。很多鲜为人知、被遗忘多时的书卷——本可能永远无法享有广大的读者圈——在此被挖掘，以为在不同修会间盛行的激烈论争提供证据。可敬的多明我会及耶稣会神父在久远世纪间的战斗得以重现，当其惯于改进围攻异教堡垒的停火间隙，将彼此刺穿于其论战之矛的带毒之杆。除涉及该著名论争的文献之外，高第先生拟订了一个该争夺间主要事件的年表，④这对渴望研究出之于中国教会影响如此重大之该独特纷争的过程的人们而言会是很可接受的，对须同中国人之神学打交道的人们而言也非完全无趣。另给出一个今日在华罗马天主教传教团的表格。⑤其后有著名的《有益之书信》（"Lettres Edifiantes"）及以《传信年鉴》（"Annals of the Propagation of the Faith"）形式之续作的历史及分析。⑥高第先生的该作越发引起人的兴趣，有望成为已刊同类作品间最引人关注者之一。

---

① Cordier, *Bibliotheca Sinica*, 1re éd., col. 290-296.
② 在《中国书目》该编中，"第一部分：中国本部"之"XI.—宗教"之"儒教"版块占据第299列至第300列不足两列，"XI.—宗教"之"道教"版块占据第300列至第305列不足五列，"XI.—宗教"之"佛教"版块占据第305列至第320列不足十五列。见Cordier, *Bibliotheca Sinica*, 1re éd., col. 299-320.
③ 在《中国书目》该编中，"第一部分：中国本部"之"XI.—宗教"之"基督宗教"之"I.—天主教传教团"版块始自第329列，第二分册截至第448列。见Cordier, *Bibliotheca Sinica*, 1re éd., col. 329-448. E(dward). C(aldwell). Rye, "New Books," *Proceedings of the Royal Geographical Society and Monthly Record of Geography*, n. s., v. 1, no. 8, Aug. 1879, p. 538. *Librairie Ernest Leroux, Catalogue général (1871-1932)*, p. 92.
④ Cordier, *Bibliotheca Sinica*, 1re éd., col. 373-374.
⑤ Cordier, *Bibliotheca Sinica*, 1re éd., col. 371-372.
⑥ 《传信协会年鉴》（*Annales de l'Association de la propagation de la Foi*）自我定位为《有益之书信》的续作。见*Annales de l'Association de la propagation de la Foi*, t. 1, Paris, Lyon: Rusand, 1827. Cordier, *Bibliotheca Sinica*, 1re éd., col. 414-448.

《宗教、哲学、历史及文学研究》(*Études religieuses, philosophiques, historiques et littéraires*) 第六系列第四卷第九分册（1879年9月期）发佐默福格尔撰《中国书目》第一版初编第一卷第一、二分册评论①

又是一部奠定作家名望的作品。此类作品对靠阅读风行小说来满足其好奇心的浅薄之人而言或许毫无意义，而对严肃认真作品的爱好者，对需要满载其研究所需信息之书的博闻学者而言，他们未经长期等待，即可向高第先生致以应当的敬意。毋庸置疑，目录是所有科学不可或缺的基础。印刷术的推广，劳作者及生产者数量的持续增长，今日赋予目录较之从前更大的重要性。然而，它何以如此少地被开垦？因其需要特别的才能，几乎可称真正的天赋。造就好的目录学者，需要耐心、坚韧、批判精神，惟曾努力臻此者才知。我还要加上，需要等量的谦逊及忘我。他无法如哲学、历史或科学书籍的作者，体验其智慧之果实的缔造之乐。其作品确是他目录学者的，但其间又没什么是他的，除去从各处获取的数百条记录的系统编排以及对所遇书籍的精确标示。然而，此类工作并非没有某种欢乐。的确，对某个具体问题，指出所有待查文献，这没意义吗？为了科学，在一条指示尚不完善的路上置好路标，供学者跟从而不迷失，这没意义吗？让我们承认，此中有一些功绩、一些满足。

该功绩，当确认《中国书目》具备；该满足，高第先生应已感到。作为出洋肆业局秘书、上海王家亚洲学会（Société royale asiatique）荣誉图书馆员，他将青春中的十年献给研究天朝。但是，自其研究起始，他即遭遇呈现于初涉一个无限研究领域的所有新来者的障碍。他寻找向导，以便不迷失于其研究中，以便在数量庞大的古今涉华出版物间自我引领。高第先生未找到该向导，或者，他遇到一个，无法对之满意。他即自己着手，决心将其曾缺少之物提供给他人。这就是这部美丽目录作品的全部历史，它

---

① C. Sommervogel, "Bibliotheca Sinica," *Études religieuses, philosophiques, historiques et littéraires*, s. 6, t. 4, livr. 9, sept. 1879, pp. 477-479. 位于"目录"专栏。原文以法文撰写。该刊系耶稣会刊物。本译文之标题系编译者所拟。

将英国人及德国人所做尝试远远抛在身后,而迄今为止,人们视后类为该学科的主导。显然,那些尝试虽不完善,却未被我们的同胞所忽视,但他坚持尽量亲眼核查其前辈的所有断语。为达此目标,他跑遍在涉华书籍方面收藏最富的图书馆,精确抄录标题,对大量书籍,能给出在目录学中如此珍贵的观察。在其前言中,高第先生讲述其为成功所做的一切,这绝非出于虚荣,而是为了唤起读者的信任。

虚荣,高第先生实是未表现出。若来到该词,他似乎也是将荣耀归给所有在中国、伦敦、巴黎、巴勒莫对其施以援手或出言激励的人。人们明白,在华传教士是最适于协助我们该年轻目录学者的人。高第先生知道承认此点。至少,1879年(编译者按:高第此言实出自定稿于1878年6月的《中国书目》第一版前言),他无惧宣称,耶稣会士并非如他人所断言,是无知者或"不动者"。听听他:"我是怀着混有尊敬及真诚友谊感觉的深深感谢谈及耶稣会可敬的费赖之神父。很少外国侨民认识这位谦逊的僧侣——圣方济各·沙勿略(saint François Xavier)及利玛窦的后继者蒙他重组其在徐家汇的图书馆。多少次,夏天,冒着8月造访过上海者方能估量其强度的高温,冬天,无惧在宽大而无火的朝北厅堂里几小时的劳作;多少次,我走上自黄浦江边的外国租界通向徐家汇村的路,为了同这位虔诚的传教士谈论我们的研究!当我得知一个对我们研究有益的事实,我立刻告诉他;一旦一个稀有版本、一些值得被关注的卷册经过其手——此类有很多——他很快让我知晓。我应加上,尽管我付出大量努力,他隐居于遥远的国度,我回到巴黎,他在一个中国村庄,我在这个可知一切的巨大城市,我仍是他的债务人。自巴黎出发的文献通常是经过费赖之神父的小室之后才到达我处。我曾想将这部他跟随所有进展的作品题献给他,该传教士的谦逊以及对未写出一本配得上他的书的畏惧使我未得实现该心愿。"[①]

高第先生尚只刊有其作的两分册,该作将有两卷。以下是已完成的部分——"中国本部":一、总体作品;二、地理;三、名称;四、人种志;五、气候与气象学;六、自然史;七、人口;八、政府;九、司法;

---

① 该段引文同原文在一些词序、专名拼写、称呼格式及标点上有出入。

十、历史；十一、宗教。最后一部分被以显著的用心做十分特别的探讨，各传教团的整个历史在其间按时序展开，文献丰富，几乎不能指出一些缺漏。

我只有祝贺高第先生：他做了一本为法国带来荣耀的书。

C.佐默福格尔

《雅典娜神殿》第2734号（1880年3月20日号）发《中国书目》第一版初编第一卷第二分册评论[1]

高第先生《涉华作品目录词典》（'Bibliographical Dictionary of Works on China'）第一卷第二部分如今在我们面前，可以说，较之前一分册，细节更为丰满。它包括"历史版块"，剩余空间——七十六页（编译者按：该文所谓之"页"对应《中国书目》之两列）——献给描述关于中国宗教的作品。[2]我们相信，高第先生的最初想法是将整部词典限制为八分册，但如果他继续如今收录条目时卷帙浩繁的风格，他将发现，两倍于预期的空间也难以放置其材料。他所积累的信息数量巨大，此外，不满足于给出作品标题，在很多情况下，他还给出已出相关评论的出处，对丛书，给出其目次。有时最后一类信息有很大价值，例如，《有益之书信》（"Lettres Édifiantes"），当涉及中国时，他给出完整的目次，以至占据十七页。这都是很好的工作，但是，鉴于该词典显然将达到的规模，肯定无必要以《1878年天主教传教团总表》来填满一页，或者将类似空间献给以编年形式记述在华耶稣会传教士同多明我会传教士之间古老论争中的事件。而他所做不止于此：给出自提及这些主题之欧洲作家的短篇摘录。如此，他从布朗宁（Browning）先生的《指环与书》（'The Ring and the Book'）引述了十余行，不只让我们得闻以下秘辛：布朗宁先生从"威妥玛（Thomas Francis Wade）爵士（时为'先生'）"处获得其关于术语"上帝"

---

① "Bibliotheca Sinica, Tome Premier, Seconde (sic) Fascicule," *The Athenaeum*, No. 2734, Mar. 20, 1880, pp. 374-375. 位于"文献"专栏。原文以英文撰写。本译文之标题系编译者所拟。

② Cordier, *Bibliotheca Sinica*, 1ʳᵉ éd., col. 295-448.

（Shang-ti）及"天主"（Tien-chu）之含义的信息，还交代他是"在威斯敏斯特（Westminster）教长、可敬的阿瑟P. 斯坦利（Arthur P. Stanley）处"得知。[①]此类细节适于覆盖引起更广泛兴趣的信息，在目前这样的作品中位置不当。

《伦敦与中国快报》1880年6月18日号发伟烈亚力撰《中国书目》第一版初编第一卷第三分册（或1880年刊）评论[②]

在近来的一号中，我们评论过以上作品的已出部分，现在给出后续评论。此处我们有关于"宗教"的次级分类的结尾，在其间罗马天主教作品占据125对开页，主要以小号字，而新教徒作品占据该数目的将近四分之一。[③]该部分作为派别状况之索引确实极有价值，指出中国被那些勇敢而勤劳的工人——罗马教会传教士——所占据的数世纪间教会状况相关事实的宝库。对《有益而有趣之书信》（*Lettres Edifiantes et Curieuses*）及著名系列《传信年鉴》（*Annales de la Propagation de la Foi*）——后者或可被视为前者的续作，仍逐月刊出——多个版本的细致分析被给出。后一值得关注的杂志给出传教士自1821年起之持续通信的选编。我们发现，针对或长或短的时段，以多种欧洲语言所作十三个不同版本被刊

[①] 在《中国书目》第一版中，相应信息位于"第一部分：中国本部"之"XI.—宗教"之"基督宗教"之"I.—天主教传教团"之"2°礼仪之争"版块。《中国书目》第二版对该做法一仍第一版之旧。《中国书目》两版转引长篇叙事诗《指环与书》相关原文时标注出处页码作"第四卷第71—72页（1869年）"，实为第69—70页。见Robert Browning, *The Ring and the Book*, v. 4, London: Smith, Elder and Co., 1869, pp. 69-70. Cordier, *Bibliotheca Sinica*, 1ʳᵉ éd., col. 373. Cordier, *Bibliotheca Sinica*, 2ᵉ éd., col. 869. 罗伯特·布朗宁（Robert Browning, 1812—1889），英国诗人、剧作家。威妥玛（1818—1895），英国人华外交官。高第后为其撰有讣闻：Henri Cordier, "Sir Thomas Francis Wade," *The Journal of the Royal Asiatic Society of Great Britain and Ireland*, Oct. 1895, pp. 911-916. 重刊：Henri Cordier, "Thomas Francis Wade," *T'oung pao*, v. 6, no. 4, oct. 1895, pp. 407-412. 阿瑟·彭林·斯坦利（Arthur Penrhyn Stanley, 1815—1881），英国教士。

[②] "Bibliotheca Sinica, Tome Premier, 3me. Fascicule," *The London and China Express*, June 18, 1880, p. 644. 位于"文献、科学等"专栏。原文以英文撰写。作者之确定，据Cordier, *Bibliotheca Sinica*, 2ᵉ éd., col. 1823. 本译文之标题系译者所拟。

[③] 在该分册中，"第一部分：中国本部"之"XI.—宗教"之"基督宗教"之"I.—天主教传教团"版块占据第449列至第578列不足130列，"基督宗教"之"II.—新教传教团"版块占据第578列至第633列不足五十五列。见Cordier, *Bibliotheca Sinica*, 1ʳᵉ éd., col. 449-633.

行。^①一些此类清单被详尽分析,特别是《遣使会年鉴》(*Annales de la Congregation, &c.*)——达至其第四十五卷。^②北京传教士墓地的三幅石印插图被给出,附标注数字的坟墓以及葬于该地之神父的相应名单。^③另有耶稣会、遣使会及其他传教团人员的许多目录及很多传教士的扩展版目录性概略。^④关于新教传教团的作品无可避免地少很多,但清单以很大的细心做出,对渴望知道已做了什么及正在做什么的许多探询者而言,可作为向导。多个传教团的一个图表式清单被给出,^⑤另有英国人、美国人等之周期性出版物的一个扩展版目录。^⑥作品被分成:一、"多种";二、"术语问题";三、"周期性出版物";四、"传教士生平";五、"学院、学校、会社等";六、"医务传教团"。^⑦新教传教团的记录后随关于在华俄国正教传教团、犹太教、穆罕默德教的出版物,大致在此,高第先生该作有价值的该版块结束。^⑧我们满意地听闻,学术院(编译者按:即铭文与美文学术院)今年授予高第先生已故儒莲教授所遗赠的奖项,为其关于"中国目录"的值得关注的作品。^⑨评委鼓励一部确乎值得赞赏的作品,做得很好。

---

① 在《中国书目》该编中,《有益之书信》相关内容截至第二分册第444列;自该列至该分册末列第448列,第三分册首列第449列至第463列涉及《传信协会年鉴》。见Cordier, *Bibliotheca Sinica*, 1re éd., col. 449-463.

② 《遣使会年鉴》主名全称为Annales de la Congrégation de la Mission。《中国书目》第一版初编收录该作信息至第四十一卷。见*Annales de la Congrégation de la Mission*, t. 5, Paris: Imprimerie d'Adrien Le Clere et Cie, 1839. Cordier, *Bibliotheca Sinica*, 1re éd., col. 463-482.

③ 在1878年国际东方学学者大会佛罗伦萨远东分会场9月17日会议上,高第展示收入其《中国书目》的北京罗马天主教墓地平面图写本三份。其在《中国书目》第一版中就此记:"故此我们未经犹豫而给出这些古迹从未刊行的平面图,由遣使会(Congrégation de la Mission)的两位教士特意为我们绘制。"见"The Congress of Orientalists," *The London and China Express*, Sept. 27, 1878, p. 1020. Cordier, *Bibliotheca Sinica*, 1re éd., col. 496.

④ Cordier, *Bibliotheca Sinica*, 1re éd., col. 498-578.

⑤ Cordier, *Bibliotheca Sinica*, 1re éd., col. 591-594.

⑥ Cordier, *Bibliotheca Sinica*, 1re éd., col. 607-611.

⑦ Cordier, *Bibliotheca Sinica*, 1re éd., col. 578-633.

⑧ Cordier, *Bibliotheca Sinica*, 1re éd., col. 633-635, 635-638, 638-640.

⑨ 见"Jugement des concours," *Académie des inscriptions et belles-lettres, Comptes rendus des séances de l'année 1880*, s. 4, t. 8, oct.-nov.-déc., p. 384. 关于高第获儒莲奖之经过,可见拙文《高第获儒莲奖始末考》,待发。

《伦敦与中国快报》1881年6月3日号发伟烈亚力撰《中国书目》第一版初编第一卷第四分册（1881年刊）评论①

该第四分册构成高第先生该伟大作品第一卷的结尾部分，现在在我们面前，我们为此祝贺作者。其所从事的该作无所不包而卷帙浩繁的风格较之此前愈加明显。汇集如此预估材料所需之辛苦定然巨大，这在某种程度上可解释其迟来的出版，②后一事实被如此信息宝库的巨大价值所补偿。

新出部分包括第十二个、第十三个及第十四个分类。其中第一个——关于"科学与艺术"——包括七个次级分类："道德科学与哲学科学""数学科学""医学科学"③"农业与乡村经济""多种工业""军事艺术与航海"和"美术"。关于这些主题中之任意一个，均不缺乏作者，特别是法国人及英国人，涉及这些主题而未被多少论及的问题很少。④第十三个分类——关于"语言与文学"——有十五个次级分类："起源与比较研究""词典编纂""语法""选集与手册""多种作品与论文""文字""才子书"（*Tsait-seu-chow*。编译者按：《中国书目》第一版初编原文作Tsai-tseu chou）、"长篇小说、故事与中短篇小说""戏剧""诗歌""多种作品（文献）""周期性文献""谚语""狭义文献史""目录"。⑤关于以欧洲语言所作汉语语法，一些很有趣的细节可在该部分被找到。巴黎国家图书馆（Bibliothèque National。编译者按：后词拼写方式误）有一部以西班牙文所作语法，标注日期"Tokien⑥, 1682年"，但未

---

① "Bibliotheca Sinica, Tome Premier, 4e Fascicule," *The London and China Express*, June 3, 1881, pp. 611-612. 位于"文献、科学等"专栏。原文以英文撰写。作者之确定，据Cordier, *Bibliotheca Sinica*, 2ᵉ éd., col. 1823. 本译文之标题系编译者所拟。

② 在1880年10月20日致高第的信中，伟烈亚力称："我承认因您进展缓慢而有点儿失去耐心，因此类作品的价值很大程度上在于在第一部分变得不新鲜之前将之完整地呈现给公众。"见Chang, "Crowdsourcing *avant la lettre*: Henri Cordier and French Sinology, ca. 1875-1925," p. 54.

③ 该文此处四次对"科学"一词用单数science，《中国书目》第一版初编原文用复数sciences；一次对"艺术"一词用单数art，《中国书目》第一版初编原文用复数arts。见Cordier, *Bibliotheca Sinica*, 1ʳᵉ éd., col. 639-640, 678, 691.

④ Cordier, *Bibliotheca Sinica*, 1ʳᵉ éd., col. 639-726.

⑤ Cordier, *Bibliotheca Sinica*, 1ʳᵉ éd., col. 725-844.

⑥ 《中国书目》第一版初编原文作"福建"（Fokien）。见Cordier, *Bibliotheca Sinica*, 1ʳᵉ éd., col. 757.

给出作者名。一部更为著名的作品系万济国（Francisco Varo）以西班牙文所作语法，于1703年在广州以中国纸刊印。① 目前所知存在的该作副本很少，鉴于该作构成此后所写多部语法的基础，我们的作者合适地追溯了今知巴黎唯一付印副本的历史。该卷已知最早的持有者是某位菲利皮·泰利（Philippi Telli。编译者按：名或姓、名或为属格形式），如标题页上的题字所示。此后它似乎转归蒙突奇（Anton. Montucci）②所有。1812年从后者转至柯恒儒，如封皮上一个注释所示。其后，雷慕沙（Abel-Remusat）成为持有者，该学者是如此幸运，不只有该本，还有一个抄本。由此可推断，雷慕沙在拥有该刊本之前，为自己制有一个抄本。在雷慕沙的藏书被拍卖时，该刊本未出现在相应目录中，但它其后现于曾受雇编纂该目录的兰德瑞瑟的个人物品间。在兰德瑞瑟死后其书出售之时，该本被F.维约（F. Villot）③先生购得。以类似方式，在后者死后，该本转归突尼烈（Thonnelier）先生。最近，他亡故后，该本由墨颂讷佛商行以615法郎购得，但我们未被告知，是投机还是受托。④抄本在雷慕沙藏书出售之时由兰德瑞瑟购得，在兰德瑞瑟藏书出售之时也由维约购得。关于其此后之命运，我们未曾听闻。高第先生给出该语法的一些其他概述。傅尔蒙（Fourmont）在撰写其《中国官话》（Mandarin Grammar）⑤时持有一个副

---

① 所涉作品为西班牙人华传教士万济国（1627—1687）的遗作《官话语法》：Francisco Varo, *Arte de la lengua mandarina*, acrecentado, y reducido a mejor forma, por Pedro de la Piñuela, Canton, 1703. 生于新西班牙的入华传教士石铎琭（Pedro de la Piñuela，1650—1704）编。高第后刊有文章单行本《万济国神父〈华语语法〉》：*La Grammaire chinoise du père Francisco Varo*, Paris: Maisonneuve et Charles Leclerc, 1887. 十一页。该作主要追溯包括高第自藏本在内的万济国该语法数个副本的流传史，较少涉及该语法自身的内容及文献价值。见E(rnest). J(ohn). E(itel)., "La Grammaire Chinoise," *The China Review*, v. 16, no. 2, Sept.-Oct. 1887, p. 132. Cordier, *Bibliotheca Sinica*, 2ᵉ éd., col. 1658. *Bibliographie des œuvres de Henri Cordier*, p. 19. （《中国书目》及《高第作品目录》各录不同相关评论一篇，漏录另一篇）见"La Grammaire Chinoise," *The Chinese Recorder and Missionary Journal*, v. 19, no. 2, Feb. 1888, p. 94.

② 蒙突奇（Antonio Montucci，1762—1829），意大利汉学学者。

③ 弗雷德里克·维约（Frédéric Villot，1809—1875），比利时裔法国版画家。

④ 该本之作为突尼烈藏书出售见*Catalogue de la bibliothèque orientale de feu M. Jules Thonnelier*, Paris: Ernest Leroux, 1880, pp. 197-198. 突尼烈（Jules Thonnelier），19世纪法国东方学学者。

⑤ Stephanus Fourmont, *中国官话, Linguæ Sinarum mandarinicæ hieroglyphicæ grammatica duplex, Latinè & cum characteribus Sinensium*, Lutetia Parisiorum: Hippolyte-Louis Guérin, Rollin fils, Joseph Bullot, 1742. 傅尔蒙（Étienne Fourmont，1683—1745），法国东方学学者。

本，我们确被告知，其作几乎即万济国之书的拉丁文版复制品。傅尔蒙的万济国副本后来如何不得而知。

慕尼黑的诺伊曼（Neumann）①教授在其一部作品中称："该伟大文献珍品的已知副本仅有三部，一部在罗马，一部在巴黎，一部现在在我手中。"但诺伊曼所持者也已消失。似乎当德金（De Guigne）②的藏书出售之时，其图书馆中也有一副本，但高第先生未能追溯其进一步的历史。除去以上我们的作者所提及者，在俄国喀山的大学图书馆（University Library）存在一个副本——或至少二十年前在该处存在。我们以此给出高第先生追溯珍稀书籍之历史时所花心思的样本——这些细节将被那些对目录史感兴趣者所看重。③

对马若瑟（Premaré。编译者按：拼写方式误，该文下同）的著名语法《汉语札记》（*Notitia Linguae Sinicae*）④有更为漫长的描述，兼涉其手写及印刷形式。由于关于其所存在的愤怒论争，人们对之怀有特别兴趣。众所周知，存在于巴黎国家图书馆（Paris National Library）的写本原稿于1825年从金斯伯勒（Kingsborough）勋爵之请而抄。该贵族人士次年向英华书院（Anglo-Chinese College）呈示其写本，连同足够付印的一笔钱，该作于1831年出版。

奇怪的是，三年后，一位罗马天主教教士帕潘（Papin）先生路过马六甲，宣称其访问过英华书院，发现彼处对马若瑟的《札记》一无所知。他补充说，院长说自己从不知道马若瑟的存在，也不知后者是该语法的作者，尽管他们的作品完全是对该著名耶稣会士之作品的直译，译者谦虚地将相应的全部功绩归于自己（《传信年鉴》，第八卷，第585页⑤）。需寄望于《传播年鉴》（*Annals of the propaganda*）所提供之信息总体上较此更

---

① 卡尔·弗里德里希·诺伊曼（Karl Friedrich Neumann, 1793—1870），德意志入华东方学学者。

② Guigne实为Guignes。此指德金之子、法国入华外交官小德金（Chrétien-Louis-Joseph de Guignes, 1759—1845）。

③ Cordier, *Bibliotheca Sinica*, 1ʳᵉ éd., col. 757-759.

④ Premare, *Notitia linguæ Sinicæ*, Malacca: Academia Anglo-Sinensis, 1831.

⑤ *Annales de la propagation de la Foi*, t. 8, Lyon: Rusand, Paris: Poussielgue-Rusand, 1835, pp. 585-586.

为可信。因其四列关于该作写本及刊本的精确细节,①我们蒙高第先生之恩。

七列用于在世界多地——即北京、香港、巴黎、伦敦、格拉斯哥、柏林及斯德哥尔摩——的著名写本词典的概说。②此类清单间,作品几乎不可能详尽,或许我们可对之增补伦敦亚洲学会(Asiatic Society)及上海的伦敦会(London Mission)的作品。

关于"风俗与习惯"的第十四个兼最后一个分类分为十六个次级分类,关于"多种作品""服装""食物""婚姻""葬礼""祖先崇拜与孝""风水""传说、怪物与迷信等""杀婴""卖淫""多种节日、典仪等""游戏""钱币、度量衡与钱庄""秘密会社""海盗"及"鸦片"。③该分类的最后一项较之应然并非很完全,但是,就该部分,如同就整卷,我们可由衷地说,这是一部极佳之作,极配得上广泛的光顾。

《中国评论》(*The China Review*)第十卷第六期(1882年5—6月期)发穆林德撰《中国书目》第一版初编第一卷(合订本于1881年刊)评论④

这是现代东方语言学院的出版物之一(第十卷、第十一卷),完成之时,将是该有用系列中最重要的作品之一。将有大八开的两卷,第一卷现已呈现给公众。几年前曾与我兄长一道刊有一本《中国目录手册》(见《中国评论》第五卷第199—200页⑤),我对同关于相同主题的作品——其作者有优势在家查阅大图书馆——相比较而自然感到很焦虑。高第先生的清单较之我们的远为完整,特别是在很多实例上更为正确,无疑标志着中国问题目录方面的巨大进步。然而,在该作中有严重缺陷,即无用重物所造成的非必需的冗长笨重、分类上的系统性缺陷以及为数不少的遗漏及错误。

---

① Cordier, *Bibliotheca Sinica*, 1re éd., col. 764-768.
② Cordier, *Bibliotheca Sinica*, 1re éd., col. 744-750.
③ Cordier, *Bibliotheca Sinica*, 1re éd., col. 845-868.
④ O. F. von Möllendorff, "Chinese Bibliography," *The China Review*, v. 10, no. 6, May-June 1882, pp. 396-402. 原文以英文撰写。作者时任德国驻香港副领事。见《中国评论》该卷卷首之"供稿者清单"。本译文之标题系编译者所拟。
⑤ "Manual of Chinese Bibliography," *The China Review*, v. 5, no. 3, Nov.-Dec. 1876, pp. 199-200.

在进一步分别指出这些缺陷之时，我希望以较之高第先生对待我们的方式更为公正、恰当的方式来对待他。在其"前言"第Ⅵ页、第Ⅶ页，他通过强调我们各自作品间巨大的**体量**差异来清理我们的《手册》（Manual）："人们不会指责我利用了我的对手的研究。较之其一卷八开378页，我的则为两卷大八开约八百页，每页两列，以小字号印刷。"这听来确实让人印象深刻，但是，我们要进一步看看，以高第先生的风格填满书卷是多么容易，而关于相同主题，较之更为实用且远为简练的作品，更为完整并非必需。没人比我们《手册》只能在外于东方此地进入私人图书馆的作者更清楚该作中的缺陷及脱漏，但我们仍然认为，不笨重是我们无论如何有一些实际价值的小书的最佳特色之一。但是，我必须更为严肃地应对高第先生关于丝毫未利用我们研究的断言。至少在一个实例中，我可证明，他从我们的书抄有一个含笔误的标题。高第先生大错特错地抄了它，而从未提及事实。①当然，在他可能从我们处抄得**正确**标题的所有实例中，想证明他这样做过，即便不是不可能，也是困难的。但对我来说，一个事例即可相当充分地证明，他利用了我们《手册》中所含的材料。以相当傲慢而自认高明的方式对待后书，试图影响比较过其作品同我们作品的公众的想法，无论如何是无价值的。高第先生在抄袭一本被其如此鄙视的书时本应更为小心，以免被发觉。

其清单以"Ⅰ.'中国本部'，1.'总体主题'（'总体作品'）"开始。我认为这是该作最好的部分，较之我们《手册》的相应章节远为完

---

① 或指位于《中国书目》第一版初编"第一部分：中国本部"之"Ⅵ.—自然史"之"动物学"版块的穆林德论文条目"《北京周边陆生蜗牛》"（Die Landschnecken der Umgegend von Peking）。高第在该条目前标有*，意表未曾亲见，故穆林德"从未提及事实"一说或有夸张，而高第在该处亦未兑现其在《中国书目》前言中所承诺之"总是提及我汲取信息的源头"。该文标题实为《北华省份直隶陆生蜗牛》（"Landschnecken der nordchinesischen Provinz Chili"）。在《中国书目》第一版该处，其上一条、穆林德文《来自中国内陆新物种诊断》（"Diagnosen neuer Arten aus dem Binnenlande von China"）之条目当亦转录自《中国目录手册》，前标*。至《中国书目》第二版编时，高第已亲见该两作，对相应条目予以修订或完善（误录《来自中国内陆新物种诊断》截止页码作下一篇文章截止页码，实为80）。见O. von Möllendorff, "Diagnosen neuer Arten aus dem Binnenlande von China," *Jahrbücher der Deutschen malakozoologischen Gesellschaft*, Jg. 1, 1874, S. 78-80. O. von Möllendorff, "Landschnecken der nordchinesischen Provinz Chili," *Jahrbücher der Deutschen malakozoologischen Gesellschaft*, Jg. 2, 1875, S. 214-220. von Möllendorff, *Manual of Chinese Bibliography*, p. 155. Cordier, *Bibliotheca Sinica*, 1ʳᵉ éd., col. 187. Cordier, *Bibliotheca Sinica*, 2ᵉ éd., col. 419.

整，特别是在较古老的作品方面。但是此处，刚一开始，我们就发现《中国书目》巨大体量的迹象。高第先生给出不只主要版本或第一版，而是几乎每个单独版本的标题页的完整抄录——古老作者的冗长标题当可缩减。如此，我们有（第3—10页。编译者按：10实为9。该文所谓之"页"大多对应《中国书目》之一列）门多萨（Mendoça）数个西班牙文、意大利文、葡萄牙文、法文、英文、德文等版本的标题，以至单单条目"门多萨"就占据将近七列！①对杜赫德（Du Halde），我们不只发现所有版本标题页的完整抄录，还有一个完整的目次，凡六列。②如果作者给出其所提及的所有作品的目次，他或需填满另外两卷；为何他只选择少量作品且这少量作品几乎均是法国传教士所写？③

关于该章，我想加上少量专门评论。在门多萨的西班牙文版本间，一个被遗漏：马德里出版商克里诺·赫拉尔多·弗拉门科（Querino Gerardo Flamenco）1586年十二开本（12，368，8张）。④又一次，鉴于数个（当然是法文的）宇宙志及亚洲总体描述被提及，作者本应给出所有作品，例如，巴洛斯（Barros）的《亚洲》（Asia，里斯本，1560年）、⑤《雅各布·加斯塔尔迪之亚洲》（Jacobi Gastaldi Asia，1561年）、⑥劳

---

① 《中国书目》第二版对该做法一仍第一版之旧。见Cordier, *Bibliotheca Sinica*, 2ᵉ éd., col. 8-16.
② 《中国书目》第二版对该做法一仍第一版之旧。见Cordier, *Bibliotheca Sinica*, 2ᵉ éd., col. 45-52.
③ 高第在该版块实亦给出一些非法国人所作作品的目次。如见Cordier, *Bibliotheca Sinica*, 1ʳᵉ éd., col. 16, 19, 22, 23-24, 36, 53, 58, 61.
④ 《中国书目》第一版初编未收而补编增录。第二版续收。见Cordier, *Bibliotheca Sinica*, 1ʳᵉ éd., col. 3-4, 1411. Cordier, *Bibliotheca Sinica*, 2ᵉ éd., col. 9.
⑤ 所涉作品为葡萄牙历史学者、语法学者巴洛斯（João de Barros，约1496—1570）的《亚洲旬年史》（*Décadas da Ásia*）。《中国书目》第一版初编第二卷收有该作（含后续版本）条目，位于"第三部分：外国人同中国人之关系"之"II.—葡萄牙"之"多种作品"版块，补编增录两译本之条目。第二版续收。《中国目录手册》收有该作条目，位于"B.中华帝国"之"XIII.中国与中国人"之"a.中华帝国总体描述"版块，同穆文一般，误录第一版始刊年份作"1560年"（实为1552年）。见von Möllendorff, *Manual of Chinese Bibliography*, p. 157. Cordier, *Bibliotheca Sinica*, 1ʳᵉ éd., col. 1106-1109, 1988. Cordier, *Bibliotheca Sinica*, 2ᵉ éd., col. 2306-2309.
⑥ 《中国书目》似未收该作条目。《中国目录手册》收有该作条目，位于"B.中华帝国"之"XIII.中国与中国人"之"a.中华帝国总体描述"版块。见von Möllendorff, *Manual of Chinese Bibliography*, p. 158. 雅各布·加斯塔尔迪（Jacopo Gastaldi，约1500—1566），意大利绘图师。Jacobi系其拉丁文名Jacobus之属格形式。

文（Rauwen。编译者按：该拼写方式或袭自原作标题页介词durch之后作者姓之德语宾格形式，单独提及作者姓时当作Rauw）的《宇宙志》（Cosmographia，美茵河畔法兰克福，1597年，对开本）[①]等。

第9页，森特诺（Centeno），《东方事物史》（Historias de cosas del Oriente, etc., 1595年。编译者按：Historias实为Historia），包含——如高第先生自己所陈——二又二分之一页的关于中国的一章（！），是自海屯（Hétoum）史书的译作。后一作品在《书目》（Bibliotheca）第二部分被论及，而应归入"海屯"的森特诺之概述却在"总体作品"间占据半列多。[②]

第17页，弗兰齐西（Francisci），《东西印度……园》（Ost-und Westindischer....Garten）出版于纽伦堡（J. A. Endler & Wolfgang der jüngeren Erben。编译者按：Endler实为Endter，der实为deß，jüngeren实为jüngern，其后本有sel.），1668年，对开本，三卷，1762页，非1688年。[③]

第48页，十二行关于柯恒儒一部从未刊行之作品的广告印刷品！[④]

[①] 所涉作品为德意志宇宙志学者、神学学者约翰·劳夫（Johann Rauw，?—1600，其名一作Johannes）的《宇宙志》：Johann Rauw, *Cosmographia, das ist: Ein* (sic) *schöne, richtige und volkomliche Beschreibung deß göttlichen Geschöpffs, Himmels und der Erden, beydes der himmlischen und irdischen Kugel*, Franckfort am Mayn: Nicolaus Bassæus, 1597.《中国目录手册》《中国书目》似均未收该作条目。

[②] 所涉作品：Amaro Centeno, traduzido y recopilado de diuersos y graues historiadores por, *Historia de cosas del Oriente, primera y segunda parte*, Córdoua: Diego Galuán, 1595.《中国书目》第二版对该做法一仍第一版之旧。《中国目录手册》似未收该作条目。见Cordier, *Bibliotheca Sinica*, 1ʳᵉ éd., col. 9-10. Cordier, *Bibliotheca Sinica*, 2ᵉ éd., col. 17.

[③] 所涉作品为德意志学者埃拉斯穆斯·芬克斯［Erasmus Finx，1627—1694，人称"埃拉斯穆斯·弗兰齐西"（Erasmus Francisci。Francisci系其父之拉丁语名Franciscus的属格形式）］的《东西印度及中国国家乐园》：Erasmus Francisci, *Ost- und west-indischer wie auch sinesischer Lust- und Stats-Garten*, Nürnberg: Johann Andreæ Endter und Wolfgang deß jüngern sel. Erben, 1668.《中国书目》第一版在该作条目前标有*——可见其时高第未睹原书——附注该作条目在施图克《新旧国家描述及旅行描述清单》及泰尔诺-孔庞《亚非书目》中的位置，两书（后书第2561号）对该作出版年份均标"1688年"，《中国书目》第一版"1688年"一说当袭自该两书。《中国书目》第一版对该条目亦附注，《亚非书目》第2077号记同一作品，出版年份标为"1668年"。可见高第其时已注意到关于该作出版年份的歧说，然未见原作，故未确定。至《中国书目》第二版，则抄录包括正确出版年份在内的完整标题页内容，删施图克书、泰尔诺-孔庞书之参照标识。见Gottlieb Heinrich Stuck, *Verzeichnis von aeltern und neuern Land- und Reisebeschreibungen, ein Versuch eines Hauptstücks der geographischen Litteratur*, Halle: Iohann Christian Hendel, 1784, S. 115. H. Ternaux-Compans, *Bibliothèque asiatique et africaine, ou Catalogue des ouvrages relatifs à l'Asie et à l'Afrique qui ont paru depuis la découverte de l'imprimerie jusqu'en 1700*, Paris: Arthus Bertrand, 1841, pp. 217, 258. Cordier, *Bibliotheca Sinica*, 1ʳᵉ éd., col. 17. Cordier, *Bibliotheca Sinica*, 2ᵉ éd., col. 28-29.

[④] 在《中国书目》第一版中，针对该广告印刷品者占五行，前有七行对相应作品的介绍。

第50页，里特尔（Ritter）的《亚洲地理学》（Erdkunde von Asien），一部明显的纯地理作品在中国总体描述间被提及，[1]而卫匡国神父的《中国图集》（Atlas sinensis），确定的帝国总体描述，出现在第107页关于"地理"的章节。[2]

第69页，将李希霍芬（Richthofen）的《中国》（China）置于总体作品间的分类方式是成问题的，它如非整个，肯定大部分属地理及地质学。[3]

（接上页注）《中国书目》第二版对该做法一仍第一版之旧。见Cordier, *Bibliotheca Sinica*, 1re éd., col. 48. Cordier, *Bibliotheca Sinica*, 2e éd., col. 67-68.

[1] 所涉作品为德意志地理学者卡尔·里特尔（Karl Ritter, 1779—1859）《自然及人类历史相关地理学，或作为物理及历史科学研究及教学坚实基础的普通比较地理学》（*Die Erdkunde im Verhältniß zur Natur und zur Geschichte des Menschen, oder Allgemeine vergleichende Geographie, als sichere Grundlage des Studiums und Unterrichts in physikalischen und historischen Wissenschaften*）第二版中以亚洲为主题者的最初三卷（聚焦于高地亚洲，《中国书目》未录该信息）：Carl Ritter, *Die Erdkunde von Asien, Band I, Der Norden und Nord-Osten von Hoch-Asien*, Carl Ritter, *Die Erdkunde im Verhältniß zur Natur und zur Geschichte des Menschen, oder Allgemeine vergleichende Geographie, als sichere Grundlage des Studiums und Unterrichts in physikalischen und historischen Wissenschaften, zweiter Theil, zweites Buch, Asien, Band I, zweite stark vermehrte und umgearbeitete Ausgabe*, Berlin: G. Reimer, 1832. Carl Ritter, *Die Erdkunde von Asien, Band II, Der Nord-Osten und der Süden von Hoch-Asien*, Carl Ritter, *Die Erdkunde im Verhältniß zur Natur und zur Geschichte des Menschen, oder Allgemeine vergleichende Geographie, als sichere Grundlage des Studiums und Unterrichts in physikalischen und historischen Wissenschaften, dritter Theil, zweites Buch, Asien, Band II, zweite stark vermehrte und umgearbeitete Ausgabe*, Berlin: G. Reimer, 1833. Carl Ritter, *Die Erdkunde von Asien, Band III, Der Süd-Osten von Hoch-Asien, dessen Wassersysteme und Gliederungen gegen Osten und Süden*, Carl Ritter, *Die Erdkunde im Verhältniß zur Natur und zur Geschichte des Menschen, oder Allgemeine vergleichende Geographie, als sichere Grundlage des Studiums und Unterrichts in physikalischen und historischen Wissenschaften, vierter Theil, zweites Buch, Asien, Band III, zweite stark vermehrte und umgearbeitete Ausgabe*, Berlin: G. Reimer, 1834.《中国书目》第二版对该三卷条目之归类一仍第一版之旧，另有第一版补编增录、第二版续收的该系列以西亚为主题之卷次的条目被置于"第一部分：中国本部"之"X.—历史"之"通史"版块。此外，《亚洲地理学》1834年卷部分内容被录作条目，收入《中国书目》第一版"第一部分：中国本部"之"II.—地理"之"B.现代地理"之"河"版块。《中国书目》第二版对该做法一仍第一版之旧。《中国目录手册》收有《自然及人类历史相关地理学》条目，位于"B.中华帝国"之"XI.地理与旅行"之"a.总体地理与地形、人口、统计"版块，误录出版信息。见von Möllendorff, *Manual of Chinese Bibliography*, p. 96. Cordier, *Bibliotheca Sinica*, 1re éd., col. 50, 75, 79, 2151. Cordier, *Bibliotheca Sinica*, 2e éd., col. 70, 119, 130, 590.

[2] 所涉作品为《中国新图集》（*Novus Atlas Sinensis*）。在《中国书目》第一版中，相应条目位于"第一部分：中国本部"之"II.—地理"之"B.现代地理"之"总体地理作品"版块。《中国书目》第二版对该作条目之归类一仍第一版之旧（版块名改作"总体地理作品、地图集、地图"）。在两版《中国书目》"第一部分：中国本部"之"I.—总体作品"版块有该作指参提示。《中国目录手册》两处收有该作条目，分别位于"B.中华帝国"之"XI.地理与旅行"之"g.地图"及"B.中华帝国"之"XIII.中国与中国人"之"a.中华帝国总体描述"版块，标注出版信息有异，有互参提示。见von Möllendorff, *Manual of Chinese Bibliography*, pp. 115, 159. Cordier, *Bibliotheca Sinica*, 1re éd., col. 15, 107-108. Cordier, *Bibliotheca Sinica*, 2e éd., col. 25, 182.

[3] 所涉作品为德国地理学者费迪南德·冯李希霍芬（Ferdinand von Richthofen, 1833—1905）

在关于"地理"的一章（II.），高第先生告诉我们古代中国的划分（第69页）、①当前帝国的划分（第71页），②给出一个主要中国河流——包括大运河——的清单（第73页）、③附省份官员清单的中国省份行政机构图（两整页，119—122）。④这些信息对于连中国地理要素也不知的研究者或有用，而几乎不能被视为目录的一部分，在其间完全位置不当，只会妨碍作品的实用性及明晰度。⑤

地理作品的清单远未完整，特别是地图的。随"地理"之后是"III 名称"。关于中国之名称的几篇论作或属历史地理，或属语文学，而不应构成专门一章。⑥若如此一章被视为必需，则当维尔（D'Anville）的《古人之赛里斯》（La Sérique des Anciens）、⑦曼纳特（Mannert）的《赛里斯》

（接上页注）的《中国：个人旅行之结果及据以建立之研究（第一卷）》：Ferdinand von Richthofen, *China: Ergebnisse eigener Reisen und darauf gegründeter Studien, Erster Band*, Berlin: Dietrich Reimer, 1877.《中国书目》第二版对该作条目之归类一仍第一版之旧。《中国目录手册》刊于该作出版之前。见Cordier, *Bibliotheca Sinica*, 1ʳᵉ éd., col. 69-70. Cordier, *Bibliotheca Sinica*, 2ᵉ éd., col. 96-97.

① 《中国书目》第二版对该做法一仍第一版之旧。见Cordier, *Bibliotheca Sinica*, 1ʳᵉ éd., col. 69. Cordier, *Bibliotheca Sinica*, 2ᵉ éd., col. 109.

② 《中国书目》第二版对该做法一仍第一版之旧。见Cordier, *Bibliotheca Sinica*, 1ʳᵉ éd., col. 71. Cordier, *Bibliotheca Sinica*, 2ᵉ éd., col. 112.

③ 《中国书目》第二版对该做法一仍第一版之旧。见Cordier, *Bibliotheca Sinica*, 1ʳᵉ éd., col. 73. Cordier, *Bibliotheca Sinica*, 2ᵉ éd., col. 114.

④ 《中国书目》第二版对该做法一仍第一版之旧，内容有所更新：第一版据1875年所刊《大清搢绅》，第二版1903年所刊《大清搢绅全书》。见Cordier, *Bibliotheca Sinica*, 1ʳᵉ éd., col. 119-122. Cordier, *Bibliotheca Sinica*, 2ᵉ éd., col. 203-206.

⑤ 本书此处略去一段。

⑥ 《中国书目》第二版对该做法一仍第一版之旧。见Cordier, *Bibliotheca Sinica*, 1ʳᵉ éd., col. 163-164, 1525-1526. Cordier, *Bibliotheca Sinica*, 2ᵉ éd., col. 357-358, 3069-3070, 3345-3346.

⑦ 《中国书目》第一版初编第二卷"第二部分：在中国之外国人"之"I.—外国民众关于中国的认识"之"古代与中世纪"之"希腊人与罗马人"版块收有条目"《关于古人之赛里斯的地理及历史研究》（Recherches géographiques et historiques sur la Sérique des Anciens），当维尔（d'Anville）先生作，1761年7月7日宣读［《铭文学术院汇编：论文》（*Rec. de l'Ac. des Insc., Mém.*），第三十二卷，1768年，第573—603页］"。第二版在"古代与中世纪"下新增之"托勒密"（Ptolémée）版块续收。该文后或经增益，以《关于古人之赛里斯以及斯基泰之一部分的地理及历史研究》（"Recherches géographiques et historiques sur la Sérique des anciens & une partie de la Scythie"）之名被收入当维尔文集《印度及高地亚洲多个其他地区地理古代》（*Antiquité géographique de l'Inde, et de plusieurs autres contrées de la Haute Asie*）："Recherches géographiques et historiques sur la Sérique des anciens & une partie de la Scythie," d'Anville, *Antiquité géographique de l'Inde, et de plusieurs autres contrées de la Haute Asie*, Paris: Imprimerie royale, 1775, pp. 199-238.《中国目录手册》收有："当维尔，《古人之赛里斯》。巴黎，1775年，四开本"，位于"B.中华帝国"之"XI.地理与旅行"之"a.总体地理与地形、人口、统计"版块。见von Möllendorff, *Manual of Chinese Bibliography*, p. 94. Cordier, *Bibliotheca Sinica*, 1ʳᵉ éd., col. 880. Cordier, *Bibliotheca Sinica*, 2ᵉ éd., col. 1922. 托勒密（Claudius Ptolemaeus），2世纪古罗马学者。

（Serica）①等论作应被在此插入。

第四章"人种志"包含一些作品，其同"中国本部"之人种志的关联是让人恼火的谜；②在另一方面，我们应在此处找到的诺伊曼的《中华帝国若干省份原住民》（Urbevölkerung einiger Provinzen des chinesischen Reiches）在第71页地理类之下被提及；③同样，第135页，《浙江省山地部落》（The mountain tribes of the Chekiang province）。④以下人种志论作被遗漏（若非被置于不当一章）：

凯特莱（Quetelet），《关于若干中国个体及关于其身体之尺寸》（Sur quelques individus chinois et sur les proportions de leur corps），《比利时王家科学学术院通报》（Bull, Ac. Roy. des Sc. de Belg.）第十九卷第一期，1852年，第742页及其后。⑤

---

① 《中国书目》似未收该作条目。《中国目录手册》收有："曼纳特，《赛里斯》，《地理及旅行手册》（Handbuch der Geogr. und Reisen），第四卷，第500—528页"，位于"B.中华帝国"之"XI.地理与旅行"之"a.总体地理与地形、人口、统计"版块。见von Möllendorff, *Manual of Chinese Bibliography*, p. 95. 所涉作者为德意志历史学者、地理学者康拉德·曼纳特（Konrad Mannert，1756—1834），所涉作品或当为其《希腊人及罗马人地理》（*Geographie der Griechen und Römer*）第一版第四部分第六卷第六章、第七章：Konrad Mannert, *Geographie der Griechen und Römer, Vierter Theil, Der Norden der Erde von der Weichsel bis nach China*, Nürnberg: Ernst Christoph Grattenauer, 1795, S. 500-528.

② 本书此处略去一些内容。

③ 所涉作品："Die Urbevölkerung einiger Provinzen des chinesischen Reiches," Carl Friedrich Neumann, *Asiatische Studien, Erster Theil*, Leipzig: Johann Ambrosius Barth, 1837, S. 35-120. 在《中国书目》第一版中，相应条目位于"第一部分：中国本部"之"II.—地理"之"A.古代地理"版块。《中国书目》第二版对该作条目之归类一仍第一版之旧。《中国目录手册》将诺伊曼文集《亚洲研究》（*Asiatische Studien*）作为条目收录，位于"A.中国语言及文学"之"VI.语文学论作"版块，实则该集所收七篇论文间，仅少数（含第一篇）主要从语文学视角撰写。见von Möllendorff, *Manual of Chinese Bibliography*, p. 56. Cordier, *Bibliotheca Sinica*, 1ʳᵉ éd., col. 71. Cordier, *Bibliotheca Sinica*, 2ᵉ éd., col. 111.

④ 所涉作品为美国入华传教士那尔敦（Miles Justus Knowlton，1825—1874）所作：M. J. Knowlton, "The Mountain Tribes of the Chekiang Province," *The Chinese Recorder and Missionary Journal*, v. 1, no. 12, Apr. 1869, pp. 241-248. 在《中国书目》第一版中，相应条目位于"第一部分：中国本部"之"II.—地理"之"B.现代地理"之"分省描述"之"8°浙江"版块。《中国书目》第二版对该作条目之归类一仍第一版之旧。《中国目录手册》收有该作条目，位于"B.中华帝国"之"XI.地理与旅行"之"a.总体地理与地形、人口、统计"版块。见von Möllendorff, *Manual of Chinese Bibliography*, p. 101. Cordier, *Bibliotheca Sinica*, 1ʳᵉ éd., col. 135. Cordier, *Bibliotheca Sinica*, 2ᵉ éd., col. 250.

⑤ 所涉作品为比利时学者阿道夫·凯特莱（Adolphe Quetelet，1796—1874）所作：A. Quetelet, "Sur quelques individus chinois et sur les proportions de leur corps," *Bulletins de l'Académie royale des sciences, des lettres et des beaux-arts de Belgique*, t. 19, ptie. 1, 1852, pp. 742-750. 出处刊

布朗夏尔（*Blanchard*），《人种，中国人》（Races humaines, Les Chinois），Nouv. Journ. des Conn. Util.，1860年第九期。①

第五章、第六章"气候"及"自然史"很不完整，即便仅给出主要遗漏者的清单，也会占用太多空间。这些作品被给出的次序很奇怪，既非系统的，也非时序的，研究者须精熟于其主题方能找到所需。

如卫三畏《自然史概述》（Notices in Natural History）［《中国丛报》（Chinese Rep.），高第第174页］之类的作品是对中国作者的翻译或摘录，本应同欧洲人关于中国自然史的研究区分开，因其论及中国人间的科学状况，而非该国的自然产品。它们属于关于中国科学的专门一章，如我们的《手册》所设。②

（接上页注）物全名为《比利时王家科学、文学与美术学术院通报》。《中国书目》第一版似未收该作条目。第二版"第一部分：中国本部"之"IV.—人种志与人类学"之"多种作品—比较研究"版块以小号字增录该作条目，或即转录自穆文，页码标注一反高第惯常风格，仅标首页，信息详细程度尚不及穆文所记。《中国目录手册》似未收该作条目。见Cordier, *Bibliotheca Sinica*, 2ᵉ éd., col. 359.

① 《中国目录手册》《中国书目》似均未收该作条目。

② 所涉作品：S. W. W., "Notices of Natural History: 1, the Mīh or Tapir; and 2, the Ling-le or Scaly Ant-Eater. Taken From Chinese Authors," *The Chinese Repository*, v. 7, no. 1, May 1838, pp. 44-49. W., "Notices of Natural History: 1, the Peën fuh or Flying Rat; and 2, the Luy shoo or Flying Squirrel. Taken From Chinese Authors," *The Chinese Repository*, v. 7, no. 2, June 1838, pp. 90-92. W., "Notices of Natural History: 1, the Rhinoceros; and 2, the Camel; and 3, the Elephant. Translated From the *Pun tsaou* and Other Chinese Authors," *The Chinese Repository*, v. 7, no. 3, July 1838, pp. 136-141. W., "Notices of Natural History: the Kelin, or Unicorn of Chinese. Selected From Native Authors," *The Chinese Repository*, v. 7, no. 4, Aug. 1838, pp. 212-217. W., "Notices of Natural History: 1, the Funghwang or Phœnix; 2, the Lung or Dragon; and 3, the Kwei or Tortoise. Taken From Chinese Authors," *The Chinese Repository*, v. 7, no. 5, Sept. 1838, pp. 250-255. W., "Notices in Natural History: Proverbs and Metaphors, Drawn From Nature, in Use Among the Chinese," *The Chinese Repository*, v. 7, no. 6, Oct. 1838, pp. 321-327. W., "Notices in Natural History: 1, the Ma or Horse; 2, the Loo or Ass; 3, the Lo or Mule; 4, the Lŏ or Kumiss. Selected From Chinese Authors," *The Chinese Repository*, v. 7, no. 8, Dec. 1838, pp. 393-399. W., "Notices in Natural History: 1, the Fung or Bee, Comprising Also the Various Kinds of Wasps, and the Products of the Hive; 2, the Yĕ ung or Solitary Wasp. Selected From Chinese Authors," *The Chinese Repository*, v. 7, no. 9, Jan. 1839, pp. 485-490. W., "Notices in Natural History: the Loo-sze or Fishing Cormorant. Selected From Chinese Authors," *The Chinese Repository*, v. 7, no. 10, Feb. 1839, pp. 541-543. W., "Notices in Natural History: 1, the Sze tzse; 2, the Hoo or Tiger; 3, the Maou or Cat, and Other Feline Animals. Taken From Chinese Authors," *The Chinese Repository*, v. 7, no. 11, Mar. 1839, pp. 595-599. 在《中国书目》第一版中，相应条目位于"第一部分：中国本部"之"VI.—自然史"之"动物学"版块。《中国书目》第二版对该作条目之归类一仍第一版之旧。两版未录载第六期之一篇的条目。《中国目录手册》收有该作条目，位于"B.中华帝国"之"XIII.中国与中国人"之"e.科学"版块，误录载第八期之一篇的起始页码。穆文此处所云《中国目录手册》所设关于中国科学的一章即该版块。见von Möllendorff, *Manual of Chinese*

高第先生的"茶"的目录详尽而杰出。①

第七章"人口"、第八章"政府"、第九章"司法"不需要特别评论,除了在第九章,《大清会典》("Ta-tsing-hoei-tien"。编译者按:《中国书目》第一版初编原文作Ta Tsing Hoei Tien)被作为"司法作品"提及,译作"大清朝所行法律汇编"。这部"大清法规集"包含很少——如非毫无——可使之被归为中国司法作品的内容。统计、行政图、国家典仪等是其主要内容,因此本应被插入关于"政府"的一章。②

我兄长关于中国家法的论作、③师克勤(Scherzer)的《父权》(Puissance paternelle)、④庄延龄(Parker)的《比较中国家法》(Comparative Chinese

---

(接上页注) *Bibliography*, pp. 198-207. Cordier, *Bibliotheca Sinica*, 1ʳᵉ éd., col. 174-175. Cordier, *Bibliotheca Sinica*, 2ᵉ éd., col. 394-395.

① Cordier, *Bibliotheca Sinica*, 1ʳᵉ éd., col. 202-207.

② 《中国书目》第二版对该条目之归类一仍第一版之旧。见Cordier, *Bibliotheca Sinica*, 1ʳᵉ éd., col. 219, 220. Cordier, *Bibliotheca Sinica*, 2ᵉ éd., col. 545, 547-548. 在收录上述内容的《中国书目》第一版初编第一分册刊行次年(1879)所发《中国报刊》("La presse en Chine")一文中,高第持同样看法,以《大清会典》(*Ta-tsing Hoei-tien*)为"当朝普通法律集"。见"La presse en Chine," *Journal des débats politiques et littéraires*, 15 sept. 1879. (作者之确定,据 *Bibliographie des œuvres de Henri Cordier*, p. 6)

③ 所涉作品为穆麟德《中国人家法及其同其他国家家法之比较关系》一文:P. G. von Möllendorff, "The Family Law of the Chinese, and Its Comparative Relations With That of Other Nations," *Journal of the North-China Branch of the Royal Asiatic Society*, n. s., no. 13, pp. 99-121. 《中国书目》第一版初编第二卷在"第二部分:在中国之外国人"之"III.—对外贸易港"之"上海"之"多种学会"之"亚洲学会(王家亚洲学会北华分会)"之"会刊"版块录有《王家亚洲学会北华分会会刊》1858至1880年各卷目次,其中新系列第十三卷第三篇文章为穆麟德该文。第一版补编在"第一部分:中国本部"之"IX.—司法"之"家庭与继承"版块将该作信息作为单独条目增录,并附注评论一篇。第二版初编在"家庭与继承"版块开辟"穆麟德"专题,续收第一版补编上述信息,增录载《王家亚洲学会中国分会会刊》(*Journal of the China Branch of the Royal Asiatic Society*)新系列第二十七卷第二期的上文增订版及德文单行本、法译单行本信息。第二版初编在"第二部分:在中国之外国人"之"III.—对外贸易港"之"上海"之"多种学会"之"亚洲学会(王家亚洲学会北华分会)"之"会刊"版块增录《王家亚洲学会北华分会会刊》目次至1906年,除续收穆麟德该作初版信息外,增收该增订版信息。见P. G. von Möllendorff, "The Family Law of the Chinese," *Journal of the China Branch of the Royal Asiatic Society, for the Year 1892-93*, n. s., v. 27, pp. 131-190. Cordier, *Bibliotheca Sinica*, 1ʳᵉ éd., col. 1069, 1572. Cordier, *Bibliotheca Sinica*, 2ᵉ éd., col. 553-554, 2245, 2252.

④ 所涉作品为法国入华外交官师克勤(Fernand Scherzer, 1849—1886)的《中国之父权》:F. Scherzer, *La puissance paternelle en Chine: étude de droit chinois*, Paris: Ernest Leroux, 1878. 《中国书目》第一版补编在"第一部分:中国本部"之"IX.—司法"之"家庭与继承"版块增录该作条目,并附注所属丛书及评论四篇。第二版续收。见Cordier, *Bibliotheca Sinica*, 1ʳᵉ éd., col. 1572. Cordier, *Bibliotheca Sinica*, 2ᵉ éd., col. 553.

family law）①被遗漏。②

第十章，"历史"。该章被按如下方式划分：

1. 年表

2. 中国人起源及古代

3. 通史

4. 断代史

  a 神话及传说时代③等

  b 夏纪等

针对这些分类有数个异议需被举出。首先，年表作品中很多亦可被置于关于"通史"的作品间，反之亦然。较之"断代史"、神话时代等的初步分类，关于中国人起源及古代的一章全无逻辑。关于中国人起源的作品若非关于早期或原住民历史的作品，能是什么？瞥一眼高第之两章中的标题，足见其简直无法区分。④第243页，格拉迪施（Gladisch），《极北人与古代中国人》（Die Hyperboreer und die alten Chinesen），当然是论及中国人的起源，但被置于"断代史"下；⑤而普拉特关于前经典时期中国史的

---

  ① 所涉作品为英国人华外交官庄延龄（Edward Harper Parker，1849—1926）所作：E. H. Parker, "Comparative Chinese Family Law," *The China Review*, v. 8, no. 2, Sept.-Oct. 1879, pp. 67-107. 《中国书目》第一版补编在"第一部分：中国本部"之"IX.—司法"之"家庭与继承"版块增录该作条目。第二版续收。见Cordier, *Bibliotheca Sinica*, 1ʳᵉ éd., col. 1572. Cordier, *Bibliotheca Sinica*, 2ᵉ éd., col. 554.

  ② 穆文该处提及的三部作品刊发于1878、1879年，而含"第一部分：中国本部"之"IX.—司法"版块的《中国书目》第一版初编第一分册刊于1878年（当于6至9月间），故"遗漏"一说责之过苛。

  ③ 《中国书目》第一版初编原文作"神话或传说时代"。见Cordier, *Bibliotheca Sinica*, 1ʳᵉ éd., col. 241.

  ④ 《中国书目》第二版对"中国人起源及古代"版块之设置一仍第一版之旧。见Cordier, *Bibliotheca Sinica*, 1ʳᵉ éd., col. 230-233, 1577-1581, 2149-2151. Cordier, *Bibliotheca Sinica*, 2ᵉ éd., col. 571-579, 3102, 3469-3470.

  ⑤ 所涉作品为德意志历史学者、语文学者奥古斯特·格拉迪施（August Gladisch，1804—1879）所作：Aug. Gladisch, *Die Hyperboreer und die alten Schinesen: eine historische Untersuchung*, Leipzig: J. C. Hinrichs, 1866. 穆文抄录该作标题时将Schinesen作德语通行形式Chinesen。在《中国书目》第一版中，相应条目位于"第一部分：中国本部"之"X.—历史"之"断代史"之"神话或传说时代……半史时代……"版块。《中国书目》第二版对该作条目之归类一仍第一版之旧。《中国目录手册》收有该作条目，位于"B.中华帝国"之"X.历史与年表"版块。见von Möllendorff, *Manual of Chinese Bibliography*, p. 92. Cordier, *Bibliotheca Sinica*, 1ʳᵉ éd., col. 243. Cordier, *Bibliotheca Sinica*, 2ᵉ éd., col. 595.

作品需在起源与古代一章找到，^①等等。恰当的分类本应是：I."通史与年表"，II."断代史"，（a）"原住民史、传说时期，直到舜"。

在其他奇怪的误解间，我们遇到如下：第231页，《论古人处科学状况，德帕拉韦先生向科学学术院所通报之笔记，涉及：一、印度波斯人及中国人所知金属尖之于雷及雹之效用；二、中国藏书中所示含碘海洋植物及泉水之于甲状腺肿及其他类似疾病之效力》（De l'état des sciences cher les anciens. Notes communiquées à l'Ac. d. Sc. par M. de Paravey et relatives 1° à l'action des pointes metalliques sur le tonnerre et la grêle, action connue des Indoperses et des Chinois, 2° à l'effet des plantes marines et des eaux contenant de l'Iode sur les Goîtres et autres maladies analogues, effet indiqué dans les livres conservés en Chine）——《关于寄自中国之花卉画藏品及关于可从这些或多或少珍贵之汇编所推导出之重要结果的若干想法》（Quelques idées sur les collections de fleurs peints envoyées de la Chine et sur les conséquences importantes que l'on peut déduire de ces recueils plus ou moins précieux），德帕拉韦骑士先生作。

我完整抄录了以上标题，目的在于使读者能自行找出——而非跟随我

---

① 《中国书目》第一版"第一部分：中国本部"之"X.—历史"之"中国人起源及古代"版块收有普拉特九部论文单行本的条目，注云："尽管这些论文并非都论及中国人的'起源'，我们将之汇集于此，因其构成涉及天朝古代居民之作品的一个整体。它们刊于慕尼黑学术院（Académie de Munich）的文集。"《中国书目》第二版对这些条目之归类一仍第一版之旧，增录两个条目。其后所增互参页码之一指向在《中国书目》第一版补编"第一部分：中国本部"之"IX.—司法"版块新增、第二版续收的普拉特《根据中国材源的古代中国之法律及法规》（Gesetz und Recht im alten China nach chinesischen Quellen）单行本的条目，在第一版该九个条目间及第二版该十一个条目间亦含。较之《中国书目》第一版该处所涉九部单行本，《中国目录手册》录有其中五部的条目：《关于最初三代中国宪法及行政部门》（Ueber die Verfassung und Verwaltung China's unter den drei ersten Dynastien）、《关于最古中国历史可信度》（Ueber die Glaubwürdigkeit der ältesten chinesischen Geschichte）、《古代中国历史材源》（Die Quellen der alten chinesischen Geschichte）条目位于"B.中华帝国"之"X.历史与年表"版块，《根据中国材源的古代中国之法律及法规》条目位于"B.中华帝国"之"XIII.中国与中国人"之"b.政府、法律、军队"版块，《关于古代中国人家庭关系》（Ueber die häuslichen Verhältnisse der alten Chinesen。《中国目录手册》误录该单行本出版年份）条目位于"XIII.中国与中国人"之"c.习惯与风俗"版块。见Joh. Heinrich Plath, Ueber die häuslichen Verhältnisse der alten Chinesen, nach chinesischen Quellen, München: Druck von J. G. Weiss, 1863. von Möllendorff, Manual of Chinese Bibliography, pp. 86, 176, 184. Cordier, Bibliotheca Sinica, 1re éd., col. 232-233. Cordier, Bibliotheca Sinica, 2e éd., col. 548, 575-576.

自己——这些论作同"中国人起源及古代"有何可能的关联。①

第232页,普拉特关于古代中国人之家庭习惯、法律及司法、食物及穿着等的论作几乎不属于该章。唯一应被在此提及的普拉特论作,即《关于中华帝国漫长历史及发展》("Ueber die lange Dauer und die Entwicklung des chinesischen Reiches")(穆氏的《手册》,第577号)被遗漏。②

第242页,将梅辉立的《中文读者手册》(Chinese Reader's Manual)划为关于"通史"的作品是很不合适的。根据高第先生自己的系统,它可被归入"总体作品",因其决非纯历史类或者属"传记"。在我看来,唯一恰当的可归类别似应是研究者手册。③

在断代史一章,我们发现以下标注:

尧:

《书经》(Chouking。编译者按:《中国书目》第一版初编原文作Chou king)——《论文》(Mém Conc. 编译者按:《中国书目》第一版初

---

① 所涉作品本为载法国报纸《学界回声》(*L'Écho du monde savant*)1835年5月1日号、1836年4月24日号及5月1日号的对德帕拉韦向法国科学学术院(Académie des sciences)所通报之一些研究成果的概述,《中国书目》录有条目者乃其单行本。较之《中国书目》所录原题,对前作,穆文误录chez作cher,在首个effet(效力)后漏utile(有用的),另有一些省称和全称、有无连字符、字母大小写方面的异文;对后作,穆文误录peintes(被画的)作peints,另有一处字母大小写方面的异文。《中国书目》第二版对该两作条目之归类一仍第一版之旧。《中国目录手册》似未收该两作条目。见"De l'état des sciences chez les anciens," *L'Écho du monde savant*, an. 2, no. 57, 1ᵉʳ mai 1835, pp. 260-261. "Notes sur la flore de la Chine, par M. de Paravay," *L'Écho du monde savant*, an. 3, div. 2, no. 17, 24 avr. 1836, p. 74; no. 18, 1ᵉʳ mai 1836, p. 79. Cordier, *Bibliotheca Sinica*, 1ʳᵉ éd., col. 231-232. Cordier, *Bibliotheca Sinica*, 2ᵉ éd., col. 574.

② 所涉作品:Joh. Heinrich Plath, *Ueber die lange Dauer und die Entwickelung des chinesischen Reiches: Rede zur Feier des allerhöchsten Geburtsfestes Sr. Majestät des Königs Maximilian II. von Bayern gehalten in der öffentlichen Sitzung der kgl. Akademie der Wissenschaften am 28. November 1861*, München: Druck von J. G. Weiß, 1861.《中国书目》第二版似仍未收该作条目。《中国目录手册》所收该作条目位于"A.中国语言及文学"之"VI.语文学论作"版块,同穆文所主张的《中国书目》"该章"即"第一部分:中国本部"之"X.—历史"领域有异。见von Möllendorff, *Manual of Chinese Bibliography*, p. 59.

③ 所涉作品:William Frederick Mayers, *The Chinese Reader's Manual, A Handbook of Biographical, Historical, Mythological, and General Literary Reference*, Shanghai: American Presbyterian Mission Press, 1874. 通行中译名作《中国辞汇》。《中国书目》第二版对该作条目之归类一仍第一版之旧。《中国目录手册》收有该作条目,位于"A.中国语言及文学"之"IV.对话、手册等"版块。见von Möllendorff, *Manual of Chinese Bibliography*, p. 15. Cordier, *Bibliotheca Sinica*, 1ʳᵉ éd., col. 242. Cordier, *Bibliotheca Sinica*, 2ᵉ éd., col. 590-591. 高第对该作撰有评论:Henri Cordier, "The Chinese Reader's Manual," *Revue critique d'histoire et de littérature*, n. s., t. 5, no. 15, 13 avr. 1878, pp. 237-239.

编原文作 *Mém. conc. les Chinois*）第三卷，第16—18页。冯秉正《中国史》（Hist. de la Chine。编译者按：《中国书目》第一版初编原文作 *Hist. de la Chine*）第一卷，第44—85页。《寰宇传记》（Biogr. Univ. 编译者按：《中国书目》第一版初编原文作 *Biog. univ.*）中魏斯的条目——梅辉立的《手册》，第900号。

舜：梅辉立的《手册》，第617号。冯秉正，第一卷，第85—118页。

文帝（Wenti。编译者按：《中国书目》第一版初编原文作Wen ti），隋朝建立者：梅辉立的《手册》，条目"杨坚"（Yangkien。编译者按：《中国书目》第一版初编原文作Yang kien），第889号，等等。

如果这是"目录"，我就放弃它。以这种方式，高第本可并一贯应该抄录梅辉立《手册》或者任何其他参考书的每个单独条目。我们在一部"目录"里寻找"目录"信息而非历史信息。①

第246页所给中国朝代清单甚是位置不当，甚至不甚正确。②

第247—248（编译者按：实为249）页。此处普菲茨迈尔（Pfizmaier）自多个时期中国历史作品的全部译作及摘录被一道置于主题"周纪"之下，理由如下："这些论文构成关于中国古代历史的作品的一个整体，我们不认为应将之分开。"它们当然不构成一个"整体"，而是毫无联系的单篇文章。然而，似乎将之恰当分类需要更多德及中国历史知识，而高第先生或许不具备。为何专门章节涉及完全不同的朝代？例如，关于秦（Tshin）之始皇帝（Shy-huang-ti）的将军蒙恬（Mêng-tien）的论作何以出现在关于周朝的作品间？而普菲茨迈尔的论作《关于一种中国武器之名》（"on the name of a Chinese weapon"）在关于该朝代的历史作品间看起来相当位置不当。③

---

① 穆文在该部分所转录者专名及格式多处同《中国书目》第一版初编原文有异。《中国书目》第二版对该做法一仍第一版之旧。见Cordier, *Bibliotheca Sinica*, 1ʳᵉ éd., col. 244, 250. Cordier, *Bibliotheca Sinica*, 2ᵉ éd., col. 597, 617.

② 《中国书目》第二版对该做法一仍第一版之旧。见Cordier, *Bibliotheca Sinica*, 1ʳᵉ éd., col. 246. Cordier, *Bibliotheca Sinica*, 2ᵉ éd., col. 599-600.

③ 关于蒙恬的论作指《蒙恬之结尾》一文：Pfizmaier, "Das Ende Mung-tien's," *Sitzungsberichte der Kaiserlichen Akademie der Wissenschaften, Philosophisch-historische Classe*, B. 32, H. 1, Juli 1859, S. 134-144. "on the name of a Chinese weapon"指《一种古老中国武器之名的更正》一文：Pfizmaier, "Berichtigung des Namens einer alten chinesischen Waffe," *Sitzungsberichte*

在第260页，我们发现一个当前朝代皇帝的清单［从顺治（*Chuentchi*）开始］，另一个信息无直接联系、超出该作范围的实例。①

第264页，列昂季耶夫（Leontief）的圣谕译作被作为关于雍正（*Youngtshing*）时期的**历史**作品提及！②

第十一章，"宗教"，（a）"总体作品"。马儒翰（Morrison）的《吉祥饰物与幸运附属物》（Charms and felicitous appendages etc.）属于关于"风俗与习惯"的一章。③

（接上页注）*der Kaiserlichen Akademie der Wissenschaften, Philosophisch-historische Classe*, B. 28, H. 1, Juni 1858, S. 88-90.《中国书目》第二版将该处非关周朝的绝大部分条目散入"断代史"相应时段的版块［较之记西汉巫蛊事之《巫蛊事件》("Das Ereigniss des Wurmfrasses der Beschwörer")一文的条目，《中国书目》第二版改收相应单行本之条目，将之转入"第一部分：中国本部"之"XIV.—风俗与习惯"之"民俗、传说、怪物、迷信等"版块］，以单行本条目替换一些相应文章条目，删"整体"两句。《蒙恬之结局》条目被转入"第一部分：中国本部"之"X.—历史"之"断代史"之"4°秦纪"版块。《一种古老中国武器之名的更正》条目仍位于"断代史"之"3°周纪"版块，在第二版新增的"赵国"专题之下。《中国目录手册》收有普菲茨迈尔历史作品（部分同《中国书目》第一版初编录有条目者重合）条目若干，位于"B.中华帝国"之"X.历史与年表"版块。见Pfizmaier, "Das Ereigniss des Wurmfrasses der Beschwörer," *Sitzungsberichte der Kaiserlichen Akademie der Wissenschaften, Philosophisch-historische Classe*, B. 39, H. 1, Jän. 1862, S. 50-104. August Pfizmaier, *Das Ereigniss des Wurmfrasses der Beschwörer*, Wien: Kais. Kön. Hof- und Staatsdruckerei, 1862. von Möllendorff, *Manual of Chinese Bibliography*, pp. 89-90. Cordier, *Bibliotheca Sinica*, 1ʳᵉ éd., col. 247-249. Cordier, *Bibliotheca Sinica*, 2ᵉ éd., col. 606-615, 1873. 奥古斯特·普菲茨迈尔（August Pfizmaier, 1808—1887），奥地利远东学学者。

① 《中国书目》第二版对该做法一仍第一版之旧。见Cordier, *Bibliotheca Sinica*, 1ʳᵉ éd., col. 260. Cordier, *Bibliotheca Sinica*, 2ᵉ éd., col. 631-632.

② 所涉作品为曾为北京俄国正教传教团团员的俄国外务院文官阿列克谢·列昂季耶维奇·列昂季耶夫（Леонтіевъ, 1716—1786. 其姓名今拼作Алексей Леонтьевич Леонтьев）的《圣谕广训》俄文译本：Леонтіевъ, *Китайскія поученія*, Санктпетербургъ, 1778. 自《中国书目》第一版至第二版，该作经编者转录条目至亲见之过程，对相应条目之归类一仍第一版之旧。《中国目录手册》似未收该作条目。见Cordier, *Bibliotheca Sinica*, 1ʳᵉ éd., col. 264. Cordier, *Bibliotheca Sinica*, 2ᵉ éd., col. 639.

③ 所涉作品为英国驻华外交官马儒翰（John Robert Morrison, 1814—1843）亡后经再刊的《中国人所用随身佩戴或挂在屋里等处之吉祥饰物、护身符及幸运附属物的若干描述》一文：John Robert Morrison, "Some Account of Charms, Talismans, and Felicitous Appendages Worn About the Person, or Hung up in Houses, &c. Used by the Chinese," *Transactions of the Royal Asiatic Society of Great Britain and Ireland*, v. 3, pp. 285-290. John Robert Morrison, "Some Account of Charms, and Felicious *(sic)* Appendages Worn About the Person, or Hung up in Houses, &c., Used by the Chinese," *The Chinese Repository*, v. 14, no. 5, May 1845, pp. 229-234.《中国书目》第二版对该作条目之归类一仍第一版之旧。《中国目录手册》收有该作条目，位于"B.中华帝国"之"XIII.中国与中国人"之"c.习惯与风俗"版块，误录前番发表页码。见von Möllendorff, *Manual of Chinese Bibliography*, pp. 182-183. Cordier, *Bibliotheca Sinica*, 1ʳᵉ éd., col. 296. Cordier, *Bibliotheca Sinica*, 2ᵉ éd., col. 698.

第298页，半列献给描述一本附马儒翰所作写本索引的关于中国神话的百张中国图片的结集，本身很有趣但显非目录类。①

在"儒教"（编译者按：穆文用汉字）主题下，一个关于儒教（Confucianism）的很单薄的作品清单被给出；关于孔夫子及其学说的其他作品部分在"传记"下，部分在"哲学"下被提及。关于道教则采用了正好相反的方法，鉴于关于老子（Laotse）的所有论作、《道德经》（Tao-tê-king）的译作及其他道教作品被归在一起。哪种方法更可取可存疑，但无疑两个派别本应被以相同方式处理。②

第316（编译者按：实为314）页，米怜（Milne），《中国的佛塔》（Pagodas in China），人们应更期待在关于建筑的一章找到。③

第320页，"基督宗教"。基督宗教作为一种中国宗教是很成问题的。在华基督宗教的历史同外国和中央王国交往的历史不可分，关于外国传教团的所有作品应在高第先生该作的第二部分："在中国之外国人"。不过，作者所给不同传教团相关作品的列举很详尽，编排总体而言一致而正确。但此处我们再次遇到很多无用重物，例如，第371—372页，一个附主教姓名的在华天主教传教团总表，无论如何同"目录"无涉。④

第313（编译者按：实为373）页及其后，论及耶稣会士同其他天主教传教士关于中国礼仪的分歧的作品被辑在"礼仪之争"主题下，极好的想

---

① 《中国书目》第二版对该做法一仍第一版之旧。《中国目录手册》似未收该作条目。见Cordier, *Bibliotheca Sinica*, 1ʳᵉ éd., col. 298-299. Cordier, *Bibliotheca Sinica*, 2ᵉ éd., col. 697-698.

② 《中国书目》第二版对该做法一仍第一版之旧。在"传记"版块孔夫子传记条目之末，《中国书目》指参"宗教：儒教""道德科学与哲学科学"版块。在"儒教"版块开端，《中国书目》有题注："人们知道，儒教较之宗教更是道德体系。应将此处所给一些信息补至如下章节：'礼仪之争''新教传教士之论争''道德科学与哲学科学（经书）''祖先崇拜''风水'等。"见Cordier, *Bibliotheca Sinica*, 1ʳᵉ éd., col. 282-284, 299-305, 639-667, 1603-1605, 1617-1622, 1769-1782, 2155, 2158-2159, 2173-2176. Cordier, *Bibliotheca Sinica*, 2ᵉ éd., col. 667-670, 709-727, 1363-1418, 3107, 3112-3115, 3137-3139, 3502-3505, 3535-3541, 3790-3801. 本书此处略去一段。

③ 所涉作品为英国人华传教士米怜（William Milne，1785—1822）所作。在《中国书目》第一版中，相应条目位于"第一部分：中国本部"之"XI.—宗教"之"佛教"版块。《中国书目》第二版对该条作目之归类一仍第一版之旧。《中国目录手册》收有该作条目，位于"B.中华帝国"之"XIII.中国与中国人"之"d.艺术、工业、农业"版块。见von Möllendorff, *Manual of Chinese Bibliography*, p. 195. Cordier, *Bibliotheca Sinica*, 1ʳᵉ éd., col. 314. Cordier, *Bibliotheca Sinica*, 2ᵉ éd., col. 739. 本书此处略去一段。

④ 《中国书目》第二版对该做法一仍第一版之旧，将《1878年天主教传教团总表》递更为《1904年在华天主教传教团总表》。见Cordier, *Bibliotheca Sinica*, 1ʳᵉ éd., col. 1665-1666. Cordier, *Bibliotheca Sinica*, 2ᵉ éd., col. 863-866.

法且执行得很好。但是，除去待寻目录性信息，一个1610至1742年间此论争主要事件的年表被给出，占据两页。①遵循相同原则，作者本应对每章给出类似引导，只不过，那样的话，他会出版一种中国百科全书，而非目录。

第414—439页，《有益之书信》（"Lettres Edifiantes"）所有版本——乃至德文译本——的目次被细心抄录，如此填满二十五页。这些系列的确重要，但此做法还是过度了。②

第496页，在"天主教传教士生平"主题下，当无辜的读者寻找传记作品的目录性标注时，将惊讶地发现如下：高第先生所作北京天主教墓地之描述，附三幅平面图及含坟墓清单的三页！③随后（第500—578页），一个天主教传教士目录，附其生平、主要作品、书信等的简短描述，很有价值的汇编，之于教会史甚有趣，但在目录中完全位置不当。④以此方式，很容易填满两卷或更多卷。

针对下一章"新教传教团"须举出类似异议。一个1877年传教团总表填满四页，⑤大量与新教传教团无涉的作品被插入，除了系传教士所写。例如，克陛存（Culbertson），《北华之宗教信念及民间迷信》（Religious notions and popular superstitions in North China）。⑥一个很值得嘉许的想法是

---

① 《中国书目》第二版对该做法一仍第一版之旧。见Cordier, *Bibliotheca Sinica*, 2ᵉ éd., col. 869-870.

② 除《有益之书信》德文版本信息外，《中国书目》第一版实则另收有该作英文、西班牙文、波兰文、意大利文版本信息。《中国书目》第二版对该做法一仍第一版之旧。见Cordier, *Bibliotheca Sinica*, 2ᵉ éd., col. 926-952. 《中国书目》第一版初编第439列至第444列为《有益之书信》之续作《中国及东印度传教团新有益之书信》（*Nouvelles lettres édifiantes des Missions de la Chine et des Indes orientales*，1818—1823年，八卷）细目，页脚标注为"有益之书信，新版"。见*Nouvelles lettres édifiantes des Missions de la Chine et des Indes orientales*, 8 t., Paris: Ad(rien). Le Clere, 1818-1823.

③ 《中国书目》第二版对该做法一仍第一版之旧。见Cordier, *Bibliotheca Sinica*, 2ᵉ éd., col. 1028-1036.

④ 《中国书目》第二版对该做法一仍第一版之旧。见Cordier, *Bibliotheca Sinica*, 2ᵉ éd., col. 1039-1221.

⑤ 《中国书目》第二版对该做法一仍第一版之旧，将《1877年新教传教团总表》递更为《1904年新教传教团总表》。见Cordier, *Bibliotheca Sinica*, 1ʳᵉ éd., col. 1748. Cordier, *Bibliotheca Sinica*, 2ᵉ éd., col. 1267-1278.

⑥ 所涉作品为美国入华传教士克陛存（Michael Simpson Culbertson，1819—1862）的《花国幽暗，或北华之宗教信念及民间迷信》：M. Simpson Culbertson, *Darkness in the Flowery Land, or Religious Notions and Popular Superstitions in North China*, New York: Charles Scribner, 1857. 在《中国书目》第一版中，相应条目位于"第一部分：中国本部"之"XI.—宗教"之"基督宗教"

插入似乎甚详尽的关于"术语问题"的专门一章。关于这些传教士生平的一章尽管不似关于天主教传教士生平的一章那般完整，从目录角度看则远为正确，鉴于——除去少许例外——只提及专门作品或论作所涉及的传教士。

但是为何艾约瑟（Edkins）夫人的《中国场景及民众》（Chinese Scenes and People，1863年）、郭实猎（Gützlaff）的《中国报道》（chinesische Berichte）及类似作品被在传教士传记间提及，只有高第先生自己能解释。①

对医务传教团的年报（第623—632页），所有报告的完整标题页被给出。我想，每个传教团一个即足够。②

第十二类"科学与艺术"以高第先生对经典的描述开始，包括每部作品中的字数以及类似信息，在涉华外国作品目录中甚是位置不当。③将中国作品的译作及关于中国作品的解释性及评论性论作置于每部作品的标题之下是很好的方案，较之在我们《手册》中所遵循的方法——将关于中国文献的作品以及译作按时序编排——当然更可取。

该作者缺乏系统性及逻辑的一个很典型的实例，可在第683页及其后

（接上页注）之"II.—新教传教团"之"1º多种作品"版块。自《中国书目》第一版至第二版，该作经编者转录条目至亲见之过程，对相应条目之归类一仍第一版之旧。《中国目录手册》收有该作条目，位于"B.中华帝国"之"XIII.中国与中国人"之"c.习惯与风俗"版块。见 von Möllendorff, *Manual of Chinese Bibliography*, p. 184. Cordier, *Bibliotheca Sinica*, 1ʳᵉ éd., col. 580. Cordier, *Bibliotheca Sinica*, 2ᵉ éd., col. 1224.

① 所涉作品分别为英国入华传教士艾约瑟（Joseph Edkins，1823—1905）之妻简·罗博特姆·埃德金斯（Jane Rowbotham Edkins，1838—1861，本姓Stobbs）及德意志入华传教士郭实猎（Karl Gützlaff，1803—1851。"郭实猎"一名见Cordier, *Bibliotheca Sinica*, 2ᵉ éd., col. 1308）所作：Jane R. Edkins, *Chinese Scenes and People, With Notices of Christian Missions and Missionary Life in a Series of Letters From Various Parts of China*, London: James Nisbet and Co., 1863. Vorstand der Chinesischen Stiftung, herausgegeben von, *Gaïhan's (Karl Gützlaff's) Chinesische Berichte, von der Mitte des Jahres 1841 bis zum Schluß des Jahres 1846*, Cassel: Expedition der Chinesischen Stiftung, 1850. 在《中国书目》第一版中，相应条目位于"第一部分：中国本部"之"XI.—宗教"之"基督宗教"之"II.—新教传教团"之"4º传教士生平"版块。《中国书目》第二版对该两作（编者始终未得亲见后作）条目之归类一仍第一版之旧。《中国目录手册》收有该两作条目，前者位于"B.中华帝国"之"XIII.中国与中国人"之"c.习惯与风俗"版块（其上上条为同一作品错录重出：相应作品附有相应作者之父亲所撰回忆文章，乃父被误视为另一同名作品之作者），后者位于"XIII.中国与中国人"之"a.中华帝国总体描述"版块。见von Möllendorff, *Manual of Chinese Bibliography*, pp. 164, 184-185. Cordier, *Bibliotheca Sinica*, 1ʳᵉ éd., col. 614, 615-616. Cordier, *Bibliotheca Sinica*, 2ᵉ éd., col. 1306, 1309.

② 《中国书目》第一版初编在转录一些相关标题时实则有所省略。见Cordier, *Bibliotheca Sinica*, 1ʳᵉ éd., col. 624-632.

③ 《中国书目》第二版对该做法一仍第一版之旧。见Cordier, *Bibliotheca Sinica*, 1ʳᵉ éd., col. 639-641. Cordier, *Bibliotheca Sinica*, 2ᵉ éd., col. 1363-1365.

被找到。在列举关于中国人天文学及数学的作品后，在华欧洲人的物理学、天文学及气候学观察被作为关于中国科学的作品给出！①例如，费理饬（Fritsche）博士在华所做经度及纬度的天文学测定属"地理"，其关于北京气候的论作属"气候学"，在高第先生的书中这两章都存在。②

将关于中国象棋的作品作为附录插入数学科学是很成问题的，尽管较之其他游戏更为科学，象棋仍是游戏，应被归入"风俗与习惯"。③欣利载《德意志东方学会会刊》（Zeitschrift der deutsch. Morgenländ. Gesellschaft, 1869年。编译者按：实为1870年）的关于中国象棋的论作，我本人载《德国东亚自然学与民族学会通报》（Mitth. der deutsch. Ges. f. Natur und Völkerkunde Ostasiens, 1876年。编译者按：针对相关格式，出处刊物自身自1873年5月第一卷第一期起作Natur，自1876年7月第一卷第十期起改作Natur-，针对1873至1876年的第一卷合订本、针对1876至1880年的第二卷合订本作Natur-；第一卷及第二卷各期作Ostasien's，该两卷合订本均作Ostasiens）的论作被遗漏。④

---

① 《中国书目》第二版对该做法一仍第一版之旧。在第一版初编中，该两类内容被划分为两个版块，补编就欧洲人谈论中国天文学之作品类在其前添加专题名"中国天文学"，就欧洲人在华之科学观察类在其前添加专题名"欧洲人观察"。第二版续标。见Cordier, *Bibliotheca Sinica*, 1re éd., col. 679-689, 1790-1793, 2177. Cordier, *Bibliotheca Sinica*, 2e éd., col. 1443-1458, 3141-3142, 3815-3819.

② 所涉诸作为德国人华天文学者、气象学者费理饬（Hermann Fritsche，1839—1913）所作。相应条目在《中国书目》第一版初编中位于"第一部分：中国本部"之"XII.—科学与艺术"之"数学科学"版块，在第二版中被移至"第一部分：中国本部"之"V.—气候与气象学"版块（第二版"数学科学"版块在费理饬作品条目后指参"V.—气候与气象学"版块费理饬作品条目）。《中国书目》第一版补编在"数学科学"版块增录费理饬作品条目若干，第二版将其中部分移至"第一部分：中国本部"之"II.—地理"之"B.现代地理"之"分省描述"之"1°直隶"之"北京"版块。《中国目录手册》收有费理饬在华地理测量及天文观测作品（部分同《中国书目》第一版初编录有条目者重合）条目若干，位于"B.中华帝国"之"XI.地理与旅行"之"a.总体地理与地形、人口、统计"版块。见von Möllendorff, *Manual of Chinese Bibliography*, p. 102. Cordier, *Bibliotheca Sinica*, 1re éd., col. 688-689, 1793, 2177. Cordier, *Bibliotheca Sinica*, 2e éd., col. 214, 377-378, 1458.

③ 《中国书目》第二版正编对"象棋"版块之归类一仍第一版之旧，补编无"象棋"版块，有两个象棋相关作品条目被置于"第一部分：中国本部"之"XIV.—风俗与习惯"之"游戏"版块。《中国目录手册》收有象棋相关作品条目若干，位于"B.中华帝国"之"XIII.中国与中国人"之"c.习惯与风俗"版块。见von Möllendorff, *Manual of Chinese Bibliography*, pp. 182, 185, 186, 190. Cordier, *Bibliotheca Sinica*, 1re éd., col. 689-690, 1793-1794. Cordier, *Bibliotheca Sinica*, 2e éd., col. 1460-1462, 3142-3143, 3984.

④ 《中国书目》第一版补编增收欣利《中国人之象棋》（"Das Schachspiel der Chinesen"）

关于"农业""工业""军事艺术与航海"的章节合乎期待,或许关于中国罗盘的论作本应被插于最末一个主题下,而非如该作者所为,在"数学"之下。①在关于"音乐"的作品间,我们错过米勒(Müller)博士及瓦格纳(Wagner。编译者按:实为Wagener)博士载《德国东亚自然学与民族学会通报》(Mittheilungen der deutsch. Ges. f. Natur und Völkerkunde Ostasiens。横滨,1874年和1877年)的关于中国音乐的重要论作。②司登得(Stent)的《中国抒情诗》(Chinese Lyrics)[《王家亚洲学会北华分会会刊》(J. N. C. Br. R. A. S.),1872年],我们会更期待在关于"诗歌"的一章,而非关于"音乐"的一章看到。③

(接上页注)一文条目而未增收穆林德同名文章条目,第二版复增收后文条目。《中国目录手册》收有欣利该文条目,后文约发表于该作出版之后。见K. Himly, "Das Schachspiel der Chinesen," *Zeitschrift der Deutschen morgenländischen Gesellschaft*, B. 24, H. 1-2, 1870, S. 172-177. von Möllendorff, *Manual of Chinese Bibliography*, p. 190. O. von Moellendorff, "Das Schachspiel der Chinesen," *Mittheilungen der Deutschen Gesellschaft für Natur- und Völkerkunde Ostasien's*, H. 11, Nov. 1876, S. 11-18. Cordier, *Bibliotheca Sinica*, 1re éd., col. 1794. Cordier, *Bibliotheca Sinica*, 2e éd., col. 1461. 德国东亚自然学与民族学会(Deutsche Gesellschaft für Natur- und Völkerkunde Ostasiens)于1873年由德国商人、学者、外交官创立于日本东京,有自起日文名"ドイツ東洋文化研究協会",即"德意志东洋文化研究协会"。

① 《中国书目》第二版对"罗盘"版块之归类一仍第一版之旧。在《中国目录手册》中,有该主题相关作品条目位于"B.中华帝国"之"XIII.中国与中国人"之"e.科学"版块,亦有条目位于"A.中国语言及文学"之"VI.语文学论作"版块。见von Möllendorff, *Manual of Chinese Bibliography*, pp. 49, 199-200. Cordier, *Bibliotheca Sinica*, 1re éd., col. 689, 1793, 2177. Cordier, *Bibliotheca Sinica*, 2e éd., col. 1458-1460, 3819.

② 所涉作品为德国入日军医利奥波德·米勒(Leopold Müller, 1824—1893)的《关于日本音乐的若干笔记》("Einige Notizen ueber die japanische Musik")一文及德国入日技术顾问戈特弗里德·瓦格纳(Gottfried Wagener, 1831—1892)的《关于中国音乐之理论及其同哲学之关系的说明》["Bemerkungen uber (sic) die Theorie der chinesischen Musik und ihren Zusammenhang mit der Philosophie"]一文。《中国书目》第一版补编在"第一部分:中国本部"之"XII.—科学与艺术"之"美术"之"音乐"版块增录该两文(前文实仅偶涉中国音乐)条目。第二版续收。实则前文另有两番续作,亦均偶涉中国,《中国书目》似未收相应条目。《中国目录手册》似未收前文条目,后文发表于该作出版之后。见Mueller, "Einige Notizen ueber die japanische Musik," *Mittheilungen der Deutschen Gesellschaft für Natur* (sic) *und Völkerkunde Ostasien's*, H. 6, Dec. 1874, S. 13-19. Mueller, "Einige Notizen ueber die japanische Musik *(Fortsetzung aus Heft VI)*," *Mittheilungen der Deutschen Gesellschaft für Natur* (sic) *und Völkerkunde Ostasien's*, H. 8, Sept. 1875, S. 41-48. Mueller, "Einige Notizen ueber die japanische Musik *(Fortsetzung aus dem achten Heft und Schluss)*," *Mittheilungen der Deutschen Gesellschaft für Natur* (sic) *und Völkerkunde Ostasien's*, H. 9, Maerz 1876, S. 19-35. G. Wagener, "Bemerkungen uber (sic) die Theorie der chinesischen Musik und ihren Zusammenhang mit der Philosophie," *Mittheilungen der Deutschen Gesellschaft für Natur- und Völkerkunde Ostasien's*, H. 12, 1877, S. 42-61. Cordier, *Bibliotheca Sinica*, 1re éd., col. 1814. Cordier, *Bibliotheca Sinica*, 2e éd., col. 1574.

③ 所涉作品为英国人华海关洋员司登得(George Carter Stent, 1833—1884)所作:

有存于不同图书馆之写本词典的描述，多种词典及词汇汇编的列举内容更为丰富。后随一个关于词典的评论作品的清单。其下版块为：一、"会话手册"；二、"语法"；三、"选集与手册"。我无法发现这些版块间第一个和第三个何以区分。怜为仁（Dean）的《潮州话》（first lessons in the Tiechew dialect。编译者按：Tiechew原作作Tie-chiw）、①卫三畏的《拾级大成》（easy lessons in Chinese）、②《汉语入门》（Premiers rudiments de la langue Chinoise）、③罗伯聃（Thom）的《正音撮要》（The Chinese Speaker）、④威妥玛的《寻津录》（Hsin Ching Lu）及

（接上页注）George Carter Stent, "Chinese Lyrics," *Journal of the North-China Branch of the Royal Asiatic Society, for 1871 & 1872*, n. s., no. 7, pp. 93-135. 司登得在该文中自陈，所谈对象为"中国抒情诗"，更恰当地说，"街歌"（p. 95）。《中国书目》第二版对该作条目之归类一仍第一版之旧。《中国目录手册》收有该作条目，位于"A.中国语言及文学"之"V.译作"之"a.有中文文本"版块。见von Möllendorff, *Manual of Chinese Bibliography*, p. 20. Cordier, *Bibliotheca Sinica*, 1ʳᵉ éd., col. 726. Cordier, *Bibliotheca Sinica*, 2ᵉ éd., col. 1573.

① 所涉作品为美国入华传教士怜为仁（William Dean, 1807—1895）所作：W. Dean, *First Lessons in the Tie-chiw Dialect, 潮州话*, Bankok, 1841. 自《中国书目》第一版至第二版，该作经编者转录条目（当自《赴中国人间新教传教士纪念》。后书误录所涉作品原题中Tie-chiw作Tie-chew，《中国书目》第一版沿此误）至亲见之过程，对相应条目之归类一仍第一版之旧。《中国目录手册》收有该作条目，位于"A.中国语言及文学"之"IV.对话、手册等"版块，误录作者名略称，误录原作名中Tie-chiw作Tie-chiu。见*Memorials of Protestant Missionaries to the Chinese: Giving a List of Their Publications, and Obituary Notices of the Deceased*, Shanghae: American Presbyterian Mission Press, 1867, p. 87. von Möllendorff, *Manual of Chinese Bibliography*, p. 12. Cordier, *Bibliotheca Sinica*, 1ʳᵉ éd., col. 774. Cordier, *Bibliotheca Sinica*, 2ᵉ éd., col. 1684-1685.

② 所涉作品：S. Wells Williams, *拾级大成, Easy Lessons in Chinese, or Progressive Exercises to Facilitate the Study of That Language, Especially Adapted to the Canton Dialect*, Macao: Printed at the Office of *The Chinese Repository*, 1842. 自《中国书目》第一版至第二版，该作经编者转录条目至亲见之过程，对相应条目之归类一仍第一版之旧。第一版误录所涉作品中文原题，第二版未录。《中国目录手册》收有该作条目，位于"A.中国语言及文学"之"IV.对话、手册等"版块。见von Möllendorff, *Manual of Chinese Bibliography*, p. 12. Cordier, *Bibliotheca Sinica*, 1ʳᵉ éd., col. 774. Cordier, *Bibliotheca Sinica*, 2ᵉ éd., col. 1685.

③ 所涉作品：*Premiers rudiments de la langue chinoise, à l'usage des élèves de l'École des langues orientales*, Paris: Benjamin Duprat, 1844. 《中国书目》第二版对该作条目之归类一仍第一版之旧。《中国目录手册》收有该作条目，位于"A.中国语言及文学"之"II.语法"版块。见von Möllendorff, *Manual of Chinese Bibliography*, p. 4. Cordier, *Bibliotheca Sinica*, 1ʳᵉ éd., col. 774. Cordier, *Bibliotheca Sinica*, 2ᵉ éd., col. 1685.

④ 所涉作品为英国入华外交官罗伯聃（Robert Thom, 1807—1846）所作：Robert Thom, *正音撮要, The Chinese Speaker, or Extracts From Works Written in the Mandarin Language, as Spoken at Peking, Part I*, Ningpo: Presbyterian Mission Press, 1846. 《中国书目》第二版对该作条目之归类一仍第一版之旧。《中国目录手册》收有该作条目，位于"A.中国语言及文学"之"IV.对话、手册等"版块。见von Möllendorff, *Manual of Chinese Bibliography*, p. 12. Cordier, *Bibliotheca Sinica*, 1ʳᵉ éd., col. 775. Cordier, *Bibliotheca Sinica*, 2ᵉ éd., col. 1686.

《自迩集》（Tzu erh Chi）①等等被置于第三个版块；麦都思的《对话》（dialogues）、②邦尼（Bonney）的《广州会话方言习语》（Phrases in Canton Colloquial dialects。编译者按：原作名在in后有the，dialects原作dialect）、③罗存德（Lobscheid）的《广州方言习语及读物选》（Select phrases and reading lessons in the Canton dialect）④等需在第一个版块被找到。⑤除去该不一致之处——如已见，在《中国书目》中并不罕见——该作的该部分似乎很完整，包含关于稀有书籍的很多有价值的注释，如万

---

① 所涉作品：Thomas Francis Wade, *寻津录, the Hsin Ching Lu, or Book of Experiments, Being the First of a Series of Contributions to the Study of Chinese*, Hongkong: Printed at the Office of the "China Mail", 1859. Thomas Francis Wade, *语言自迩集, Yü-yen Tzŭ-erh Chi, A Progressive Course Designed to Assist the Student of Colloquial Chinese, as Spoken in the Capital and the Metropolitan Department*, London: Trübner & Co., 1867.《中国书目》第二版对该两作条目之归类一仍第一版之旧，两版误录后作出版年份。《中国目录手册》收有该两作条目，位于"A.中国语言及文学"之"IV.对话、手册等"版块。见von Möllendorff, *Manual of Chinese Bibliography*, p. 14. Cordier, *Bibliotheca Sinica*, 1ʳᵉ éd., col. 776-777. Cordier, *Bibliotheca Sinica*, 2ᵉ éd., col. 1688.

② 涉及该作两版，其中第二版：Medhurst, *Chinese Dialogues, Questions, and Familiar Sentences, Literally Rendered Into English, With a View to Promote Commercial Intercourse, and to Assist Beginners in the Language*, revised by his son, Shanghae: Printed at the London Mission Press, 1863.《中国书目》第二版对该作条目之归类一仍第一版之旧。《中国目录手册》收有该作条目，位于"A.中国语言及文学"之"IV.对话、手册等"版块，误录第二版出版年份。见von Möllendorff, *Manual of Chinese Bibliography*, p. 12. Cordier, *Bibliotheca Sinica*, 1ʳᵉ éd., col. 754. Cordier, *Bibliotheca Sinica*, 2ᵉ éd., col. 1642.

③ 所涉作品为美国入华传教士邦尼（Samuel William Bonney, 1815—1864）所作：S. W. Bonney, *Phrases in the Canton Colloquial Dialect, Arranged According to the Number of Chinese Characters in a Phrase, With an English Translation*, Canton, 1853. 自《中国书目》第一版至第二版，该作经编者转录条目（当自《赴中国人间新教传教士纪念》）至亲见之过程，对相应条目之归类一仍第一版之旧。《中国目录手册》似未收该作条目。见*Memorials of Protestant Missionaries to the Chinese*, p. 151. Cordier, *Bibliotheca Sinica*, 1ʳᵉ éd., col. 755. Cordier, *Bibliotheca Sinica*, 2ᵉ éd., col. 1643.

④ 所涉作品为德国入华传教士罗存德（Wilhelm Lobscheid, 1822—1893）所作：W. Lobscheid, *Select Phrases and Reading Lessons in the Canton Dialect*, Hongkong: Printed at Noronha's Office, 1864.《中国书目》第二版对该作条目之归类一仍第一版之旧。《中国目录手册》收有该作条目，位于"A.中国语言及文学"之"IV.对话、手册等"版块。见von Möllendorff, *Manual of Chinese Bibliography*, p. 13. Cordier, *Bibliotheca Sinica*, 1ʳᵉ éd., col. 756. Cordier, *Bibliotheca Sinica*, 2ᵉ éd., col. 1644.

⑤ 按《中国书目》所划分的条目级别，"会话手册"实位于"词典编纂"之下，后者同"语法等"、"选集—手册"位于"第一部分：中国本部"之"XIII.—语言与文学"之下。《中国书目》第二版对相关分类一仍第一版之旧。见Cordier, *Bibliotheca Sinica*, 1ʳᵉ éd., col. 753-781, 873, 1831-1847, 2184-2185, 2238. Cordier, *Bibliotheca Sinica*, 2ᵉ éd., col. 1641-1709, 3157-3159, 3244, 3911-3925, 4434.

济国的《官话语法》(Arte de la Lengva Mandarina, 1703年),①马若瑟(Premare)的《汉语札记》②及其他。

"语文学论作"③"文字""印刷"后随"文学"。最后一类根据不同作品编排,以"才子书"(编译者按:穆文用汉字)开始,接下来的版块是中短篇小说与故事、剧作、诗歌、杂编、周期性作品、谚语、文献史("狭义文献史")、目录。最后一个版块又是一个中国书目——唯一当属此章者——同涉华外国作品目录的不当混合,后者同中国文献无涉,而应构成整本书的引导性章节。④

结束该卷的第十九(编译者按:实为十四)章"风俗与习惯"包括如下版块:杂编、服装、食物、婚姻、葬礼、祖先崇拜与孝、风水、传说、迷信、杀婴、卖淫、节日与典仪、游戏(象棋除外,其根据高第先生的看法是一种科学)、钱币与度量衡、秘密会社、海盗和鸦片——当然不是很合乎逻辑的编排!风水、民间迷信、祖先崇拜同中国人的宗教信仰关联如此紧密,我们会更倾向于将论及之的作品插入关于"宗教"的一章,⑤而我们在高第的"宗教"确实发现亦可被置于以上版块之一的很多论作。"海盗"作为"风俗与习惯"的一部分几乎不是恰当的构想,⑥而且W.W.芒迪

---

① 所涉条目在《中国书目》中位于"第一部分:中国本部"之"XIII.—语言与文学"之"语法等"版块。《中国目录手册》收有该作条目,位于"A.中国语言及文学"之"II.语法"版块。见von Möllendorff, *Manual of Chinese Bibliography*, p. 2. Cordier, *Bibliotheca Sinica*, 2ᵉ éd., col. 1651-1658.

② 所涉条目在《中国书目》中位于"第一部分:中国本部"之"XIII.—语言与文学"之"语法等"版块。《中国目录手册》收有该作条目,位于"A.中国语言及文学"之"II.语法"版块。见von Möllendorff, *Manual of Chinese Bibliography*, p. 4. Cordier, *Bibliotheca Sinica*, 2ᵉ éd., col. 1664-1669.

③ 《中国书目》第一版初编该版块实名"多种作品—论文"。见Cordier, *Bibliotheca Sinica*, 1ʳᵉ éd., col. 781.

④ 对比《中国目录手册》书首"I.构成此编基础之作品的清单"。《中国书目》第二版对该做法一仍第一版之旧。见von Möllendorff, *Manual of Chinese Bibliography*, pp. 1-2. Cordier, *Bibliotheca Sinica*, 1ʳᵉ éd., col. 835-844, 1879-1882, 2190-2192. Cordier, *Bibliotheca Sinica*, 2ᵉ éd., col. 1813-1834, 3164, 3954-3958.

⑤ 《中国书目》第二版对该做法一仍第一版之旧。见Cordier, *Bibliotheca Sinica*, 1ʳᵉ éd., col. 854-856, 1894-1900, 2195-2196. Cordier, *Bibliotheca Sinica*, 2ᵉ éd., col. 1869-1882, 3167-3169, 3974-3982.

⑥ 《中国书目》第二版对该做法一仍第一版之旧。《中国目录手册》设有"g.反叛、海盗、秘密会社"版块,位于"B.中华帝国"之"XIII.中国与中国人"之下。见von Möllendorff, *Manual of Chinese Bibliography*, pp. 222-227. Cordier, *Bibliotheca Sinica*, 1ʳᵉ éd., col. 864-866, 1905.

（W. W. Mundy）的《广州与虎门》（Canton and the Bogue）或B.斯科特（B. Scott）的《著名海盗首领徐亚保之舰队毁灭志》（An account of the destruction of the fleets of the celebrated pirate chieftain Chui-Apoo）这样的作品本应在外国同中国交往史中找到其位置。[①]关于鸦片贸易及英国鸦片政策的作品亦是如此，在关于中国"风俗与习惯"的一章看起来相当荒谬。[②]附带一说，"鸦片"版块以德昆西（de Quincey）的《一个英国鸦片吸食者之供状》（Confessions of an English Opium-Eater）发端，其同中国习俗的关联于我是黑暗之谜。[③]

总之，我只能重复说，高第先生的《书目》显然是迄今已刊最完整的涉华外国作品列举，通过以更系统的方式重排其作中所提供的杰出材料，可生成一部很好的目录，但是以其目前的状态，该作的价值被其笨重及系统性缺陷大大损害了。

穆林德

（接上页注）Cordier, *Bibliotheca Sinica*, 2ᵉ éd., col. 1900-1902, 3171, 3990.

[①] 所涉作品：Walter William Mundy, *Canton and the Bogue, The Narrative of an Eventful Six Months in China*, London: Samuel Tinsley, 1875. Beresford Scott, *An Account of the Destruction of the Fleets of the Celebrated Pirate Chieftains Chui-Apoo and Shap-ng-tsai, on the Coast of China, in September and October, 1849, by Her Majesty's Sloop "Columbine," Commander John C. Dalrymple Hay; Steam Sloop "Fury," Commander J. Willcox; and Hon. E. I. Co.'s Armed Steam Vessel "Phlegethon", G. J. Neblett, Esq., Commander*, London: Printed by Savill and Edwards, (1851.) 后作名起始部分为《著名海盗首领徐亚保及十五仔之舰队毁灭志》，作者系"科伦拜恩"号（"Columbine"）事务长。《中国书目》第二版对该两作（自《中国书目》第一版至第二版，前作经编者转录条目至亲见之过程）条目之归类—仍第一版之旧。《中国目录手册》收有该两作条目，前作条目位于"B.中华帝国"之"XI.地理与旅行"之"b.开放港口"之"广州"版块，后作条目位于"B.中华帝国"之"XIII.中国与中国人"之"g.反叛、海盗、秘密会社"版块。见von Möllendorff, *Manual of Chinese Bibliography*, pp. 106, 223. Cordier, *Bibliotheca Sinica*, 1ʳᵉ éd., col. 865, 866. Cordier, *Bibliotheca Sinica*, 2ᵉ éd., col. 1901, 1902.

[②] 《中国书目》第二版对该做法—仍第一版之旧。《中国目录手册》设有"2.鸦片"版块，位于"B.中华帝国"之"XIV.同外国人之交往"之"c.商贸的"之下。见von Möllendorff, *Manual of Chinese Bibliography*, pp. 291-293. Cordier, *Bibliotheca Sinica*, 1ʳᵉ éd., col. 866-868, 1905-1910, 2197-2198. Cordier, *Bibliotheca Sinica*, 2ᵉ éd., col. 1903-1916, 3172, 3990-3996.

[③] 所涉作品为英国作家托马斯·德昆西（Thomas de Quincey，1785—1859）所作。《中国书目》第二版对该作条目之归类—仍第一版之旧。《中国目录手册》似未收该作条目。见Cordier, *Bibliotheca Sinica*, 1ʳᵉ éd., col. 866. Cordier, *Bibliotheca Sinica*, 2ᵉ éd., col. 1903-1904.

《政治论争与文学论争报》1886年7月11日号发雅姆·达姆施泰特（James Darmesteter）撰《中国书目》第一版初编（1878至1885年刊）评论④

中国是当今的热门话题：一些人想开发它，另有一些人想研究它，后类将在《远东杂志》主编高第先生甫刊的宏大作品中发现不可或缺的向导。

做得好的目录是科学的一半。通过为每个问题给出其所引发的一系列作品，目录使劳作者得以持有已获得的结果或已积聚的材料。它免去劳作者重做已做的，使其得以将其全部精力预留给前行。目录使科学免去倒退及永恒的重启。它使同领域的劳作者建立联系，无论他们之间多么遥远。总之，它创造科学的统一性及延续性：一门科学无做得好的目录，容易陷入混乱，就像佩涅洛佩（Pénélope）的布，总需重做。

一部中国目录，即一部以欧洲语言所作涉华作品的目录，因领域之广阔、主题之多样、语言之多样、文献之分散，其想法即足以骇人。高第先生对该作有令人称羡的准备。他曾在中国的海关署度过十来年（编译者按：高第1869年4月抵达上海，自此至1876年3月在远东美资商行旗昌洋行任职），被任命为上海亚洲学会的图书馆员后，通过编写大汉学学者伟烈亚力所建很富于涉及远东之作品的图书馆的目录⑤而入行。他从中获取了目录嗅觉，开始为一部总体目录汇集记录。返回欧洲后，他走遍大陆及英国的所有大图书馆以补全其收获。最初几分册甫一问世，即被铭文学术院授予奖项。作品完成后，将在所有想以一手方式从事涉华工作的人手中。高第先生所引作品的数量达三万余，多为亲见而描述。

该作由五部分组成。第一部分论及中国本部，包括献给帝国总体，其

---

④ D., "Bibliotheca Sinica," *Journal des débats politiques et littéraires*, 11 juil. 1886. 位于"目录"专栏。原文以法文撰写。作者之确定，据Cordier, *Bibliotheca Sinica*, 2ᵉ éd., col. 1823. 本译文之标题系编译者所拟。雅姆·达姆施泰特（James Darmesteter，1849—1894），时任法兰西学院"波斯语言文学"讲席（chaire de langues et littératures de la Perse）教授。高第后为其撰有讣闻：Henri Cordier, "James Darmesteter," *The Journal of the Royal Asiatic Society of Great Britain and Ireland*, Jan. 1895, pp. 216-222.

⑤ 中文作品构成伟烈亚力先生所做一部专门目录的对象。——原注
指《中国文献解题》。

地理，其自然史、政治史、文学史、宗教史，其科学及其艺术的作品。这是该作最为可观的部分，占据1400（编译者按：实为1408）列中的867（编译者按：实为868）列。对此类作品难以给出概念。为了了解其所包含的一切，应先为一个专门问题查阅它。我们以条目"台湾"（*Formose*）为例，近两年来，该条目自然需要一个补充。

该条目位于地理版块的分省描述之次级分类，占十二个密集列（137—149。编译者按：实为十列，139—149）：我们首先发现台湾相关多种作品的七列，按时间次序排列的完全及特定描述，从为基督宗教信仰之传播而被派赴该岛的神圣福音之使者荷兰人干治士（George Candidius）①写于1628年的《台湾岛状况志》（*Relation de l'état de l'île de Formose*），直到1877年一本英国地理《杂志》（*magazine*）的一个描述，②整个部分缀有关于著名骗子普萨尔马纳扎之幻想性叙述的附录。③后随旅行系列——自塞赫·范雷赫特伦（Seiger van Rechteren。编译者按：Seiger《中国书目》第一版初编原文作Seyger）1628年的旅行开始——④关于台湾语言及方言的一列，⑤最后是针对日本远征史的一个特别系列。⑥在下一版应有针对法国远征史的第五段。

您想了解在华传教团及基督宗教的历史？请至"宗教"（*Religions*。编译者按：《中国书目》第一版初编原文作Religion）一章，您首先遇到总

---

① 干治士（Georgius Candidius，1597—1647），生于德意志的荷兰入华传教士。
② 所涉作品为英国人华工程师毛里逊（Gabriel James Morrison，1840—1905）的《台湾岛描述，附关于其过去历史、现今状况及未来展望的若干评论》：James Morrison, "A Description of the Island of Formosa, With Some Remarks on Its Past History, Its Present Condition, and Its Future Prospects," *The Geographical Magazine*, v. 4, Oct. 1st, 1877, pp. 260-266. James Morrison, "A Description of the Island of Formosa, With Some Remarks on Its Past History, Its Present Condition, and Its Future Prospects *(Continued From Page 266 of Our Last Number)*," *The Geographical Magazine*, v. 4, Nov. 1st, 1877, pp. 293-296. G. James Morrison, "A Description of the Island of Formosa, With Some Remarks on Its Past History, Its Present Condition, and Its Future Prospects *(Continued From Page 296 of Our Last Number)*," *The Geographical Magazine*, v. 4, Dec. 1st, 1877, pp. 319-322. 《中国书目》第一版初编漏录出处12月期信息，补编补足，另增订相关作者名。第二版续收。见Cordier, *Bibliotheca Sinica*, 1re éd., col. 145, 1478. Cordier, *Bibliotheca Sinica*, 2e éd., col. 264.
③ Cordier, *Bibliotheca Sinica*, 1re éd., col. 139-146.
④ Cordier, *Bibliotheca Sinica*, 1re éd., col. 146-148.
⑤ Cordier, *Bibliotheca Sinica*, 1re éd., col. 148-149.
⑥ Cordier, *Bibliotheca Sinica*, 1re éd., col. 149.

体作品，然后是涉及儒教（*Yon-Kiao*。编译者按：《中国书目》第一版初编原文作Jou kiao）或孔夫子之宗教、道教（*Tao-Kiao*。编译者按：《中国书目》第一版初编原文作Tao kiao）或老子（Lao-Tseu）之宗教、佛教（*Fo-Kiao*或bouddhisme。编译者按：*Fo-Kiao*《中国书目》第一版初编原文作Fo kiao）的文献，您将到达"基督宗教"：四列关于通史及起源，①一列关于圣多马（saint Thomas）之伪传教，②四列关于著名的西安府石碑——在华基督宗教的第一个真实文献，曾经且仍然引起如此多的论战；③230列关于天主教传教团，④其中四十列献给传教团通史，⑤四十列献给激动人心两个世纪的礼仪问题——这场对在华基督宗教之进展产生致命影响的耶稣会士同外方传教会的战争——⑥近七十列献给如今仍是科学最丰富源泉之一的传教团科学作品［《有益之书信》（*Lettres édifiantes*）等］的分析，⑦余者论及多个修会各自的历史。后随针对新教传教团及北京俄国正教传教团的五十来列。⑧

在第二部分，高第先生检阅对外开放港口及所谓的中国历史在西方之历史，即根据古代史家、阿拉伯人、自中世纪以降直至今日的旅行者，西方民众对中国之所知。旅行大师马可·波罗的各版本——其真实性刚刚在爱莫尼尔（Aymonier）先生从占婆（编译者按：今属越南）带回的梵文铭文中获得如此新奇的确认——独占十七列。⑨第三部分给出涉及中国外交史及中国同外国关系的文献。第四部分向我们展示在外国的中国人，从最先自印度授我们以印度执意向我们隐藏之该段历史的一部分的佛教徒朝圣者，直至公使曾侯爷（Tsing-Kou-Yeh）——高第先生从前向《论争》

---

① Cordier, *Bibliotheca Sinica*, 1ʳᵉ éd., col. 320-324.
② Cordier, *Bibliotheca Sinica*, 1ʳᵉ éd., col. 324-325.
③ Cordier, *Bibliotheca Sinica*, 1ʳᵉ éd., col. 325-329.
④ 实为约250列。见Cordier, *Bibliotheca Sinica*, 1ʳᵉ éd., col. 329-578.
⑤ Cordier, *Bibliotheca Sinica*, 1ʳᵉ éd., col. 329-372.
⑥ Cordier, *Bibliotheca Sinica*, 1ʳᵉ éd., col. 373-414. 该文该句误录christianisme作christianisms.
⑦ 实为近八十列。见Cordier, *Bibliotheca Sinica*, 1ʳᵉ éd., col. 414-496.
⑧ Cordier, *Bibliotheca Sinica*, 1ʳᵉ éd., col. 578-635.
⑨ Cordier, *Bibliotheca Sinica*, 1ʳᵉ éd., col. 909-927. 爱莫尼尔（Étienne Aymonier，1844—1929），法国驻印度支那殖民官员、探险家、语言学者。

（Débats）的读者介绍其《日记》（journal）（1883年5月22日）。①还是在此处，我们发现涉及中国对外移民史以及苦力贩运的文献。②我们乐于总结对该作的判断：如今不可再以二手方式书写中国；之前可以，因记者不知赴何处找到文献，只得抄录偶遇的任何书籍。该借口已消失。

按高第先生的设想，《中国书目》（Bibliotheca sinica）只是一部远东总目录的第一章。很快，印度支那将以一部《印度支那书目》（Bibliotheca indo-sinica）置身中国之侧。随后将轮到日本。

同时，高第先生汇集并出版远东教会史的未刊文献，作为一部《基督宗教东亚》（Asia christiania orientalis。编译者按：christiania实为christiana）的基础。此外，作为心胸开阔而多重的真正目录学者，高第先生在其《中国书目》刊印期间，找到时间出版一部博马舍目录。③

D.

《通报》第四卷第五期（1893年12月期）发施古德撰《中国书目》第一版补编第一分册（1893年刊）评论④

所有学者——特别是汉学学者——承认高第先生以其关于中国目录的工作所获得的功绩。其《中国书目》（Bibliotheca Sinica）是一部"标准工作"，尽管有在此类作品中不可避免的缺漏——总体上很微小且不太重

---

① 针对曾纪泽（1839—1890），英国入华外交官朱迩典（John Newell Jordan, 1852—1925）自中文译有《中国赴英国及法国公使曾侯爷日记摘录》（"Extracts From the Diary of Tseng 'Hou-yeh, Chinese Minister to England and France"）一文，高第据之撰有《一位驻欧中国外交官之日记》（"Le journal d'un diplomate chinois en Europe"）一文，《中国书目》第一版初编收有该两作条目，位于"第四部分：在外国民众处之中国人"之"II.—旅行与使团"之"多种"版块。见J. N. Jordan, translated by, "Extracts From the Diary of Tseng 'Hou-yeh, Chinese Minister to England and France," *The China Review*, v. 11, no. 3, Nov.-Dec. 1882, pp. 135-146. Henri Cordier, "Le journal d'un diplomate chinois en Europe," *Journal des débats politiques et littéraires*, 22 mai 1883. Cordier, *Bibliotheca Sinica*, 1ʳᵉ éd., col. 1282.

② Cordier, *Bibliotheca Sinica*, 1ʳᵉ éd., col. 1281-1298. 本书此处略去一些内容。

③ 本书此处略去一些内容。

④ G. S., "*Bibliotheca Sinica, supplément, fascicule Iᵉʳ. Bibliographie des ouvrages relatifs à l'île Formose*," *T'oung pao*, v. 4, no. 5, déc. 1893, pp. 452-454. 位于"评论通报"专栏。原文以法文撰写。本译文之标题系编译者所拟。

要①——该宏伟的作品，热烈而细致之研究的成果，被所有想书写任一中国主题，想知道哪些作者已论及同一主题并想了解该主题相关目录的人带着最大的满足查阅。此类查阅使得作者省去很多经常是徒劳无益的研究以及着手从事从前已被谈尽或触及的某个主题的辛苦。

如果查阅《通报》第三卷所发高第先生所编1886至1891年所出涉华作品的长清单②，很容易理解，对结束于1885年7月的同一作者的《中国书目》最初数卷做一个补编变得绝对有必要。该补编的第一分册现在在我们跟前，被以与头两卷同样认真的方式加工。它以287（编译者按：实为288）列包含"总体作品""地理""人种志""气候与气象学""自然史""人口""政府""司法""历史"及"宗教"，补入正编出版之时所忽略或未知的版本或者自1885年以降所出新出版物。在"地理"版块，我们特别注意到英国海军部（Amirauté anglaise）所刊地图及书籍的长清单③以及证明法国人在于各方面发掘其该美丽殖民地一事上并未落后的东京（Tongking）相关新作。④上海附近的徐家汇的耶稣会士神父亦刊有在其观象台所做气象学及磁力观察。⑤

我们热切地等待其后分册出版。因排字工人的错误，我们发现，第1548列，"草"作"阜"；第1609列，"大乎"取代"太平"。⑥

G. S.

---

① 除去从事目录词典之编者，无人可对作者须致力于的该骇人的研究工作有一个概念。尤如此例，作品不只在欧洲，也在中国、日本及印度出版。如果作者或出版者肯向从事目录工作的学者寄送其所有出版物的一个副本，该工作将会大大减轻并更为完整。不幸事实并非如此，这迫使该学者做很艰苦的研究工作。

我们指出该事实，以启发确实有意使其作品在此类目录中找到位置的出版者及作者。——原注

② Henri Cordier, "Half a Decade of Chinese Studies (1886-1891)," *T'oung pao*, v. 3, no. 5, déc. 1892, pp. 532-563.

③ Cordier, *Bibliotheca Sinica*, 1ʳᵉ éd., col. 1443-1456.

④ Cordier, *Bibliotheca Sinica*, 1ʳᵉ éd., col. 1491-1518.

⑤ Cordier, *Bibliotheca Sinica*, 1ʳᵉ éd., col. 1532-1534.

⑥ 《中国书目》第二版试图对该两处予以修正，误录第二处作"大平"。见Cordier, *Bibliotheca Sinica*, 1ʳᵉ éd., col. 1548, 1609. Cordier, *Bibliotheca Sinica*, 2ᵉ éd., col. 488, 692. 该文此下为评述另一作品的内容。

《中国评论》第二十一卷第一期（1894年7—8月期）发欧德理撰《中国书目》第一版补编第一分册评论[①]

高第对所有已知涉及中华帝国之出版物的相关目录性详细资料的宏伟汇编于1880年获儒莲奖，其幸运的持有者将对拓展作品的该补编系列的发行感兴趣。如今在我们跟前的第一分册不仅给出1880（编译者按：误。姑可作1885，实则《中国书目》以分册形式递刊而用时多年，各分册所含主题不同，故不同分类收录作品时限不一）年以来所刊所有汉学作品、评论文章、论作、笔记、地图等的完整清单，兼及大量此前漏于记录的古老涉华作品。该补编中如此汇集的新材料被归入总体作品、地理、气候与气象学、自然史、司法、历史及宗教几个主题。高第先生以其作的精确、完整、分类明晰而傲立于目录学者间，该作是一座勤劳之丰碑。

E. J. E.

《通报》第六卷第三期（1895年7月期）发施古德撰《中国书目》第一版补编第三分册（1895年刊）评论[②]

随该分册，前述《中国书目》之补编结束。该分册被以我们所习于我们博学合作者的认真方式加工，它证明，中国及中国人研究如何在所有时候被西方民众所关注。在此我们只能重复我们在补编第一分册出版之际所做赞词，如果说我们在此记下一些错误及遗漏，则并非旨在小气的批评，而为助使该重要作品尽可能地完整精确。

或因其材源的过错，台湾的一些中文地名（第1971列）转写不确。

[①] E. J. E., "*Bibliotheca Sinica*, Supplement, Fasc I," *The China Review*, v. 21, no. 1, July-Aug. 1894, p. 59. 位于"新书评论与文献情报"专栏。原文以英文撰写。本译文之标题系编译者所拟。欧德理（Ernst Johann Eitel，常见英文署名形式Ernest John，1838—1908），德国入华传教士，后任《中国评论》主编。高第后为其撰有讣闻：H. C., "Ernst Johann Eitel," *T'oung pao*, s. 2, v. 10, no. 1, mars 1909, pp. 92-94.（《高第作品目录》误录该讣闻中Ernst作Ernest，误录起始页码作91。见*Bibliographie des œuvres de Henri Cordier*, p. 84）

[②] G. S., "*Bibliotheca Sinica, supplément, fascicule III*," *T'oung pao*, v. 6, no. 3, juil. 1895, pp. 305-307. 位于"评论通报"专栏。原文以法文撰写。本译文之标题系编译者所拟。

Tam-soui 不写作"淺水 *ts'ien soui*（不太深的水）"，而是"淡水（味淡的水）"。*Ki-loung* 被错误地转写作"雞龍（母鸡—龙）"，而非"雞籠（家禽用筐）"。同样，海南岛的 *Kioung-tcheou* 一名应写作"瓊州"，而非"夐州"，①如在中国地理书《海国闻见录》中所见。

第2036列，我们发现，"泥難國（Ni-*nan*-kouo）"取代"泥離國（Ni-*li*-kouo）"。②

第2139列，《福州地理形图》一题意即"福州地图"，被中国人错误地用于一幅再现孤拔（Courbet）上将所掀福州战役之场景的版画。③

第2161列，高第先生忘记提及范德斯佩克（van der Spek）先生在其间发表关于中国佛教的文章的期刊，只提及卷次（第二部分，1883年）。④

第2038列，作者被普菲茨迈尔博士的小册《关于〈扶桑拾叶集〉》(« Über die Sammlung der aufgelesenen Blätter des *Fusang* »)的标题所误导。该小册同"扶桑国"毫不相干，而是论及一部日本宫廷逸事集，⑤后

---

① 《中国书目》第二版试图对该处予以修正，另生新误。见Cordier, *Bibliotheca Sinica*, 1ʳᵉ éd., col. 1971-1972. Cordier, *Bibliotheca Sinica*, 2ᵉ éd., col. 2209-2210.

② 《中国书目》第二版对该处予以修正。见Cordier, *Bibliotheca Sinica*, 1ʳᵉ éd., col. 2036. Cordier, *Bibliotheca Sinica*, 2ᵉ éd., col. 2643.

③ 在《中国书目》第一版中，相应条目位于补编"最终增补"之"第一部分：中国本部"之"II.—地理"之"B.现代地理"之"分省描述"之"14°云南"之"5（重出）法国、安南与中国"版块。在《中国书目》第二版中，该条目随所属"法国、安南与中国"版块被移至"第三部分：外国人同中国人之关系"之"VII.法国"之下。见Cordier, *Bibliotheca Sinica*, 1ʳᵉ éd., col. 2139. Cordier, *Bibliotheca Sinica*, 2ᵉ éd., col. 2500. 孤拔（Amédée Courbet, 1827—1885），法国海军上将，参与中法战争（1883—1885）。

④ 该文发表于《印度入门》（*Indische Gids*），1883年，第二卷（编译者按：当作"第二部分"，实为第五卷第二部分），第262—271（编译者按：实为263—273，《中国书目》对此标注正确。施文所据当为相应出处刊物该期目录）页与第414—435页。——原注
《中国书目》第二版补标出处刊物名。见J. van der Spek, "Over het Boeddhisme in China," *De Indische gids*, jg. 5, d. 2, aug. 1883, z. 263-273. J. van der Spek, "Over het Boeddhisme in China (vervolg.)," *De Indische gids*, jg. 5, d. 2, sept. 1883, z. 414-435. Cordier, *Bibliotheca Sinica*, 1ʳᵉ éd., col. 2161. Cordier, *Bibliotheca Sinica*, 2ᵉ éd., col. 754.

⑤ Fr. von Wenckstern, Bibliography of the Japanese empire, p. 90. 该小册见于莱顿大学（Université de Leyde）图书馆。——原注
该注所涉作品为德国入日日本学学者弗里德里希·冯文克施特恩（Friedrich von Wenckstern, 1859—1914）的《日本帝国目录》：Fr. von Wenckstern, *A Bibliography of the Japanese Empire, Being a Classified List of All Books, Essays and Maps in European Languages Relating to Dai Nihong [Great Japan] Published in Europe, America and in the East From 1859-1893 A. D. [VIᵗʰ Year of Ansei — XXVIᵗʰ of Meiji]*, Leiden: E. J. Brill, 1895.

者之标题被普菲茨迈尔所直译。人们知道，日本人为其国家采用了诗意名称"扶桑"。该条目应自此处删除，记入该作者所准备的《日本书目》（*Bibliotheca japonica*）。①

G. S.

《伦敦与中国快报》1904年4月1日号补编发《中国书目》第二版初编第一卷第一分册（1904年1月刊）评论②

高第教授的《中国书目》在再版过程中（巴黎，E.吉尔莫托）。对我们来说，对此几乎无须多言——数月前我们已注意到该事实。较之四分之一世纪前所刊初版，该第二版被重审、订正并大幅增补。该作将包括五个分类："中国"③"在中国之外国人""外国人同中国人之关系""在外国之中国人"④和"中国之朝贡国"（今存很少）。现有部分为第一卷第一分册。我们须承认，我们对该作建造过程中所展示的巨大辛劳充满敬佩。该作展现大量勤勉及坚实劳作，包含配得上所有赞许的持续而聪明的艰苦工作。它以初版于1880年获儒莲奖，我们实不知有比其纸页间所示更有耐心、更精心的汇编。

---

① 在《中国书目》第一版中，相应条目位于"第四部分：在外国民众处之中国人"之"II.—旅行与使团"之"佛教徒朝圣者"之"慧深（扶桑问题）"版块。《中国书目》第二版似删该作条目。《日本书目》似未收。见Cordier, *Bibliotheca Sinica*, 1re éd., col. 2038. 本书此处略去一些内容。

② *Supplement to* The London and China Express, Apr. 1, 1904, p. 2. 位于"文献笔记"专栏。原文以英文撰写。本译文之标题系编译者所拟。

③ 《中国书目》第二版初编该部分实名"中国本部"。

④ 《中国书目》第二版初编该部分实名"在外国民众处之中国人"。该分册正文前之"作品分类"处已见。

参考文献

说明：本部分对书、文信息混排，对原作未标作者而编译者未考出者以作品名排序，作品名起首冠词计入排序。数字排在字母前。对在作者名中编译者所增内容括标。

外文作品

"52ᵉ Congrès des sociétés savantes de Paris et des départements à la Sorbonne," *Journal officiel de la République française*, an. 46, no. 102, 13, 14, 15 avr. 1914, pp. 3461-3467.

"52ᵉ Congrès des sociétés savantes de Paris et des départements à la Sorbonne," *Journal officiel de la République française*, an. 46, no. 103, 16 avr. 1914, pp. 3496-3508.

"52ᵉ Congrès des sociétés savantes de Paris et des départements à la Sorbonne," *Journal officiel de la République française*, an. 46, no. 104, 17 avr. 1914, pp. 3550-3554.

"52ᵉ Congrès des sociétés savantes de Paris et des départements à la Sorbonne," *Journal officiel de la République française*, an. 46, no. 105, 18 avr. 1914, pp. 3597-3598.

"52ᵉ Congrès des sociétés savantes de Paris et des départements à la Sorbonne," *Journal officiel de la République française*, an. 46, no. 106, 19 avr. 1914, pp. 3656-3661.

À la mémoire de Prosper Giquel, 1835-1886, (Paris:) Ernest Leroux, (1886.)

"Actes de la Société," *Journal de la Société des américanistes de Paris*, n. s., t. 12, 1920, pp. 181-227.

"Actes de la Société de géographie," *La Géographie*, t. 20, no. 6, 15 déc.

1909, pp. 393-414.

"Actes de la Société de géographie," *La Géographie*, t. 42, no. 2, juil.-août 1924, pp. 234-260.

"Actes de la Société de géographie," *La Géographie*, t. 42, no. 3, sept.-oct. 1924, pp. 387-399.

"Actes de la Société de géographie," *La Géographie*, t. 43, no. 1, janv. 1925, pp. 83-99.

Allibone, S(amuel). Austin, *A Critical Dictionary of English Literature and British and American Authors, Living and Deceased, From the Earliest Accounts to the Latter Half of the Nineteenth Century*, 3 v., Philadelphia: J. B. Lippincott & Co., 1870-1871.

Andreae, V(ictor). & Geiger, John, 汉字文法书广总目, *Bibliotheca sinologica, Uebersichtliche Zusammenstellungen als Wegweiser durch das Gebiet der sinologischen Literatur*, Frankfurt a. M.: K. Theodor Völcker, 1864.

Angier, A. Gorton, *The Far East Revisited: Essays on Political, Commercial, Social, and General Conditions in Malaya, China, Korea and Japan*, London: Witherby & Co., 1908.

Angier, A. G(orton)., "The Late M. Henri Cordier — A Noted Academician and Sinologue," *The China Express and Telegraph*, Apr. 16, 1925, pp. 252-253.

Annales de l'Association de la propagation de la Foi, t. 1, Paris, Lyon: Rusand, 1827.

Annales de la Congrégation de la Mission, t. 5, Paris: Imprimerie d'Adrien Le Clere et Cie, 1839.

Annales de la propagation de la Foi, t. 8, Lyon: Rusand, Paris: Poussielgue-Rusand, 1835.

Artificia hominum miranda naturæ, in Sinâ & Europâ, ubi eximia, quæ à mortalium profecta sunt industriâ, sive architectura spectetur, sive politia, & singularia, quæ Sol uterq; in visceribus terræ, aquarum varietate, radicum virtute, florum amœnitate, montium portentis unquam produxit compendiosè proponuntur, conferuntur, Francofurtum ad Mœnum: Wilhelmus Serlinus &

Georgius Fickwirth, 1655.

"Atti della R. deputazione veneto-tridentina di storia patria," *Archivio veneto-tridentino*, v. 9, 1926, pp. 318-367.

Aurousseau, L(éonard)., "Henri Cordier," *Bulletin de l'École française d'Extrême-Orient*, t. 25, no. 1-2, 1925, pp. 279-286.

Backer, Augustin de, avec la collaboration d'Alois de Backer et de Charles Sommervogel, *Bibliothèque des écrivains de la Compagnie de Jésus, ou Notices bibliographiques 1º de tous les ouvrages publiés par les membres de la Compagnie de Jésus depuis la fondation de l'Ordre jusqu'à nos jours 1873; 2º des apologies, des controverses religieuses, des critiques littéraires et scientifiques suscitées à leur sujet, nouvelle édition refondue et considérablement augmentée*, 3 t., Liége, Louvain: chez l'auteur A. de Backer, Paris, Lyon: chez l'auteur C. Sommervogel, 1869-1876.

Backer, Augustin & Alois de, *Bibliothèque des écrivains de la Compagnie de Jésus, ou Notices bibliographiques 1º de tous les ouvrages publiés par les membres de la Compagnie de Jésus depuis la fondation de l'Ordre jusqu'à nos jours; 2º des apologies, des controverses religieuses, des critiques littéraires et scientifiques suscitées à leur sujet*, 7 s., Liége: L. Grandmont-Donders, 1853-1861.

Backer, Louis de, *L'Extrême-Orient au Moyen-Âge, d'après les manuscrits d'un Flamand de Belgique, moine de Saint-Bertin à Saint-Omer et d'un prince d'Arménie, moine de Prémontré à Poitiers*, Paris: Ernest Leroux, 1877.

Barbier, Ant(oine).-Alex(andre)., *Dictionnaire des ouvrages anonymes, troisième édition*, revue et augmentée par Olivier Barbier, René et Paul Billard, 4 t., Paris: Paul Daffis, 1872-1879.

Barbier, Antoine-Alexandre, *Dictionnaire des ouvrages anonymes et pseudonymes, composés, traduits ou publiés en français et en latin, avec les noms des auteurs, traducteurs et éditeurs; accompagné de notes historiques et critiques*, 4 t., Paris: Imprimerie bibliographique, 1806-1809.

Barbier, (Antoine-Alexandre,) *Dictionnaire des ouvrages anonymes et pseudonymes, composés, traduits ou publiés en français et en latin, avec les noms des auteurs, traducteurs et éditeurs; accompagné de notes historiques et critiques, seconde édition, revue, corrigée et considérablement augmentée*, 4 t., Paris: Barrois l'aîné, 1822-1827.

Barnett, L(ionel). D(avid)., "*Mirabilia Descripta, Les Merveilles de l'Asie,*" *The Journal of the Royal Asiatic Society of Great Britain and Ireland*, no. 4, Oct. 1926, pp. 761-763.

Berthelot, (Marcellin,) & al., sous la direction de, *La Grande Encyclopédie, Inventaire raisonné des sciences, des lettres et des arts*, 31 t., Paris: Lamirault et Cie, Société anonyme de *La Grande Encyclopédie*, (1886-1902.)

"Bibliographie des Œuvres de Henri Cordier," *The Journal of the Royal Asiatic Society of Great Britain and Ireland*, no. 3, July 1925, p. 565.

"*Bibliotheca Sinica, Tome Premier, Seconde* (sic) *Fascicule,*" *The Athenaeum*, no. 2734, Mar. 20, 1880, pp. 374-375.

Biographie universelle ancienne et moderne, ou Histoire, par ordre alphabétique, de la vie publique et privée de tous les hommes qui se sont fait remarquer par leurs écrits, leurs actions, leurs talents, leurs vertus ou leurs crimes, 85 t., Paris: Michaud frères, L.-G. Michaud, Bureau de la *Biographie universelle*, Beck, 1811-1862.

Biographie universelle (Michaud) ancienne et moderne, ou Histoire, par ordre alphabétique, de la vie publique et privée de tous les hommes qui se sont fait remarquer par leurs écrits, leurs actions, leurs talents, leurs vertus ou leurs crimes, nouvelle édition, revue, corrigée, et considérablement augmentée d'articles omis ou nouveaux, 45 t., Paris: A. Thoisnier Desplaces, Michaud, Madame C. Desplaces, Leipzig: F. A. Brockhaus, 1843-(1865).

Boele van Hensbroek, P(ieter). A(ndreas). M(artin)., *De beoefening der oostersche talen in Nederland en zijne overzeesche bezittingen 1800-1874, bibliographisch overzicht*, Leiden: E. J. Brill, 1875.

Bonney, S(amuel). W(illiam)., *Phrases in the Canton Colloquial Dialect, Arranged According to the Number of Chinese Characters in a Phrase, With an*

English Translation, Canton, 1853.

Boucher de la Richarderie, G(illes)., *Bibliothèque universelle des voyages, ou Notice complète et raisonnée de tous les voyages anciens et modernes dans les différentes parties du monde, publiés tant en langue française qu'en langues étrangères, classés par ordre de pays dans leur série chronologique; avec des extraits plus ou moins rapides des voyages les plus estimés de chaque pays, et des jugemens motivés sur les relations anciennes qui ont le plus de célébrité*, 6 t., Paris, Strasbourg: Treuttel et Würtz, 1808.

(Boudet, Paul,) "Henri Cordier et la bibliographie de l'Indochine," *Revue indochinoise*, n. s., t. 43, no. 3-4, mars-avr. 1925, pp. 349-351.

Bowra, C(ecil). A(rthur). V(erner)., "Hosea Ballou Morse," *The Journal of the Royal Asiatic Society of Great Britain and Ireland*, no. 2, Apr. 1934, pp. 425-430.

Browning, Robert, *The Ring and the Book*, 4 v., London: Smith, Elder and Co., 1868-1869.

Brunet, Jacques-Charles, *Manuel du libraire et de l'amateur de livres, cinquième édition originale entièrement refondue et augmentée d'un tiers par l'auteur*, 6 t., Paris: Firmin Didot frères, fils et Cie, 1860-1865.

Brunet, Jacques-Charles, *Manuel du libraire et de l'amateur de livres, quatrième édition originale, entièrement revue par l'auteur, qui y a refondu les nouvelles recherches, déjà publiées par lui en 1834, et un grand nombre d'autres recherches qu'il a faites depuis*, 5 t., Paris: Silvestre, 1842-1844.

Brunet, Jacq(ues).-Charles, *Manuel du libraire et de l'amateur de livres, troisième édition, augmentée de plus de deux mille articles, et d'un grand nombre de notes*, 4 t., Paris: chez l'auteur, 1820.

Brunet, J(acques).-C(harles)., fils, *Manuel du libraire et de l'amateur de livres*, 3 t., Paris: Brunet, Leblanc, 1810.

Brunet, Jacq(ues).-Ch(arles)., fils, *Manuel du libraire et de l'amateur de livres, seconde édition, augmentée de plus de quatre mille articles, et d'un grand nombre de notes*, 4 t., Paris: Brunet, 1814.

Buch- und Antiquariats-Handlung von Karl Theodor Völcker, herausgegeben von, 原本汉书宝汇, *Bibliotheca Sinica, Katalog einer Sammlung werthvoller und seltener chinesischer Originalwerke*, Frankfurt a. M.: K. Theodor Völcker, 1864.

Cagnat, René, "Notice sur la vie et les travaux de M. Henri Cordier," *Académie des inscriptions et belles-lettres, Comptes rendus des séances de l'année 1929*, oct.-déc., pp. 292-306.

Capitan, (Louis,) "Le XVIIe Congrès international des américanistes (Congrès du Centenaire) tenu à Mexico, du 7 au 14 septembre 1910," *Journal de la Société des américanistes de Paris*, n. s., t. 8, fasc. 1-2, 1911, pp. 61-73.

Carayon, Auguste, *Bibliographie historique de la Compagnie de Jésus, ou Catalogue des ouvrages relatifs à l'histoire des jésuites depuis leur origine jusqu'à nos jours*, Paris: Auguste Durand, 1864.

Catalogue de la bibliothèque orientale de feu M. Jules Thonnelier, Paris: Ernest Leroux, 1880.

Catalogue de livres sur l'anthropologie, l'ethnographie, les voyages, les beaux-arts, les langues et littératures chinoise, mandchoue, mongole, etc. provenant de la bibliothèque de MM. Rochet frères après décès de Louis Rochet, Paris: Ernest Leroux, 1878.

Catalogue des livres, imprimés et manuscrits, composant la bibliothèque de feu M. J.-P. Abel-Rémusat, Paris: J.-S. Merlin, 1833.

Catalogue des livres, imprimés et manuscrits, composant la bibliothèque de feu M. Louis-Mathieu Langlès, Paris: J.-S. Merlin, 1825.

Catalogue des livres chinois composant la bibliothèque de feu M. G. Pauthier, Paris: Ernest Leroux, 1873.

Catalogue des livres chinois provenant de la bibliothèque de feu M. J.-M. Callery, Paris: Ernest Leroux, 1876.

Catalogue des livres imprimés, des manuscrits et des ouvrages chinois, tartares, japonais, etc., composant la bibliothèque de feu M. Klaproth, Paris: R. Merlin, 1839.

Catalogue des livres imprimés et manuscrits des ouvrages chinois, tartares, japonais, etc. et des chartes du XIIe au XVe siècle composant la bibliothèque de feu M. Ern. Clerc de Landresse, Paris: J.-F. Delion, 1862.

Catalogue général des manuscrits des bibliothèques publiques des départements, 4 t., Paris: Imprimerie nationale, 1849-1872.

"Catalogue of Books on China (Other Than Philological) Published on China and Japan in the English Language," Dennys, N(icholas). B(elfield)., compiled and edited by, *The Treaty Ports of China and Japan: A Complete Guide to the Open Ports of Those Countries, Together With Peking, Yedo, Hongkong and Macao, Forming a Guide Book & Vade Mecum for Travellers, Merchants, and Residents in General*, London: Trübner and Co., Hongkong: A. Shortrede and Co., 1867, Appendix C, pp. 1-26.

"*Catalogue of the Library of the North China Branch of the Royal Asiatic Society (Including the Library of Alexander Wylie, Esq.)*," The China Review, v. 1, no. 4, Jan.-Feb. 1873, p. 270.

Centeno, Amaro, traduzido y recopilado por, *Historia de cosas del Oriente, primera y segunda parte*, Córdoua: Diego Galuán, 1595.

Chang, Ting, "Crowdsourcing *avant la lettre*: Henri Cordier and French Sinology, ca. 1875-1925," *L'esprit créateur*, v. 56, no. 3, fall 2016, pp. 47-60.

Charmes, Xavier, *Le Comité des travaux historiques et scientifiques (histoire et documents)*, 3 t., Paris: Imprimerie nationale, 1886.

"Chevaliers," Maupetit, M.-Ch., sous la direction de, *Annuaire de la Légion d'honneur pour l'année 1889*, an. 3, 1889, pp. 137-142.

"Chronique," *Bulletin de l'École française d'Extrême-Orient*, t. 11, no. 1-2, janv.-juin 1911, pp. 239-253.

(Churchill, Awnsham & John, edited by,) *A Collection of Voyages and Travels, Some Now First Printed From Original Manuscripts, Others Now First Published in English*, 6 v., London: Printed by Assignment from Mess[rs.] Churchill, for John Walthoe & al., 1732.

"Constitution de la Société de l'histoire des colonies françaises," *Société de* l'histoire des colonies françaises, Annuaire 1914, p. 7.

Cooper-Richet, Diana, "La librairie étrangère à Paris au XIXe siècle, un milieu perméable aux innovations et aux transferts," Actes de la recherche en sciences sociales, no. 126-127, mars 1999, pp. 60-69.

Cordier, Henri, A Catalogue of the Library of the North China Branch of the Royal Asiatic Society (Including the Library of Alex. Wylie, Esq.) Systematically Classed, Shanghai: Printed at the "Ching-foong" General Printing Office, 1872.

Cordier, Henri, "A Narrative of Recent Events in Tong-king," Journal of the North-China Branch of the Royal Asiatic Society, n. s., no. 9, pp. 115-172.

Cordier, Henri, A Narrative of the Recent Events in Tong-king, Shanghai: American Presbyterian Mission Press, 1875.

C(ordier)., H(enri)., "Aloys Pfister," T'oung pao, v. 2, no. 5, janv. 1892, pp. 460-464.

Cordier, Henri, "Annales de l'Hôtel de Nesle (Collège des Quatre-Nations — Institut de France)," Mémoires de l'Institut national de France, Académie des inscriptions et belles-lettres, t. 41, 1920, pp. 19-158.

Cordier, Henri, "Armand David," T'oung pao, s. 2, v. 2, no. 1, mars 1901, pp. 94-96.

C(ordier)., H(enri)., "Arthur Evans Moule 慕阿德 (sic)," T'oung pao, s. 2, v. 18, no. 3, juil. 1917, pp. 238-239.

Cordier, Henri, Bibliographie des œuvres de Beaumarchais, Paris: A. Quantin, 1883.

Cordier, Henri, Bibliographie des œuvres de Gaston Maspero, Paris: Paul Geuthner, 1922.

(Cordier, Henri,) Bibliographie des œuvres de Henri Cordier, membre de l'Institut, publiée à l'occasion du 75e anniversaire de sa naissance, Paris: Paul Geuthner, 1924.

Cordier, Henri, Bibliographie des ouvrages relatifs à l'île Formose, Chartres: Imprimerie Durand, 1893.

Cordier, Henri, "Bibliographie des principaux ouvrages, articles de revues, mémoires de sociétés savantes, etc., parus pendant l'année 1889," *T'oung pao*, v. 1, no. 1, avr. 1890, pp. 87-94.

Cordier, Henri, *Bibliographie stendhalienne*, Paris: Honoré Champion, 1914.

Cordier, Henri, *Bibliotheca Indo-Sinica, Essai d'une bibliographie des ouvrages relatifs à la Presqu'île indo-chinoise, première partie: Birmanie et Assam*, Leide: E. J. Brill, 1908.

Cordier, Henri, "Bibliotheca Indo-Sinica, Essai d'une bibliographie des ouvrages relatifs à la Presqu'île indo-chinoise — première partie: Birmanie et Assam," *T'oung pao*, s. 2, v. 4, no. 5, déc. 1903, pp. 385-406.

Cordier, Henri, "Bibliotheca Indo-Sinica, Essai d'une bibliographie des ouvrages relatifs à la Presqu'île indo-chinoise — première partie: Birmanie et Assam *(fin)*," *T'oung pao*, s. 2, v. 9, no. 2, mai 1908, pp. 137-175.

Cordier, Henri, "Bibliotheca Indo-Sinica, Essai d'une bibliographie des ouvrages relatifs à la Presqu'île indo-chinoise — première partie: Birmanie et Assam *(suite)*," *T'oung pao*, s. 2, v. 5, no. 2, mai 1904, pp. 121-156.

Cordier, Henri, "Bibliotheca Indo-Sinica, Essai d'une bibliographie des ouvrages relatifs à la Presqu'île indo-chinoise — première partie: Birmanie et Assam *(suite)*," *T'oung pao*, s. 2, v. 5, no. 3, juil. 1904, pp. 239-268.

Cordier, Henri, "Bibliotheca Indo-Sinica, Essai d'une bibliographie des ouvrages relatifs à la Presqu'île indo-chinoise — première partie: Birmanie et Assam *(suite)*," *T'oung pao*, s. 2, v. 6, no. 1, mars 1905, pp. 61-105.

Cordier, Henri, "Bibliotheca Indo-Sinica, Essai d'une bibliographie des ouvrages relatifs à la Presqu'île indo-chinoise — première partie: Birmanie et Assam *(suite)*," *T'oung pao*, s. 2, v. 7, no. 1, mars 1906, pp. 1-50.

Cordier, Henri, "Bibliotheca Indo-Sinica, Essai d'une bibliographie des ouvrages relatifs à la Presqu'île indo-chinoise — première partie: Birmanie et Assam *(suite)*," *T'oung pao*, s. 2, v. 7, no. 2, mai 1906, pp. 163-209.

Cordier, Henri, *Bibliotheca Indosinica, Dictionnaire bibliographique des ouvrages relatifs à la Péninsule indochinoise*, 4 v., Paris: Imprimerie nationale,

Ernest Leroux, 1912-1915.

Cordier, Henri, *Bibliotheca Japonica, Dictionnaire bibliographique des ouvrages relatifs à l'Empire japonais, rangés par ordre chronologique jusqu'à 1870, suivi d'un appendice renfermant la liste alphabétique des principaux ouvrages parus de 1870 à 1912*, Paris: Imprimerie nationale, Ernest Leroux, 1912.

Cordier, Henri, *Bibliotheca Sinica, Dictionnaire bibliographique des ouvrages relatifs à l'Empire chinois*, 3 t., Paris: Ernest Leroux, 1878-1895.

Cordier, Henri, *Bibliotheca Sinica, Dictionnaire bibliographique des ouvrages relatifs à l'Empire chinois, deuxième édition, revue, corrigée et considérablement augmentée*, 5 v., Paris: E. Guilmoto, 1904-1908, Paul Geuthner, 1922-1924.

Cordier, Henri, "Buenos-Aires en 1910," *Le Correspondant*, n. s., t. 205, livr. 4, 25 nov. 1910, pp. 716-744.

C(ordier)., H(enri)., "Carlo Puini," *T'oung pao*, s. 2, v. 23, no. 2-3, mai-juil. 1924, p. 162.

C(ordier)., H(enri)., "Charles Rudy," *T'oung pao*, v. 4, no. 3, juil. 1893, p. 311.

Cordier, Henri, "Charles Schéfer," *La Chronique des arts et de la curiosité, supplément à la* Gazette des beaux-arts, no. 11, 12 mars 1898, pp. 91-93.

C(ordier)., H(enri)., "Charles Varat," *T'oung pao*, v. 4, no. 3, juil. 1893, p. 311.

Cordier, Henri, "Chine," *Revue historique*, an. 7, t. 18, janv.-avr. 1882, pp. 143-170.

Cordier, Henri, "Colonel Sir Henry Yule," *T'oung pao*, v. 1, no. 1, avr. 1890, pp. 66-68.

Cordier, Henri, "Comment je suis devenu stendhalien," *Revue critique des idées et des livres*, t. 20, no. 118, 10 mars 1913, pp. 536-549.

Cordier, Henri, *Conférence sur les relations de la Chine avec l'Europe*, Rouen: Imprimerie E. Cagniard, 1901.

Cordier, Henri, "Congrès des orientalistes de Hanoï," *T'oung pao*, s. 2, v. 4, no. 1, mars 1903, pp. 53-69.

(Cordier, Henri,) "Congrès international des orientalistes de Hanoï," *T'oung pao*, s. 2, v. 3, no. 5, déc. 1902, p. 323.

Cordier, Henri, *Cours complémentaire de géographie, d'histoire et de législation des États de l'Extrême-Orient: discours d'ouverture prononcé le mercredi 30 novembre 1881*, Paris: Ernest Leroux, 1881.

Cordier, Henri, "Deux voyageurs dans l'Extrême-Orient au XVe et au XVIe siècles: essai bibliographique Nicolò de' Conti — Lodovico de Varthema," *T'oung pao*, v. 10, no. 4, oct. 1899, pp. 380-404.

Cordier, (Henri,) "Édouard Chavannes," *Journal asiatique*, s. 11, t. 11, mars-avr. 1918, pp. 197-248.

Cordier, Henri, "Édouard Chavannes," *Journal des savants*, n. s., an. 16, mars-avr. 1918, pp. 101-104.

C(ordier)., H(enri)., "Édouard Chavannes," *T'oung pao*, s. 2, v. 18, no. 1-2, mars-mai 1917, pp. 114-147.

Cordier, Henri, "Émile Picot," *Bulletin du bibliophile et du bibliothécaire*, no. 11-12, 15 nov.-15 déc. 1918, pp. 441-466.

C(ordier)., H(enri)., "Ernest Godeaux," *T'oung pao*, s. 2, v. 7, no. 4, oct. 1906, p. 526.

C(ordier)., H(enri)., "Ernst Johann Eitel," *T'oung pao*, s. 2, v. 10, no. 1, mars 1909, pp. 92-94.

Cordier, Henri, *Essai bibliographique sur les œuvres d'Alain-René Lesage*, Paris: Henri Leclerc, 1910.

Cordier, Henri, "F. de Stoppelaar," *T'oung pao*, s. 2, v. 7, no. 2, mai 1906, p. 310.

C(ordier)., H(enri)., "Francis Blackwell Forbes," *T'oung pao*, s. 2, v. 9, no. 3, juil. 1908, pp. 476-477.

C(ordier)., H(enri)., "G. M. H. Playfair," *T'oung pao*, s. 2, v. 17, no. 4-5, oct.-déc. 1916, p. 556.

Cordier, Henri, *Half a Decade of Chinese Studies (1886-1891)*, Leyden: E. J. Brill, 1892.

Cordier, Henri, "Half a Decade of Chinese Studies (1886-1891)," *T'oung pao*, v. 3, no. 5, déc. 1892, pp. 532-563.

C(ordier)., H(enri)., "Henri Chevalier," *T'oung pao*, s. 2, v. 23, no. 4, oct. 1924, p. 286.

Cordier, Henri, "Henry Harrisse," *Bulletin du bibliophile et du bibliothécaire*, no. 11, 15 nov. 1910, pp. 489-505.

Cordier, Henri, "Henry Harrisse *(fin)*," *Bulletin du bibliophile et du bibliothécaire*, no. 12, 15 déc. 1910, pp. 569-582.

Cordier, Henri, *Histoire des relations de la Chine avec les puissances occidentales, 1860-1902*, 3 t., Paris: Félix Alcan, 1901-1902.

Cordier, Henri, *Histoire générale de la Chine et de ses relations avec les pays étrangers depuis les temps les plus anciens jusqu'à la chute de la dynastie mandchoue*, 4 t., Paris: Paul Geuthner, 1920-1921.

Cordier, Henri, "James Darmesteter," *The Journal of the Royal Asiatic Society of Great Britain and Ireland*, Jan. 1895, pp. 216-222.

Cordier, Henri, "Jean de Mandeville," *T'oung pao*, v. 2, no. 4, nov. 1891, pp. 288-323.

C(ordier)., H(enri)., "John Macgowan 麦嘉温 *Mai Kia wen*," *T'oung pao*, s. 2, v. 21, no. 4, oct. 1922, p. 365.

C(ordier)., H(enri)., "Joseph Beauvais," *T'oung pao*, s. 2, v. 23, no. 2-3, mai-juil. 1924, p. 162.

C(ordier)., H(enri)., "Karl Himly," *T'oung pao*, s. 2, v. 5, no. 5, déc. 1904, pp. 624-625.

Cordier, Henri, "L'archimandrite Palladius," *Revue critique d'histoire et de littérature*, n. s., t. 7, no. 4, 25 janv. 1879, pp. 83-84.

Cordier, Henri, "L'arrivée des Portugais en Chine," *T'oung pao*, s. 2, v. 12, no. 4, oct. 1911, pp. 483-543.

Cordier, Henri, "L'Association britannique pour l'avancement des sciences dans l'Afrique australe," *La Géographie*, t. 12, no. 6, 15 déc. 1905, pp. 385-423.

Cordier, Henri, *L'expédition de Chine de 1857-58: histoire diplomatique — notes et documents*, Paris: Félix Alcan, 1905.

Cordier, Henri, *L'expédition de Chine de 1860: histoire diplomatique — notes et documents*, Paris: Félix Alcan, 1906.

Cordier, Henri, "L'Extrême-Orient au Moyen-Âge," *Revue critique d'histoire et de littérature*, n. s., t. 3, no. 20, 19 mai 1877, pp. 313-317.

Cordier, Henri, "L'Extrême-Orient dans l'atlas catalan de Charles V, roi de France," *Ministère de l'instruction publique et des beaux-arts, Comité des travaux historiques et scientifiques, Bulletin de géographie historique et descriptive*, no. 1, 1895, pp. 19-64.

Cordier, Henri, *La Chine en France au XVIIIe siècle*, Paris: Henri Laurens, 1910.

Cordier, Henri, "La collection Charles Schefer," *Gazette des beaux-arts*, pde. 3, t. 20, livr. 495, 1er sept. 1898, pp. 245-258.

Cordier, Henri, *La France en Chine au dix-huitième siècle: documents inédits publiés sur les manuscrits conservés au Dépôt des affaires étrangères avec une introduction et des notes, tome premier*, Paris: Ernest Leroux, 1883.

Cordier, Henri, *La politique coloniale de la France au début du Second Empire (Indo-Chine, 1852-1858)*, Leide: E. J. Brill, 1911.

C(ordier)., H(enri)., "La politique religeuse de l'Occident en Chine," *Revue de l'Extrême-Orient*, t. 2, no. 4, oct.-déc. 1884, p. 585.

(Cordier, Henri,) "La presse en Chine," *Journal des débats politiques et littéraires*, 15 sept. 1879.

Cordier, Henri, *La révolution en Chine: les origines*, Leide: E. J. Brill, 1900.

Cordier, Henri, "Le Colonel Sir Henry Yule," *Journal asiatique*, s. 8, t. 15, févr.-mars 1890, pp. 243-264.

Cordier, Henri, *Le conflit entre la France et la Chine: étude d'histoire coloniale et de droit international*, Paris: Léopold Cerf, 1883.

Cordier, Henri, "Le début des Anglais dans l'Extrême-Orient," *T'oung pao*, s.

2, v. 18, no. 3, juil. 1917, pp. 175-234.

Cordier, Henri, "Le docteur Emile Vasilievitch Bretschneider," *T'oung pao*, s. 2, v. 2, no. 3, juil. 1901, pp. 192-197.

Cordier, Henri, "Le Dr. Gustave Schlegel," *T'oung pao*, s. 2, v. 4, no. 5, déc. 1903, pp. 407-415.

Cordier, Henri, "Le journal d'un diplomate chinois en Europe," *Journal des débats politiques et littéraires*, 22 mai 1883.

Cordier, Henri, *Le périple d'Afrique: du Cap au Zambèse et à l'océan Indien*, Paris: E. Guilmoto, (1906.)

Cordier, Henri, *Le premier traité de la France avec le Japon (Yedo, 9 octobre 1858)*, Leide: E. J. Brill, 1912.

Cordier, Henri, "Léon Garnier," *T'oung pao*, s. 2, v. 2, no. 4, oct. 1901, pp. 278-279.

Cordier, Henri, *Les études chinoises (1891-1894)*, Leide: E. J. Brill, 1895.

Cordier, Henri, "Les études chinoises (1891-1894)," *T'oung pao*, v. 5, no. 5, déc. 1894, pp. 420-458.

Cordier, Henri, *Les études chinoises (1895-1898)*, Leide: E. J. Brill, 1898.

Cordier, Henri, *Les études chinoises (1899-1902)*, Leide: E. J. Brill, 1903.

Cordier, Henri, *Les origines de deux établissements français dans l'Extrême-Orient, Chang-haï — Ning-po: documents inédits publiés avec une introduction et des notes*, Paris, 1896.

C(ordier)., H(enri)., "Les races du Haut-Tonkin de Phong-tho à Lang-son," *T'oung pao*, s. 2, v. 23, no. 2-3, mai-juil. 1924, pp. 156-157.

Cordier, Henri, *Les voyages en Asie au XIVe siècle du bienheureux frère Odoric de Pordenone, religieux de Saint-François, publiés avec une introduction et des notes*, Paris: Ernest Leroux, 1891.

Cordier, Henri, "Lieutenant Francis Garnier (French Navy)," *Journal of the North-China Branch of the Royal Asiatic Society*, n. s., no. 8, pp. 185-187.

Cordier, H(enri)., "Madame Jean Cavalier-Bénézet," *T'oung pao*, s. 2, v. 5, no. 5, déc. 1904, p. 626.

Cordier, Henri, "*Manual of Chinese Bibliography*," *Revue critique d'histoire et de littérature*, n. s., t. 5, no. 16, 20 avr. 1878, pp. 253-257.

Cordier, Henri, *Mélanges américains*, Paris: Jean Maisonneuve & fils, 1913.

Cordier, Henri, *Mélanges d'histoire et de géographie orientales*, 4 t., Paris: Jean Maisonneuve & fils, 1914-1923.

C(ordier)., H(enri)., "*Mission de Séoul — Documents relatifs aux martyrs de Corée en 1839 et 1846*," *T'oung pao*, s. 2, v. 23, no. 4, oct. 1924, p. 271.

Cordier, Henri, "My First Visit to Peking, the Imperial Wedding (1872)," *Supplement to* The London and China Express, Nov. 27, 1918, pp. 48-50.

Cordier, Henri, "N. B. Dennys," *T'oung pao*, s. 2, v. 2, no. 1, mars 1901, pp. 91-92.

C(ordier)., H(enri)., "Notes on Chinese Literature," *T'oung pao*, s. 2, v. 3, no. 5, déc. 1902, pp. 340-341.

Cordier, Henri, "Notice sur la vie et les travaux de M. Arthur de Boislisle," *Académie des inscriptions et belles-lettres, Comptes rendus des séances de l'année 1909*, janv., pp. 32-85.

Cordier, Henri, "Origine des Chinois: théories étrangères," *T'oung pao*, s. 2, v. 16, no. 5, déc. 1915, pp. 575-603.

Cordier, Henri, publiées par, *Cinq lettres inédites du père Gerbillon, S. J., missionnaire français à Pe-king (XVIIe et XVIIIe siècles)*, Leide: E. J. Brill, 1906.

Cordier, Henri, publiés par, *La première légation de France en Chine (1847): documents inédits*, Leide: E. J. Brill, 1906.

Cordier, Henri, publiés par, "La première légation de France en Chine (1847): documents inédits," *T'oung pao*, s. 2, v. 7, no. 3, juil. 1906, pp. 351-368.

Cordier, Henri, publiés par, "Mémoires sur le Pégou," *T'oung pao*, s. 2, v. 23, no. 2-3, mai-juil. 1924, pp. 99-152.

Cordier, Henri, *Ser Marco Polo, Notes and Addenda to Sir Henry Yule's Edition, Containing the Results of Recent Research and Discovery*, London: John Murray, 1920.

C(ordier)., H(enri)., "Sir Alexandre Hosie," *T'oung pao*, s. 2, v. 23, no. 5, déc. 1924, p. 395.

Cordier, Henri, "Sir Henry Yule: notice," *Compte rendu des séances de la Société de géographie et de la Commission centrale*, no. 2, 1890, pp. 26-29.

Cordier, Henri, "Sir Thomas Francis Wade," *The Journal of the Royal Asiatic Society of Great Britain and Ireland*, Oct. 1895, pp. 911-916.

Cordier, Henri, "Some Personal Recollections," *Supplement to* The London and China Express, Nov. 27, 1908, pp. 26-28.

C(ordier)., H(enri)., "T. W. Kingsmill," *T'oung pao*, s. 2, v. 11, no. 5, déc. 1910, p. 689.

Cordier, Henri, "*The Chinese Reader's Manual*," *Revue critique d'histoire et de littérature*, n. s., t. 5, no. 15, 13 avr. 1878, pp. 237-239.

Cordier, Henri, "The Life and Labours of Alexander Wylie, Agent of the British and Foreign Bible Society in China: a Memoir," *The Journal of the Royal Asiatic Society of Great Britain and Ireland*, n. s., v. 19, no. 3, July 1887, pp. 351-368.

Cordier, Henri, "Thomas Francis Wade," *T'oung pao*, v. 6, no. 4, oct. 1895, pp. 407-412.

Cordier, Henri, *Un coin de Paris: l'École des langues orientales vivantes, 2, rue de Lille*, Paris: Ernest Leroux, 1913.

Cordier, Henri, "Un orientaliste allemand: Jules Klaproth," *Académie des inscriptions et belles-lettres, Comptes rendus des séances de l'année 1917*, juil.-août, pp. 297-308.

(Cordier, Henri,) "Une ville chinoise," *Journal des débats politiques et littéraires*, 1er oct. 1879.

C(ordier)., H(enri)., "*Voyages-Ecrit en Chine*," *T'oung pao*, s. 2, v. 23, no. 2-3, mai-juil. 1924, p. 157.

Cordier, Henri, "William Lockhart, 雒魏林, Lo Wei-lin," *T'oung pao*, v. 7, no. 3, juil. 1896, pp. 275-276.

Cordier, Henri, "XVIIe Congrès international des américanistes (Buenos-Aires)," *Journal des savants*, n. s., an. 8, sept. 1910, pp. 415-420.

Culbertson, M(ichael). Simpson, *Darkness in the Flowery Land, or Religious Notions and Popular Superstitions in North China*, New York: Charles Scribner, 1857.

D(armesteter)., (James,) "Bibliotheca Sinica," *Journal des débats politiques et littéraires*, 11 juil. 1886.

Davis, John Francis, *The Chinese: A General Description of the Empire of China and Its Inhabitants*, 2 v., London: Charles Knight (& Co.), 1836.

"De l'état des sciences chez les anciens," *L'Écho du monde savant*, an. 2, no. 57, 1er mai 1835, pp. 260-261.

Dean, W(illiam)., *First Lessons in the Tie-chiw Dialect*, 潮州话, Bankok, 1841.

Dechent, H(ermann)., "Andreae, Hermann Victor," die historische Commission bei der Königl. Akademie der Wissenschaften, herausgegeben durch, *Allgemeine deutsche Biographie*, B. 46, Leipzig: Duncker & Humblot, 1902, S. 10-11.

D(ehérain)., H(enri)., "Henri Cordier," *Journal des savants*, n. s., an. 23, mars-avr. 1925, pp. 80-83.

Dehérain, Henri & al., "Notes et nouvelles," *Revue de l'histoire des colonies françaises*, an. 13, t. 18, trim. 2, 1925, pp. 310-320.

Delandine, Ant(oine).-Fr(ançois)., *Manuscrits de la Bibliothèque de Lyon, ou Notices sur leur ancienneté, leurs auteurs, les objets qu'on y a traités, le caractère de leur écriture, l'indication de ceux à qui ils appartinrent, etc.*, 3 t., Paris: Renouard, Schœl, Lenormand, Lyon: Bibliothèque publique, chez les principaux libraires, 1812.

Delécluze, E(tienne).-J(ean)., *Le lys d'eau de Ying-li: nouvelle chinoise*, Paris, 1839.

Delisle, L(éopold)., "Les voyages en Asie, au XIVe siècle du bienheureux frère Odoric de Pordenone," *Bibliothèque de l'École des chartes*, t. 52, 1891, pp. 452-453.

Demeter, Karl, "Andreae, Hermann Victor," die historische Kommission bei der Bayerischen Akademie der Wissenschaften, herausgegeben von, *Neue deutsche Biographie*, B. 1, Berlin: Duncker & Humblot, 1953, S. 280.

Demiéville, Paul, "Aperçu historique des études sinologiques en France," Demiéville, Paul, *Choix d'études sinologiques (1921-1970)*, Leiden: E. J. Brill, 1973, pp. 433-487.

der Spek, J. van, "Over het Boeddhisme in China," *De Indische gids*, jg. 5, d. 2, aug. 1883, z. 263-273.

der Spek, J. van, "Over het Boeddhisme in China *(vervolg.)*," *De Indische gids*, jg. 5, d. 2, sept. 1883, z. 414-435.

"Description of the Chinese in 1602, From *A Discourse of Java and the First English Factory There &c.*, Written by Master Edmund Scot *(sic)*," *The Canton Register*, v. 9, no. 22, May 31st, 1836, p. 88.

"Die Urbevölkerung einiger Provinzen des chinesischen Reiches," Neumann, Carl Friedrich, *Asiatische Studien, Erster Theil*, Leipzig: Johann Ambrosius Barth, 1837, S. 35-120.

"Documents administratifs," *Bulletin de l'École française d'Extrême-Orient*, t. 1, no. 1, janv.-mars 1901, pp. 67-79.

"Documents administratifs," *Bulletin de l'École française d'Extrême-Orient*, t. 1, no. 2, avr.-juin 1901, pp. 170-181.

"Documents administratifs," *Bulletin de l'École française d'Extrême-Orient*, t. 3, no. 3, juil.-sept. 1903, pp. 539-547.

"Documents administratifs," *Bulletin de l'École française d'Extrême-Orient*, t. 27, 1927, pp. 527-535.

"Documents officiels," *Ministère de l'instruction publique et des beaux-arts, Comité des travaux historiques et scientifiques, Bulletin de géographie historique et descriptive*, 1886, pp. 1-4.

Dorez, Léon, *Itinéraire de Jérôme Maurand, d'Antibes à Constantinople (1544): texte italien publié pour la première fois avec une introduction et une traduction*, Paris: Ernest Leroux, 1901.

Durand, Dana B., "*Marco Polo: The Description of the World, Vol. II*," *Isis*, v.

30, no. 1, Feb. 1939, pp. 103-109.

Edkins, Jane R(owbotham)., *Chinese Scenes and People, With Notices of Christian Missions and Missionary Life in a Series of Letters From Various Parts of China*, London: James Nisbet and Co., 1863.

E(itel)., E(rnest). J(ohn)., "*Bibliotheca Sinica*, Supplement, Fasc I," *The China Review*, v. 21, no. 1, July-Aug. 1894, p. 59.

E(itel)., E(rnest). J(ohn)., "*La Grammaire Chinoise*," *The China Review*, v. 16, no. 2, Sept.-Oct. 1887, p. 132.

Engelmann, Wilhelm, herausgegeben von, *Bibliotheca geographica, Verzeichniss der seit der Mitte des vorigen Jahrhunderts bis zu Ende des Jahres 1856 in Deutschland erschienenen Werke über Geographie und Reisen*, Leipzig: Wilhelm Engelmann, 1858.

Fernández Navarrete, Domingo, *Tratados históricos, políticos, éthicos, y religiosos de la Monarchía de China*, Madrid: Imprenta real, 1676.

Figanière, Jorge César de, *Bibliographia histórica portugueza, ou Catálogo methódico dos auctores portuguezes, e de alguns estrangeiros domiciliários em Portugal, que tractaram da história civil, política e ecclesiástica d'estes reinos e seus domínios, e das nações ultramarinas, e cujas obras correm impressas em vulgar; onde também se apontam muitos documentos e escriptos anónymos que lhe dizem respeito*, Lisboa: Typographia do Panorama, 1850.

Finot, L(ouis)., "*Bibliographie de l'Indochine française, 1913-1926*," *Bulletin de l'École française d'Extrême-Orient*, t. 28, no. 3-4, juil.-déc. 1928, pp. 500-504.

F(inot)., L(ouis)., "*Bibliotheca Indo-Sinica*," *Journal asiatique*, s. 10, t. 12, nov.-déc. 1908, pp. 488-489.

Finot, L(ouis)., "E. Leroux," *Bulletin de l'École française d'Extrême-Orient*, t. 17, no. 6, 1917, p. 60.

Fourmont, Stephanus, 中国官话, *Linguæ Sinarum mandarinicæ hieroglyphicæ grammatica duplex, Latinè & cum characteribus Sinensium*, Lutetia Parisiorum: Hippolyte-Louis Guérin, Rollin fils, Joseph Bullot, 1742.

"Francis Garnier," *T'oung pao*, v. 2, no. 4, nov. 1891, p. 351.

Francisci, Erasmus, *Ost- und west-indischer wie auch sinesischer Lust- und Stats-Garten*, Nürnberg: Johann Andreæ Endter und Wolfgang deß jüngern sel. Erben, 1668.

Franck, J(akob)., "Francisci, Erasmus," die historische Commission bei der Königl. Akademie der Wissenschaften, herausgegeben durch, *Allgemeine deutsche Biographie*, B. 7, Leipzig: Duncker & Humblot, 1878, S. 207.

Franke, Herbert, "Plath, Johann Heinrich," die historische Kommission bei der Bayerischen Akademie der Wissenschaften, herausgegeben von, *Neue deutsche Biographie*, B. 20, Berlin: Duncker & Humblot, 2001, S. 512.

Froidevaux, Henri, "Un historien de l'Extrême-Orient: M. Henri Cordier," *L'Asie française*, an. 25, no. 229, févr. 1925, pp. 76-79.

Gadrat, Christine, "*Le voyage en Asie d'Odoric de Pordenone* traduit par Jean Le Long," *Bibliothèque de l'École des chartes*, t. 169, livr. 2, juil.-déc. 2011, pp. 645-647.

Gaubil, (Antoine,) *Traité de la chronologie chinoise*, publié par (Antoine-Isaac) Silvestre de Sacy, Paris, Strasbourg: Treuttel et Würtz, 1814.

Giles, Lionel, "Histoire Générale de la Chine et de Ses Relations Avec les Pays Étrangers Depuis les Temps les Plus Anciens Jusqu'à la Chute de la Dynastie Mandchoue," *The Journal of the Royal Asiatic Society of Great Britain and Ireland*, no. 2, Apr. 1923, pp. 315-317.

Girard, Frédéric, "Le fonds Henri Cordier de l'Université Keiō, Tōkyō," *Bulletin de l'École française d'Extrême-Orient*, t. 99, 2012-2013, pp. 385-390.

Gladisch, Aug(ust)., *Die Hyperboreer und die alten Schinesen: eine historische Untersuchung*, Leipzig: J. C. Hinrichs, 1866.

Goloubew, V(ictor)., "Léonard-Eugène Aurousseau (1888-1929)," *Bulletin de l'École française d'Extrême-Orient*, t. 29, 1929, pp. 535-541.

Goloubew, Victor., "Louis Finot (1864-1935)," *Bulletin de l'École française d'Extrême-Orient*, t. 35, 1935, pp. 515-550.

González de Mendoça, Ioan, *Historia de las cosas más notables, ritos y costumbres, del gran Reyno de la China*, Roma: Vincentio Accolti, 1585.

Gray, John Henry, *China: a History of the Laws, Manners, and Customs of the People*, edited by William Gow Gregor, 2 v., London: Macmillan and Co., 1878.

Grosier, (Jean-Baptiste,) *Description générale de la Chine, ou Tableau de l'état actuel de cet empire*, Paris: Moutard, 1785.

Günther, Theodor & Jordan, Stefan, "Reimmann (auch Reimann), Jacob Friedrich," die historische Kommission bei der Bayerischen Akademie der Wissenschaften, herausgegeben von, *Neue deutsche Biographie*, B. 21, Berlin: Duncker & Humblot, 2003, S. 339-340.

Haenel, Gustavus, editi a, *Catalogi librorum manuscriptorum, qui in bibliothecis Galliae, Helvetiae, Belgii, Britanniae M., Hispaniae, Lusitaniae asservantur*, Lipsia: I. C. Hinrichs, 1830.

Halde, J(ean).-B(aptiste). du, *Description géographique, historique, chronologique, politique, et physique de l'Empire de la Chine et de la Tartarie chinoise*, 4 t., La Haye: Henri Scheurleer, 1736.

Halde, J(ean).-B(aptiste). du, *Description géographique, historique, chronologique, politique, et physique de l'Empire de la Chine et de la Tartarie chinoise*, 4 t., Paris: P. G. le Mercier, 1735.

Hambis, Louis, "Paul Pelliot (1878-1945), historien et linguiste," *Revue historique*, an. 74, t. 203, janv.-mars 1950, pp. 30-40.

Hansford, S. Howard, "Walter Perceval Yetts," *The Journal of the Royal Asiatic Society of Great Britain and Ireland*, no. 1-2, Apr. 1958, pp. 110-112.

Happart, Gilbertus, *Dictionary of the Favorlang Dialect of the Formosan Language*, translated by W(alter). H(enry). Medhurst, Batavia: Printed at Parapattan, 1840.

Harrisse, Henry, *Jean et Sébastien Cabot, leur origine et leurs voyages: étude d'histoire critique, suivie d'une cartographie, d'une bibliographie et d'une chronologie des voyages au Nord-Ouest de 1497 à 1550, d'après des documents inédits*, Paris: Ernest Leroux, 1882.

"Henri Cordier," *Geographical Review*, v. 15, no. 3, July 1925, pp. 500-501.

"Henri Cordier," *The Geographical Journal*, v. 66, no. 2, Aug. 1925, p. 179.

Himly, K(arl)., "Das Schachspiel der Chinesen," *Zeitschrift der Deutschen morgenländischen Gesellschaft*, B. 24, H. 1-2, 1870, S. 172-177.

Jolly, Julius, "Neumann, Karl Friedrich," die historische Commission bei der Königl. Akademie der Wissenschaften, herausgegeben durch, *Allgemeine deutsche Biographie*, B. 23, Leipzig: Duncker & Humblot, 1886, S. 529-530.

Jordan, J(ohn). N(ewell)., translated by, "Extracts From the Diary of Tseng 'Hou-yeh, Chinese Minister to England and France," *The China Review*, v. 11, no. 3, Nov.-Dec. 1882, pp. 135-146.

Jordanus, *Mirabilia Descripta, The Wonders of the East (Circa 1330)*, translated from the Latin original, with the addition of a commentary, by Henry Yule, London: The Hakluyt Society, 1863.

"Jugement des concours," *Académie des inscriptions et belles-lettres, Comptes rendus des séances de l'année 1877*, s. 4, t. 5, oct.-nov.-déc., pp. 370-372.

"Jugement des concours," *Académie des inscriptions et belles-lettres, Comptes rendus des séances de l'année 1880*, s. 4, t. 8, oct.-nov.-déc., pp. 381-385.

KAO, "Missions catholiques en Chine," *Le Gaulois*, 19 nov. 1883, p. 2.

Kao-ti, "La mort d'un rebelle: nouvelle," *T'oung pao*, v. 5, no. 5, déc. 1894, pp. 398-399.

Keunecke, Hans-Otto, "Meusel, Johann Georg," die historische Kommission bei der Bayerischen Akademie der Wissenschaften, herausgegeben von, *Neue deutsche Biographie*, B. 17, Berlin: Duncker & Humblot, 1994, S. 274-275.

Klenz, Heinrich, "Zenker, Julius Theodor," die historische Commission bei der Königl. Akademie der Wissenschaften, herausgegeben durch, *Allgemeine deutsche Biographie*, B. 45, Leipzig: Duncker & Humblot, 1900, S. 62-64.

Knowlton, M(iles). J(ustus)., "The Mountain Tribes of the Chekiang Province," *The Chinese Recorder and Missionary Journal*, v. 1, no. 12, Apr. 1869, pp. 241-248.

『コルディエ文庫分類目録』、東京：慶應義塾大学附属研究所斯道文庫、1979。

"La Grammaire Chinoise," *The Chinese Recorder and Missionary Journal*, v. 19, no. 2, Feb. 1888, p. 94.

"La Société de géographie, 1821-1921," *La Géographie*, t. 36, no. 2, juil.-août 1921, pp. 137-287.

Labrousse, Pierre, textes réunis par, *Langues O' 1795-1995, Deux siècles d'histoire de l'École des langues orientales*, Paris: Hervas, 1995.

Lane-Poole, S(tanley)., "Histoire des Relations de la Chine Avec les Puissances Occidentales, I. (1860-1875), II. (1875-1887)," *The English Historical Review*, v. 17, no. 68, Oct. 1902, pp. 805-808.

Latourette, K(enneth). S(cott)., "Histoire Générale de la Chine, et de Ses Relations Avec les Pays Étrangers," *The American Historical Review*, v. 27, no. 3, Apr. 1922, pp. 575-577.

Latourette, K(enneth). S(cott)., "Histoire Générale de la Chine et de Ses Relations Avec les Pays Étrangers Depuis les Temps les Plus Anciens Jusqu'à la Chute de la Dynastie Mandchoue," *Political Science Quarterly*, v. 37, no. 2, June 1922, pp. 321-323.

Lavisse, Ernest & Rambaud, Alfred, sous la direction de, *Histoire générale du IVe siècle à nos jours*, 12 t., Paris: Armand Colin (& Cie), 1893-1901.

Le Comte, Louis, *Nouveaux mémoires sur l'état présent de la Chine*, 2 t., Paris: Jean Anisson, 1696.

Lehmann-Nitsche, Robert, publicadas por, *Actas del XVII° Congreso internacional de americanistas, sesión de Buenos Aires, 17-23 de mayo de 1910*, Buenos Aires: Imprenta de Coni hermanos, 1912

León, Antonio de, *Epítome de la bibliotheca oriental i occidental, náutica i geográfica*, Madrid: Iuan González, 1629.

León Pinelo, Antonio de, *Epítome de la bibliotheca oriental, y occidental, náutica y geográfica*, añadido, y enmendado nuevamente, por mano del marqués de Torre-Nueva, 3 t., Madrid: Francisco Martínez Abad, 1737-1738.

Леонтіевъ, (А. Л.,) *Китайскія поученія*, Санктпетервургъ, 1778.

Librairie Ernest Leroux, Catalogue général (1871-1932), Paris: Imprimerie des Presses universitaires de France, (1932.)

Lindgren, Uta, "Ritter, Carl Georg," die historische Kommission bei der Bayerischen Akademie der Wissenschaften, herausgegeben von, *Neue deutsche Biographie*, B. 21, Berlin: Duncker & Humblot, 2003, S. 655-656.

Linhart, Sepp, "Pfizmaier, August Philipp," die historische Kommission bei der Bayerischen Akademie der Wissenschaften, herausgegeben von, *Neue deutsche Biographie*, B. 20, Berlin: Duncker & Humblot, 2001, S. 345-346.

"List of Members," *Journal of the North-China Branch of the Royal Asiatic Society, for 1869 & 1870*, n. s., no. 6, pp. xiii-xv.

"List of Members," *Journal of the North-China Branch of the Royal Asiatic Society, for 1871 & 1872*, n. s., no. 7, pp. vi-ix.

"Liste des sociétaires," *Bulletin de la Société des amis des monuments parisiens*, no. 2, 1885, pp. 3-14.

"Livres nouveaux," *T'oung pao*, s. 2, v. 14, no. 1, mars 1913, pp. 142-151.

"Livres nouveaux," *T'oung pao*, s. 2, v. 23, no. 4, oct. 1924, pp. 279-283.

"Livres offerts," *Académie des inscriptions et belles-lettres, Comptes rendus des séances de l'année 1873*, s. 4, t. 1, janv.-juil., pp. 92-106.

"Livres offerts," *Académie des inscriptions et belles-lettres, Comptes rendus des séances de l'année 1875*, s. 4, t. 3, avr.-mai-juin, pp. 155-180.

"Livres offerts," *Académie des inscriptions et belles-lettres, Comptes rendus des séances de l'année 1921*, nov.-déc., pp. 361-362.

"Livres offerts," *Académie des inscriptions et belles-lettres, Comptes rendus des séances de l'année 1924*, mai-juil., pp. 193-194.

"Livres offerts," *Académie des inscriptions et belles-lettres, Comptes rendus des séances de l'année 1924*, nov.-déc., pp. 353-355.

"Livres offerts," *Académie des inscriptions et belles-lettres, Comptes rendus des séances de l'année 1925*, janv.-févr., pp. 40-42.

"Livres offerts," *Académie des inscriptions et belles-lettres, Comptes rendus des séances de l'année 1925*, sept.-déc., pp. 298-300.

"Livres offerts," *Académie des inscriptions et belles-lettres, Comptes rendus des séances de l'année 1932*, oct.-déc., p. 428.

"Livres reçus," *T'oung pao*, s. 2, v. 28, no. 1-2, 1931, pp. 129-240.

"Livres reçus," *T'oung pao*, s. 2, v. 29, no. 1-3, 1932, pp. 141-275.

Lobscheid, W(ilhelm)., *Select Phrases and Reading Lessons in the Canton Dialect*, Hongkong: Printed at Noronha's Office, 1864.

Lowndes, William Thomas, *The Bibliographer's Manual of English Literature*, 4 v., London: William Pickering, 1834.

Lowndes, William Thomas, *The Bibliographer's Manual of English Literature, New Edition*, revised, corrected, and enlarged by Henry G(eorge). Bohn, 10 parts, London: Henry G. Bohn, Bell & Daldy, 1857-1865.

Lülfing, Hans, "Engelmann, Wilhelm," die historische Kommission bei der Bayerischen Akademie der Wissenschaften, herausgegeben von, *Neue deutsche Biographie*, B. 4, Berlin: Duncker & Humblot, 1959, S. 517.

"M. Henri Cordier," *L'Asie française*, an. 25, no. 230, mars-avr. 1925, p. 97.

Macgowan, J(ohn)., 英华口才集, *A Manual of the Amoy Colloquial, Fourth Edition*, Amoy, Kulangseu: Printed at Chui Keng tong, 1898.

Major, Richard Henry, *The Life of Prince Henry of Portugal, Surnamed the Navigator, and Its Results*, London: A. Asher & Co., 1868.

Mannert, Konrad, *Geographie der Griechen und Römer, Vierter Theil, Der Norden der Erde von der Weichsel bis nach China*, Nürnberg: Ernst Christoph Grattenauer, 1795.

Manno, Antonio & Promis, Vincenzo, raccolte da, *Notizie di Jacopo Gastaldi, cartografo piemontese del secolo XVI*, Torino: Stamperia reale della ditta G. B. Paravia e comp., 1881.

"Manual of Chinese Bibliography," *The China Review*, v. 5, no. 3, Nov.-Dec., 1876, pp. 199-200.

"Manual of Chinese Bibliography," *The Chinese Recorder and Missionary Journal*, v. 8, no. 1, Jan.-Feb. 1877, pp. 114-115.

M(artin)., A(ndré)., "Charles de la Roncière," *Bibliothèque de l'École des chartes*, t. 103, 1942, pp. 362-365.

Masson, André, "Paul Boudet," *Bibliothèque de l'École des chartes*, t. 107, livr. 2, 1947-1948, pp. 335-337.

Masson, André, "Rémy Bourgeois," *Bibliothèque de l'École des chartes*, t. 107, livr. 2, 1947-1948, pp. 342-343.

Mayers, William Frederick, *The Chinese Reader's Manual, A Handbook of Biographical, Historical, Mythological, and General Literary Reference*, Shanghai: American Presbyterian Mission Press, 1874.

Medhurst, (Walter Henry,) *Chinese Dialogues, Questions, and Familiar Sentences, Literally Rendered Into English, With a View to Promote Commercial Intercourse, and to Assist Beginners in the Language*, revised by his son, Shanghae: Printed at the London Mission Press, 1863.

Межовъ, В. И., *Библіографія Азіи*, 3 т., С.-Петербургъ, 1891-1894.

Mélanges orientaux: textes et traductions publiés par les professeurs de l'École spéciales (sic) *des langues orientales vivantes, à l'occasion du sixième Congrès international des orientalistes réuni à Leyde (septembre 1883)*, Paris: Ernest Leroux, 1883.

Mémoires concernant l'histoire, les sciences, les arts, les mœurs, les usages, &c. des Chinois, par les missionnaires de Pékin, 16 t., Paris: Nyon (l'aîné & fils), Treuttel et Würtz, Strasbourg: Treuttel et Würtz, 1776-1814.

Ménard, Philippe, "L'édition du *Voyage en Asie* d'Odoric de Pordenone traduit par Jean Le Long (1351)," *Académie des inscriptions et belles-lettres, Comptes rendus des séances de l'année 2011*, fasc. 1, janv.-mars, pp. 23-54.

Ménard, Philippe, "Les manuscrits de la version française d'*Odoric de Pordenone*," *Civilisation médiévale*, t. 16, 2006, pp. 483-492.

Meuselius, Ioanne Georgius, ita digesta, amplificata et emendata a, *Bibliotheca historica*, instructa a Burcardo Gotthelf Struvio, aucta a Christi(ano). Gottlieb Budero, 11 v., Lispia: Heredes Weidmanni et Reichius, Libraria Weidmanniana, 1782-1804.

Michieli, Adriano Augusto, "Henri Cordier," *Archivio veneto-tridentino*, v. 9, 1926, pp. 314-317.

Mitzschke, (Paul,) "Struve, Burkhard Gotthelf," die historische Commission bei der Königl. Akademie der Wissenschaften, herausgegeben durch, *Allgemeine deutsche Biographie*, B. 36, Leipzig: Duncker & Humblot, 1893, S. 671-676.

Moellendorff, O(tto). (Franz) von, "Das Schachspiel der Chinesen," *Mittheilungen der Deutschen Gesellschaft für Natur- und Völkerkunde Ostasien's*, H. 11, Nov. 1876, S. 11-18.

Möllendorff, O(tto). F(ranz). von, "Chinese Bibliography," *The China Review*, v. 10, no. 6, May-June 1882, pp. 396-402.

Möllendorff, O(tto). (Franz) von, "Diagnosen neuer Arten aus dem Binnenlande von China," *Jahrbücher der Deutschen malakozoologischen Gesellschaft*, Jg. 1, 1874, S. 78-80.

Möllendorff, O(tto). (Franz) von, "Landschnecken der nordchinesischen Provinz Chili," *Jahrbücher der Deutschen malakozoologischen Gesellschaft*, Jg. 2, 1875, S. 214-220.

Möllendorff, P(aul). G(eorg). & O(tto). F(ranz). von, *Manual of Chinese Bibliography, Being a List of Works and Essays Relating to China*, Shanghai: Printed at the "Celestial Empire" Office, 1876.

Möllendorff, P(aul). G(eorg). von, "The Family Law of the Chinese," *Journal of the China Branch of the Royal Asiatic Society, for the Year 1892-93*, n. s., v. 27, pp. 131-190.

Möllendorff, P(aul). G(eorg). von, "The Family Law of the Chinese, and Its Comparative Relations With That of Other Nations," *Journal of the North-China Branch of the Royal Asiatic Society*, n. s., no. 13, pp. 99-121.

Montandon, Frédéric, "Raoul Montandon, 1877-1950," *Le Globe*, t. 89, 1950, pp. 18-21.

M(ontandon)., R(aoul)., "Henri Cordier," *Le Globe*, t. 65, 1926, pp. 39-40.

Morrison, James, (Gabriel,) "A Description of the Island of Formosa, With Some Remarks on Its Past History, Its Present Condition, and Its Future

Prospects," *The Geographical Magazine*, v. 4, Oct. 1st, 1877, pp. 260-266.

Morrison, James, (Gabriel,) "A Description of the Island of Formosa, With Some Remarks on Its Past History, Its Present Condition, and Its Future Prospects *(Continued From Page 266 of Our Last Number)*," *The Geographical Magazine*, v. 4, Nov. 1st, 1877, pp. 293-296.

Morrison, James, G(abriel)., "A Description of the Island of Formosa, With Some Remarks on Its Past History, Its Present Condition, and Its Future Prospects *(Continued From Page 296 of Our Last Number)*," *The Geographical Magazine*, v. 4, Dec. 1st, 1877, pp. 319-322.

Morrison, John Robert, "Some Account of Charms, and Felicious *(sic)* Appendages Worn About the Person, or Hung up in Houses, &c., Used by the Chinese," *The Chinese Repository*, v. 14, no. 5, May 1845, pp. 229-234.

Morrison, John Robert, "Some Account of Charms, Talismans, and Felicitous Appendages Worn About the Person, or Hung up in Houses, &c. Used by the Chinese," *Transactions of the Royal Asiatic Society of Great Britain and Ireland*, v. 3, pp. 285-290.

Moule, A(rthur). C(hristopher). & Pelliot, Paul, *Marco Polo: The Description of the World*, 2 v., London: George Routledge & Sons, 1938.

Moyriac de Mailla, Joseph-Anne-Marie de, *Histoire générale de la Chine, ou Annales de cet empire*, 13 t., Paris: Ph.-D. Pierres, Clousier, Moutard, 1777-1785.

Mueller, (Leopold,) "Einige Notizen ueber die japanische Musik," *Mittheilungen der Deutschen Gesellschaft für Natur* (sic) *und Völkerkunde Ostasien's*, H. 6, Dec. 1874, S. 13-19.

Mueller, (Leopold,) "Einige Notizen ueber die japanische Musik *(Fortsetzung aus dem achten Heft und Schluss)*," *Mittheilungen der Deutschen Gesellschaft für Natur* (sic) *und Völkerkunde Ostasien's*, H. 9, Maerz 1876, S. 19-35.

Mueller, (Leopold,) "Einige Notizen ueber die japanische Musik *(Fortsetzung aus Heft VI)*," *Mittheilungen der Deutschen Gesellschaft für Natur* (sic) *und Völkerkunde Ostasien's*, H. 8, Sept. 1875, S. 41-48.

Mundy, Walter William, *Canton and the Bogue, the Narrative of an Eventful Six Months in China*, London: Samuel Tinsley, 1875.

Nguyen Tri, Christine, "Être orientaliste au XIXe siècle: le cas Henri Cordier," Cartier, Michel, sous la direction de, *La Chine entre amour et haine, Actes du VIIIe colloque de sinologie de Chantilly*, Paris: Desclée de Brouwer, 1998, pp. 209-263.

"Notes bibliographiques," *T'oung pao*, s. 2, v. 23, no. 4, oct. 1924, pp. 272-279.

"Notes bibliographiques," *T'oung pao*, s. 2, v. 27, no. 2-3, 1930, pp. 213-216.

"Notes sur la flore de la Chine, par M. de Paravay," *L'Écho du monde savant*, an. 3, div. 2, no. 17, 24 avr. 1836, p. 74; no. 18, 1er mai 1836, p. 79.

Nouveaux mélanges orientaux: mémoires, textes et traductions publiés par les professeurs de l'École spéciale des langues orientales vivantes, à l'occasion du septième Congrès international des orientalistes réuni à Vienne (septembre 1886), Paris: Imprimerie nationale, Ernest Leroux, 1886.

"Nouvelles et mélanges," *Journal asiatique*, s. 7, t. 10, oct.-nov.-déc. 1877, pp. 526-532.

Nouvelles lettres édifiantes des Missions de la Chine et des Indes orientales, 8 t., Paris: Ad(rien). Le Clere, 1818-1823.

O(mont)., H(enri)., "Léon Dorez," *Bibliothèque de l'École des chartes*, t. 83, 1922, pp. 246-247.

O(mont)., H(enri)., "*Mirabilia descripta, Les merveilles de l'Asie*," *Bibliothèque de l'École des chartes*, t. 86, 1925, pp. 444-445.

Pagès, Léon, *Bibliographie japonaise, ou Catalogue des ouvrages relatifs au Japon qui ont été publiés depuis le XVe siècle jusqu'à nos jours*, Paris: Benjamin Duprat, 1859.

Palafox y Mendoça, Juan de, *Historia de la conquista de la China por el Tártaro*, Paris: Antonio Bertier, 1670.

Parker, E(dward). H(arper)., "Comparative Chinese Family Law," *The China Review*, v. 8, no. 2, Sept.-Oct. 1879, pp. 67-107.

Pascal, Blaise, *Pensées: fragments et lettres de ...*, publiés par Prosper Faugère, 2 t., Paris: Andrieux, 1844.

Pauly, Alphonse, *Bibliographie des sciences médicales: bibliographie, biographie, histoire, épidémies, topographies, endémies*, Paris: Tross, 1874.

Pauthier, G(uillaume)., *Chine, ou Description historique, géographique et littéraire de ce vaste empire*, Paris: Firmin Didot frères, 1837.

Pauthier, G(uillaume)., *Cours complémentaire de géographie, d'histoire et de législation des États de l'Extrême-Orient à l'École spéciale des langues orientales vivantes: discours d'ouverture prononcé le 16 janvier 1873*, Paris: Ernest Leroux, 1873.

Pauthier, G(uillaume). & Bazin, (Antoine,) *Chine moderne, ou Description historique, géographique et littéraire de ce vaste empire*, Paris: Firmin Didot frères, 1853.

Payne, John Thomas & Foss, Henry, *Bibliotheca Grenvilliana, or Bibliographical Notices of Rare and Curious Books, Forming Part of the Library of the Right Hon. Thomas Grenville, Vol. II*, London: Printed by William Nicol, Shakspeare Press, 1842.

Pearce, Brian Louis, "Henry George Bohn (1796-1884): 'The Bookseller'," *RSA Journal*, v. 140, no. 5434, Nov. 1992, pp. 788-790.

Pelliot, P(aul)., "*Bibliographie von Japan, 1906-1926*," *T'oung pao*, s. 2, v. 26, no. 4-5, 1929, pp. 389-391.

Pelliot, P(aul)., "*Bibliotheca Japonica*," *Journal asiatique*, s. 11, t. 2, juil.-août 1913, pp. 204-206.

Pelliot, Paul, "Henri Cordier (1849-1925)," *T'oung pao*, s. 2, v. 24, no. 1, 1925, pp. 1-15.

Pelliot, P(aul)., "*Histoire des relations de la Chine avec les puissances occidentales, 1860-1900* [le t. III porte 1860-1902]," *Bulletin de l'École française d'Extrême-Orient*, t. 3, no. 4, oct.-déc. 1903, pp. 684-715.

Pelliot, P(aul)., "*L'imprimerie sino-européenne en Chine,*" Bulletin de l'École française d'Extrême-Orient, t. 3, no. 1, janv.-mars 1903, pp. 108-116.

Pelliot, P(aul)., "The Book of Ser Marco Polo, the Venetian, concerning the kingdoms and marvels of the East, 3ᵉ éd.," *Bulletin de l'École française d'Extrême-Orient*, t. 4, no. 3, juil.-sept. 1904, pp. 768-772.

Petit, Maxime, publiée sous la direction de, *Histoire générale des peuples: de l'antiquité à nos jours*, 3 t., Paris: Larousse, (1925-1926.)

Pfau, Karl Fr(iedrich)., "Engelmann, Wilhelm," die historische Commission bei der Königl. Akademie der Wissenschaften, herausgegeben durch, *Allgemeine deutsche Biographie*, B. 48, Leipzig: Duncker & Humblot, 1904, S. 378-379.

Pfister, Louis, *Notices biographiques et bibliographiques sur les jésuites de l'ancienne Mission de Chine, 1552-1773*, 2 t., Chang-hai: Imprimerie de la Mission catholique, 1932-1934.

Pfizmaier, (August,) "Berichtigung des Namens einer alten chinesischen Waffe," *Sitzungsberichte der Kaiserlichen Akademie der Wissenschaften, Philosophisch-historische Classe*, B. 28, H. 1, Juni 1858, S. 88-90.

Pfizmaier, (August,) "Das Ende Mung-tien's," *Sitzungsberichte der Kaiserlichen Akademie der Wissenschaften, Philosophisch-historische Classe*, B. 32, H. 1, Juli 1859, S. 134-144.

Pfizmaier, (August,) "Das Ereigniss des Wurmfrasses der Beschwörer," *Sitzungsberichte der Kaiserlichen Akademie der Wissenschaften, Philosophisch-historische Classe*, B. 39, H. 1, Jän. 1862, S. 50-104.

Pfizmaier, August, *Das Ereigniss des Wurmfrasses der Beschwörer*, Wien: Kais. Kön. Hof- und Staatsdruckerei, 1862.

Plath, Joh(ann). Heinrich, *Ueber die häuslichen Verhältnisse der alten Chinesen, nach chinesischen Quellen*, München: Druck von J. G. Weiss, 1863.

Plath, Joh(ann). Heinrich, *Ueber die lange Dauer und die Entwickelung des chinesischen Reiches: Rede zur Feier des allerhöchsten Geburtsfestes Sr. Majestät des Königs Maximilian II. von Bayern gehalten in der öffentlichen Sitzung der kgl. Akademie der Wissenschaften am 28. November 1861*, München:

Druck von J. G. Weiß, 1861.

Pottier, Edmond & al., "Léopold Delisle," *Bibliothèque de l'École des chartes*, t. 71, 1910, pp. 447-460.

Prantl, (Karl von) "Reimmann, Jacob Friedrich," die historische Commission bei der Königl. Akademie der Wissenschaften, herausgegeben durch, *Allgemeine deutsche Biographie*, B. 27, Leipzig: Duncker & Humblot, 1888, S. 716-717.

Premare, *Notitia linguæ Sinicæ*, Malacca: Academia Anglo-Sinensis, 1831.

Premiers rudiments de la langue chinoise, à l'usage des élèves de l'École des langues orientales, Paris: Benjamin Duprat, 1844.

"Proceedings," *Journal of the China Branch of the Royal Asiatic Society, for the Year 1903-1904*, v. 35, i-xxiv.

"Procès-verbaux," *Ministère de l'instruction publique et des beaux-arts, Comité des travaux historiques et scientifiques, Bulletin de géographie historique et descriptive*, no. 2, 1892, pp. 89-108.

"Procès-verbaux," *Ministère de l'instruction publique et des beaux-arts, Comité des travaux historiques et scientifiques, Bulletin de géographie historique et descriptive*, no. 3, 1908, pp. 273-324

"Procès-verbaux," *Ministère de l'instruction publique et des beaux-arts, Comité des travaux historiques et scientifiques, Bulletin de la Section de géographie*, t. 33, 1918, pp. v-xlvii.

Psalmanaazaar, George, *An Historical and Geographical Description of Formosa*, London: Dan. Brown; G. Straban, and W. Davis; Fran. Coggan, 1704.

Quetelet, A(dolphe)., "Sur quelques individus chinois et sur les proportions de leur corps," *Bulletins de l'Académie royale des sciences, des lettres et des beaux-arts de Belgique*, t. 19, ptie. 1, 1852, pp. 742-750.

Quetif, Jacobus, inchoavit, Echard, Jacobus, absolvit, *Scriptores Ordinis Prædicatorum recensiti, notisque historicis et criticis illustrati*, 2 t., Lutetia Parisiorum: J.-B.-Christophorus Ballard, Nicolaus Simart, 1719-1721.

Ratzel, Friedrich, "Rauw, Johannes," die historische Commission bei der Königl. Akademie der Wissenschaften, herausgegeben durch, *Allgemeine deutsche Biographie*, B. 27, Leipzig: Duncker & Humblot, 1888, S. 461-462.

Ratzel, Friedrich, "Ritter, Karl," die historische Commission bei der Königl. Akademie der Wissenschaften, herausgegeben durch, *Allgemeine deutsche Biographie*, B. 28, Leipzig: Duncker & Humblot, 1889, S. 679-697.

Rauw, Johann, *Cosmographia, das ist: Ein* (sic) *schöne, richtige und volkomliche Beschreibung deß göttlichen Geschöpffs, Himmels und der Erden, beydes der himmlischen und irdischen Kugel,* Franckfort am Mayn: Nicolaus Bassæus, 1597.

"Recherches géographiques et historiques sur la Sérique des anciens & une partie de la Scythie," Anville, (Jean-Baptiste Bourguignon) d', *Antiquité géographique de l'Inde, et de plusieurs autres contrées de la Haute Asie*, Paris: Imprimerie royale, 1775, pp. 199-238.

Reimmannus, Jacobus Fridericus, *Historia literaria Babyloniorum et Sinensium, illa, methodo chronologica, haec, scientifica adumbrata*, Brunsviga & Hildesia: Vidua Schroederi, 1741.

Reinach, S(alomon)., "Ernest Leroux," *Revue archéologique*, s. 5, t. 5, janv.-juin 1917, pp. 350-352.

R(einach)., S(alomon)., "Henri Cordier," *Revue archéologique*, s. 5, t. 21, janv.-juin 1925, p. 337.

Reizler, S(tanislas). & Lacroix, (Alfred,) "Henri Cordier (1849-1925)," *La Géographie*, t. 43, no. 4-5, avr.-mai 1925, pp. 394-402.

Renou, Louis, "Notice sur la vie et les travaux de M. Paul Pelliot, membre de l'Académie," *Académie des inscriptions et belles-lettres, Comptes rendus des séances de l'année 1950*, avr.-juin, pp. 130-144.

"Report of the Council of the North-China Branch of the Royal Asiatic Society, for the Year 1868," *Journal of the North-China Branch of the Royal Asiatic Society*, n. s., no. 5, pp. iii-xiii.

"Report of the Council of the North-China Branch of the Royal Asiatic Society, for the Year 1869," *Journal of the North-China Branch of the Royal Asiatic Society, for 1869 & 1870*, n. s., no. 6, pp. i-iii.

"Report of the Council of the North-China Branch of the Royal Asiatic Society, for the Year 1870," *Journal of the North-China Branch of the Royal Asiatic Society, for 1869 & 1870*, n. s., no. 6, pp. ix-xi.

"Report of the Council of the North-China Branch of the Royal Asiatic Society, for the Year 1872," *Journal of the North-China Branch of the Royal Asiatic Society, for 1871 & 1872*, n. s., no. 7, pp. i-iv.

"Report of the Council of the North-China Branch of the Royal Asiatic Society, for the Year 1873," *Journal of the North-China Branch of the Royal Asiatic Society*, n. s., no. 8, pp. i-viii.

"Report of the Council of the North-China Branch of the Royal Asiatic Society, for the Year 1874," *Journal of the North-China Branch of the Royal Asiatic Society*, n. s., no. 9, pp. i-xiv.

Réville, Jean, "James Darmesteter," *Revue de l'histoire des religions*, an. 15, t. 30, 1894, pp. 205-212.

Richthofen, Ferdinand von, *China: Ergebnisse eigener Reisen und darauf gegründeter Studien, Erster Band*, Berlin: Dietrich Reimer, 1877.

Ritter, Carl, *Die Erdkunde von Asien, Band I, Der Norden und Nord-Osten von Hoch-Asien*, Ritter, Carl, *Die Erdkunde im Verhältniß zur Natur und zur Geschichte des Menschen, oder Allgemeine vergleichende Geographie, als sichere Grundlage des Studiums und Unterrichts in physicalischen und historischen Wissenschaften, zweiter Theil, zweites Buch, Asien, Band I, zweite stark vermehrte und umgearbeitete Ausgabe*, Berlin: G. Reimer, 1832.

Ritter, Carl, *Die Erdkunde von Asien, Band II, Der Nord-Osten und der Süden von Hoch-Asien*, Ritter, Carl, *Die Erdkunde im Verhältniß zur Natur und zur Geschichte des Menschen, oder Allgemeine vergleichende Geographie, als sichere Grundlage des Studiums und Unterrichts in physicalischen und historischen Wissenschaften, dritter Theil, zweites Buch, Asien, Band II, zweite stark vermehrte und umgearbeitete Ausgabe*, Berlin: G. Reimer, 1833.

Ritter, Carl, *Die Erdkunde von Asien, Band III, Der Süd-Osten von Hoch-Asien, dessen Wassersysteme und Gliederungen gegen Osten und Süden*, Ritter,

Carl, *Die Erdkunde im Verhältniß zur Natur und zur Geschichte des Menschen, oder Allgemeine vergleichende Geographie, als sichere Grundlage des Studiums und Unterrichts in physicalischen und historischen Wissenschaften, vierter Theil, zweites Buch, Asien, Band III, zweite stark vermehrte und umgearbeitete Ausgabe*, Berlin: G. Reimer, 1834.

Rogers, Howard J., edited by, *Congress of Arts and Science, Universal Exposition, St. Louis, 1904*, 8 v., Boston, New York: Houghton, Mifflin and Company, 1905-1907.

Roland-Cabaton, Mme M.-A., *Bibliotheca Indosinica, Dictionnaire bibliographique des ouvrages relatifs à la Péninsule indochinoise, par Henri Cordier, Index*, Paris: G. van Oest, Ernest Leroux, 1932.

Rosny, L. *(sic)* Léon de, 日本语考, *Introduction à l'étude de la langue japonaise*, Paris: Maisonneuve et Cie, 1856.

R(oss)., E(dward). D(enison)., "M. Henri Cordier," *The Journal of the Royal Asiatic Society of Great Britain and Ireland*, no. 3, July 1925, pp. 571-572.

Royal Society of London, compiled and published by, *Catalogue of Scientific Papers (1800-1863)*, 6 v., London: Printed by George Edward Eyre and William Spottiswoode, 1867-1872.

Румянцева, М(арина). В(итальевна)., *Русско-китайский словарь православной лексики*, Москва: Восточная книга, 2008.

Rye, E(dward). C(aldwell)., "New Books," *Proceedings of the Royal Geographical Society and Monthly Record of Geography*, n. s., v. 1, no. 8, Aug. 1879, pp. 537-540.

Scherzer, F(ernand)., *La puissance paternelle en Chine: étude de droit chinois*, Paris: Ernest Leroux, 1878.

S(chlegel)., G(ustave)., "Bibliotheca Sinica, supplément, fascicule Ier. Bibliographie des ouvrages relatifs à l'île Formose," *T'oung pao*, v. 4, no. 5, déc. 1893, pp. 452-454.

S(chlegel)., G(ustave)., "Bibliotheca Sinica, supplément, fascicule III," *T'oung pao*, v. 6, no. 3, juil. 1895, pp. 305-307.

Scott, Beresford, *An Account of the Destruction of the Fleets of the Celebrated Pirate Chieftains Chui-Apoo and Shap-ng-tsai, on the Coast of China, in September and October, 1849, by Her Majesty's Sloop "Columbine," Commander John C. Dalrymple Hay; Steam Sloop "Fury," Commander J. Willcox; and Hon. E. I. Co.'s Armed Steam Vessel "Phlegethon," G. J. Neblett, Esq., Commander*, London: Printed by Savill and Edwards, (1851.)

Semmedo, Álvaro, *Imperio de la China, i cultura evangélica en él*, publicado por Manuel de Faria i Sousa, Madrid: Impresso por Iuan Sánchez, 1642.

Settle, Elkanah, *The Conquest of China, by the Tartars: a Tragedy*, London: Printed by T. M. for W. Cademan, 1676.

Silva, Innocêncio Francisco da, *Diccionário bibliográphico portuguez: estudos de ..., applicáveis a Portugal e ao Brasil, tomo primeiro*, Lisboa: Imprensa nacional, 1858.

Singaravélou, Pierre, *L'École française d'Extrême-Orient: Essai d'histoire sociale et politique de la science coloniale*, Paris: CNRS, 2019.

Sinor, Denis, "Remembering Paul Pelliot, 1878-1945," *Journal of the American Oriental Society*, v. 119, no. 3, July-Sept. 1999, pp. 467-472.

"Société asiatique," *Journal asiatique*, s. 11, t. 11, mars-avr. 1918, pp. 367-383.

Société de géographie, publié par, *Recueil de voyages et de mémoires*, 8 t., Paris: Imprimerie d'Éverat, Arthus(-)Bertrand, 1824-1866.

Sommervogel, C(arlos)., "*Bibliotheca Sinica*," *Études religieuses, philosophiques, historiques et littéraires*, s. 6, t. 4, livr. 9, sept. 1879, pp. 477-479.

"Stanislas Guyard," *Revue de l'histoire des religions*, t. 10, 1884, pp. 231-237.

Steinmeyer, (Elias von,) "Meusel, Johann Georg," die historische Commission bei der Königl. Akademie der Wissenschaften, herausgegeben durch, *Allgemeine deutsche Biographie*, B. 21, Leipzig: Duncker & Humblot,

1885, S. 541-544.

Stent, George Carter, "Chinese Lyrics," *Journal of the North-China Branch of the Royal Asiatic Society, for 1871 & 1872*, n. s., no. 7, pp. 93-135.

Stuck, Gottlieb Heinrich, *Verzeichnis von aeltern und neuern Land- und Reisebeschreibungen, ein Versuch eines Hauptstücks der geographischen Litteratur*, Halle: Iohann Christian Hendel, 1784.

Tai, Li-chuan, "L'histoire des colonies dans le monde de l'érudition: le cas d'Henri Cordier," *Outre-mers, revue d'histoire*, sem. 2, 2012, pp. 553-568.

Tchen, Tcheou-li, *Histoire véritable de Tchen-Tcheou-li, mandarin lettré, premier ministre et favori de l'empereur Tien-ki*, traduite du chinois par Alexandre Barginet, Paris: Nadau, 1822.

Ternaux, H(enri)., *Bibliothèque américaine, ou Catalogue des ouvrages relatifs à l'Amérique qui ont paru depuis sa découverte jusqu'à l'an 1700*, Paris: Arthus-Bertrand, 1837.

Ternaux-Compans, H(enri)., *Bibliothèque asiatique et africaine, ou Catalogue des ouvrages relatifs à l'Asie et à l'Afrique qui ont paru depuis la découverte de l'imprimerie jusqu'en 1700*, Paris: Arthus Bertrand, 1841.

"The Congress of Orientalists," *The London and China Express*, Sept. 27, 1878, pp. 1019-1020.

"The Names of Works on Chinese and China, With Short Critical Notes by the Editor," *The Chinese and Japanese Repository*, v. 2, no. 16, Nov. 1864, pp. 167-168.

Thévet, André, *La cosmographie universelle*, 2 t., Paris: Guillaume Chaudière, 1575.

Thom, Robert, 正音撮要, *The Chinese Speaker, or Extracts From Works Written in the Mandarin Language, as Spoken at Peking, Part I*, Ningpo: Presbyterian Mission Press, 1846.

T(urner)., R(alph). L(illey)., "Sir Edward Denison Ross," *Bulletin of the School of Oriental and African Studies, University of London*, v. 10, no. 3, 1940, pp. 832-836.

Varo, Francisco, *Arte de la lengua mandarina*, acrecentado, y reducido a mejor forma, por Pedro de la Piñuela, Canton, 1703.

Vaufrey, R(aymond). & Maurer M. A., "Louis Capitan," *Journal de la Société des américanistes de Paris*, n. s., t. 21, fasc. 2, 1929, pp. 403-409.

Verneau, R(ené)., "Henri Cordier," *Journal de la Société des américanistes de Paris*, n. s. t. 17, 1925, pp. 320-322.

Vie et apostolat de Monseigneur Louis-Gabriel Delaplace, évêque titulaire d'Andrinople, vicaire apostolique de Péking, décédé à Péking le 24 mai 1884, Auxerre: Octave Chambon, 1892.

Vignaud, Henri, "Henry Harrisse," *Journal de la Société des américanistes de Paris*, n. s., t. 8, fasc. 1-2, 1911, pp. 286-288.

Vignaud, Henri, "*Mélanges américains*," *Journal de la Société des américanistes de Paris*, n. s., t. 10, fasc. 2, 1913, pp. 657-659.

Vorstand der Chinesischen Stiftung, herausgegeben von, *Gaïhan's (Karl Gützlaff's) Chinesische Berichte, von der Mitte des Jahres 1841 bis zum Schluß des Jahres 1846*, Cassel: Expedition der Chinesischen Stiftung, 1850.

Wade, Thomas Francis, 寻津录, *the Hsin Ching Lu, or Book of Experiments, Being the First of a Series of Contributions to the Study of Chinese*, Hongkong: Printed at the Office of the "China Mail", 1859.

Wade, Thomas Francis, 语言自迩集, *Yü-yen Tzŭ-erh Chi, A Progressive Course Designed to Assist the Student of Colloquial Chinese, as Spoken in the Capital and the Metropolitan Department*, London: Trübner & Co., 1867.

Wagener, G(ottfried)., "Bemerkungen uber *(sic)* die Theorie der chinesischen Musik und ihren Zusammenhang mit der Philosophie," *Mittheilungen der Deutschen Gesellschaft für Natur- und Völkerkunde Ostasien's*, H. 12, 1877, S. 42-61.

Wallon, H(enri)., "Notice sur la vie et les travaux de Aignan-Stanislas Julien, membre ordinaire de l'Académie," *Académie des inscriptions et belles-lettres, Comptes rendus des séances de l'année 1875*, s. 4, t. 3, oct.-nov.-déc., pp. 386-430.

Wallon, Henri, "Notice sur la vie et les travaux de M. Jacques-Auguste-Adolphe Regnier, membre ordinaire de l'Académie," *Académie des inscriptions et belles-lettres, Comptes rendus des séances de l'année 1902*, nov.-déc., pp. 604-647.

Walravens, Hartmut, compiled by, *Paul Pelliot (1878-1945), His Life and Works — a Bibliography*, Bloomington, Indiana: Research Institute for Inner Asian Studies, Indiana University, 2001.

Walravens, Hartmut, *Name Index to Henri Cordier's* Bibliotheca Sinica *(2nd ed., 1924), the Standard Bibliography on Traditional China*, Wiesbaden: Harrassowitz, 2013.

Watt, Robert, *Bibliotheca Britannica, or A General Index to British and Foreign Literature*, 4 v., Edinburgh: Archibald Constable and Company, 1824.

Wegele, (Franz Xaver von,) "Buder, Christian Gottlieb," die historische Commission bei der Königl. Akademie der Wissenschaften, herausgegeben durch, *Allgemeine deutsche Biographie*, B. 3, Leipzig: Duncker & Humblot, 1876, S. 502.

Wegele, (Franz Xaver von,) "Mannert, Konrad," die historische Commission bei der Königl. Akademie der Wissenschaften, herausgegeben durch, *Allgemeine deutsche Biographie*, B. 20, Leipzig: Duncker & Humblot, 1884, S. 199-200.

Weiss, (Charles,) sous la direction de, *Biographie universelle, ou Dictionnaire historique depuis le commencement du monde jusqu'à nos jours, nouvelle édition*, 6 t., Paris: Furne et Cie, 1841.

Wenckstern, Fr(iedrich). von, *A Bibliography of the Japanese Empire, Being a Classified List of All Books, Essays and Maps in European Languages Relating to Dai Nihong [Great Japan] Published in Europe, America and in the East From 1859-1893 A. D. [VIth Year of Ansei — XXVIth of Meiji]*, Leiden: E. J. Brill, 1895.

(Williams, Samuel Wells,) "List of Works Upon China, Additions to Art. III. of No. 8 (pp. 402-444), Principally of Books Relating to the Mongolian and Manchu Languages," *The Chinese Repository*, v. 18, no. 12, Dec. 1849, pp. 657-

661.

(Williams, Samuel Wells,) "List of Works Upon China, Principally in the English and French Languages," *The Chinese Repository*, v. 18, no. 8, Aug. 1849, pp. 402-444.

W(illiams)., (Samuel Wells,) "Notices in Natural History: 1, the Fung or Bee, Comprising Also the Various Kinds of Wasps, and the Products of the Hive; 2, the Yĕ ung or Solitary Wasp. Selected From Chinese Authors," *The Chinese Repository*, v. 7, no. 9, Jan. 1839, pp. 485-490.

W(illiams)., (Samuel Wells,) "Notices in Natural History: 1, the Ma or Horse; 2, the Loo or Ass; 3, the Lo or Mule; 4, the Lŏ or Kumiss. Selected From Chinese Authors," *The Chinese Repository*, v. 7, no. 8, Dec. 1838, pp. 393-399.

W(illiams)., (Samuel Wells,) "Notices in Natural History: 1, the Sze tzse; 2, the Hoo or Tiger; 3, the Maou or Cat, and Other Feline Animals. Taken From Chinese Authors," *The Chinese Repository*, v. 7, no. 11, Mar. 1839, pp. 595-599.

W(illiams)., (Samuel Wells,) "Notices in Natural History: Proverbs and Metaphors, Drawn From Nature, in Use Among the Chinese," *The Chinese Repository*, v. 7, no. 6, Oct. 1838, pp. 321-327.

W(illiams)., (Samuel Wells,) "Notices in Natural History: the Loo-sze or Fishing Cormorant. Selected From Chinese Authors," *The Chinese Repository*, v. 7, no. 10, Feb. 1839, pp. 541-543.

W(illiams)., (Samuel Wells,) "Notices of Natural History: 1, the Funghwang or Phœnix; 2, the Lung or Dragon; and 3, the Kwei or Tortoise. Taken From Chinese Authors," *The Chinese Repository*, v. 7, no. 5, Sept. 1838, pp. 250-255.

W(illiams)., S(amuel). W(ells)., "Notices of Natural History: 1, the Mĭh or Tapir; and 2, the Ling-le or Scaly Ant-Eater. Taken From Chinese Authors," *The Chinese Repository*, v. 7, no. 1, May 1838, pp. 44-49.

W(illiams)., (Samuel Wells,) "Notices of Natural History: 1, the Peën fuh or Flying Rat; and 2, the Luy shoo or Flying Squirrel. Taken From Chinese Authors," *The Chinese Repository*, v. 7, no. 2, June 1838, pp. 90-92.

W(illiams)., (Samuel Wells,) "Notices of Natural History: 1, the Rhinoceros;

and 2, the Camel; and 3, the Elephant. Translated From the *Pun Tsaou* and Other Chinese Authors," *The Chinese Repository*, v. 7, no. 3, July 1838, pp. 136-141.

W(illiams)., (Samuel Wells,) "Notices of Natural History: the Kelin, or Unicorn of Chinese. Selected From Native Authors," *The Chinese Repository*, v. 7, no. 4, Aug. 1838, pp. 212-217.

Williams, S(amuel). Wells, 拾级大成, *Easy Lessons in Chinese, or Progressive Exercises to Facilitate the Study of That Language, Especially Adapted to the Canton Dialect*, Macao: Printed at the Office of *The Chinese Repository*, 1842.

Williams, S(amuel). Wells, 中国总论, *The Middle Kingdom: A Survey of the Geography, Government, Education, Social Life, Arts, Religion, &c., of the Chinese Empire and Its Inhabitants*, 2 v., New York, London: Wiley and Putnam, 1848.

Wright, J. C(lifford). & Cowan, C(harles). D(onald)., "Sir Ralph Lilley Turner," *Bulletin of the School of Oriental and African Studies, University of London*, v. 47, no. 3, 1984, pp. 540-548.

(Wylie, Alexander,) "*Bibliotheca Sinica*," *The London and China Express*, June 20, 1879, p. 670.

(Wylie, Alexander,) "*Bibliotheca Sinica, Tome Premier, 3me. Fascicule*," *The London and China Express*, June 18, 1880, p. 644.

(Wylie, Alexander,) "*Bibliotheca Sinica, Tome Premier, 4e Fascicule*," *The London and China Express*, June 3, 1881, pp. 611-612.

Wylie, A(lexander)., "*Bibliotheca Sinica, Tome Premier, Premier Fascicule*," *The China Review*, v. 7, no. 5, Mar.-Apr. 1879, pp. 339-342.

W(ylie)., A(lexander)., "*Bibliotheca Sinica, Tome Premier, Premier Fascicule*," *Trübner's American and Oriental Literary Record*, nos. 135-6-7 (v. 12, nos. 1, 2, 3), 1879, pp. 5-6.

(Wylie, Alexander,) *Memorials of Protestant Missionaries to the Chinese: Giving a List of Their Publications, and Obituary Notices of the Deceased*, Shanghae: American Presbyterian Mission Press, 1867.

Wylie, A(lexander)., *Notes on Chinese Literature, With Introductory Remarks on the Progressive Advancement of the Art, and a List of Translations From the Chinese, Into Various European Languages*, Shanghae: American Presbyterian Mission Press, 1867.

Ye, Junyang, "La vida misionera del franciscano Pedro de la Piñuela (1650-1704) en China," *Pedralbes: Revista d'història moderna*, no. 37, 2017, pp. 59-93.

Yetts, W(alter). Perceval, "Professor Henri Cordier," *Bulletin of the School of Oriental Studies, University of London*, v. 3, no. 4, 1925, pp. 855-856.

Yule, H(enry)., "Francis Garnier (Gold Medallist of the Royal Geographical Society), in Memoriam," *Ocean Highways: The Geographical Review*, n. s., v. 1, no. 12, Mar. 1874, pp. 487-491.

Yule, Henry, newly translated and edited, with notes, maps, and other illustrations by, *The Book of Ser Marco Polo, the Venetian, Concerning the Kingdoms and Marvels of the East, Second Edition, Revised, With the Addition of New Matter and Many New Illustrations*, 2 v., London: John Murray, 1875.

Yule, Henry, newly translated and edited, with notes by, *The Book of Ser Marco Polo, the Venetian, Concerning the Kingdoms and Marvels of the East*, 2 v., London: John Murray, 1871.

Yule, Henry, translated and edited, with notes by, *The Book of Ser Marco Polo, the Venetian, Concerning the Kingdoms and Marvels of the East, Third Edition*, revised throughout in the light of recent discoveries by Henri Cordier, 2 v., London: John Murray, 1903.

Yule, Henry, translated and edited by, *Cathay and the Way Thither, Being a Collection of Medieval Notices of China, With a Preliminary Essay on the Intercourse Between China and the Western Nations Previous to the Discovery of the Cape Route*, 2 v., London: The Hakluyt Society, 1866.

Yule, Henry, translated and edited by, *Cathay and the Way Thither, Being a Collection of Medieval Notices of China, With a Preliminary Essay on the Intercourse Between China and the Western Nations Previous to the Discovery of *the Cape Route, New Edition*, revised throughout in the light of recent discoveries by Henri Cordier, 4 v., London: The Hakluyt Society, 1913-1916.

Zenker, J(ulius). Th(eodor)., *Bibliotheca orientalis, Manuel de bibliographie orientale*, 2 t., Leipzig: Guillaume Engelmann, 1846-1861.

Zenker, Julius Theodorus, edidit, *Bibliotheca orientalis, Pars I*, Lipsia: Guilielmus Engelmann, 1840.

Zuchold, Ernst A(mandus)., herausgegeben von, *Bibliotheca historico-geographica, oder Systematisch geordnete Uebersicht der in Deutschland und dem Auslande auf dem Gebiete der gesammten Geschichte und Geographie neu erschienenen Bücher, Erster Jahrgang, I. Heft, Januar bis Juni 1853*, Göttingen: Vandenhoeck & Ruprecht.

Zwecker, Zoe, "Henri Cordier and the Meeting of East and West," Pullapilly, Cyriac K. & Kley, Edwin J. van, edited by, *Asia and the West: Encounters and Exchanges From the Age of Explorations, Essays in Honor of Donald F. Lach*, Notre Dame, Indiana: Cross Cultural Publications, Cross Roads Books, 1986, pp. 309-329.

中文作品

［葡］巴洛斯、［西］艾斯加兰蒂等著，何高济译：《十六世纪葡萄牙文学中的中国 中华帝国概述》，北京：中华书局，2013年。

陈波：《"中国本部"概念的起源与建构——1550年代至1795年》，载《学术月刊》2017年第四期，第145—166页。

［法］鄂庐梭著，冯承钧译：《秦代初平南越考》，上海：商务印书馆，1934年。

《Henri Cordier之死及其著作》，载《书报介绍》1925年第十八期，第38—39页。

黄光域编：《近代中国专名翻译词典》，成都：四川人民出版社，2001年。

黄克武：《词汇、战争与东亚的国族边界："中国本部"概念的起源与变迁》，载《复旦学报（社会科学版）》2020年第六期，第36—47页。

姜鸣编著：《中国近代海军史事编年（1860—1911）》，北京：生活·读书·新知三联书店，2017年。

马骥：《高第（考狄）档案中的马建忠法文信函——兼论高第与马建忠关系》，载《宁波大学学报（人文科学版）》2017年第六期，第73—79页。

［西］帕莱福等著，何高济译：《鞑靼征服中国史 鞑靼中国史 鞑靼战纪》，北京：中华书局，2008年。

上海图书馆编：《皇家亚洲文会北华支会会刊（1858—1948）：导论·索引·附录》，上海：上海科学技术文献出版社，2013年。

陶德民编：《卫三畏在东亚：美日所藏资料选编》，郑州：大象出版社，2016年。

王冀青：《玉尔〈中国之路〉成书考》，载刘进宝主编：《丝路文明（第一辑）》，上海：上海古籍出版社，2016年，第225—248页。

［法］魏丕信监修，田涛主编，岑咏芳、王家茜助编：《法兰西学院汉学研究所藏汉籍善本书目提要》，北京：中华书局，2002年。

阎国栋著：《俄国汉学史（迄于1917年）》，北京：人民出版社，2006年。

［英］裕尔撰，［法］考迪埃修订，张绪山译：《东域纪程录丛：古代中国闻见录》，北京：商务印书馆，2021年。

张明明著：《高第〈中国书目〉研究》，北京：学苑出版社，2023年。

中国地名委员会编：《外国地名译名手册：中型本》，北京：商务印书馆，1993年。

中国社会科学院近代史研究所翻译室编：《近代来华外国人名辞典》，北京：中国社会科学出版社，1981年。

人名索引

说明：括注者排序方式：高第所用形式为先，同一作品中后现形式为先，不同作品间后现形式为先。

Abadie, Maurice　8
Abel-Rémusat, Jean-Pierre　45—46（多处），73（多处）
Allibone, Samuel Austin　44（多处），45
Amiot, Jean-Joseph-Marie　51（多处）
Andreae, Hermann Victor　38（多处），39（多处）
Angier, A. Gorton　34（多处）
Anville, Jean-Baptiste Bourguignon d'　61（多处），80（多处）
Arlot, vicomte d'　54
Aurousseau, Léonard　2, 9（多处），13, 28, 33（多处），35（多处）
Austria, Iuan de　60（多处）
Aymonier, Étienne　100（多处）
Backer, Alois de　43（多处）
Backer, Augustin de　43（多处）
Backer, Louis de　12, 13（多处），15
Balzac, Honoré de　8
Barbier, Antoine-Alexandre　42（多处）
Barbier, Olivier　42（多处）
Barginet, Alexandre　48（多处）
Barros, João de　77（多处）
Bazin, Antoine　40（多处）
Beauvais, Joseph　8
Berthelot, Marcellin　23
Bertier, Antoine（Bertier, Antonio）　64（多处）
Billard, Paul　42（多处）
Billard, René　42（多处）
Blanchard　82

Boele van Hensbroek, Pieter Andreas Martin　41（多处），42，62

Bohn, Henry George　44（多处）

Boislisle, Arthur de　3，4

Bonney, Samuel William　95（多处）

Boucher de la Richarderie, Gilles　42（多处）

Boudet, Paul　28（多处），35（多处）

Bourgeois, Rémy　35

Bouvet, Joachim　50（多处）

Bracciolini, Poggio（Pogge）　14（多处），15（多处）

Bretschneider, Emil（Bretschneider, Émile）　6（多处），7（多处），17，51（多处）

Browning, Robert　69（多处），70（多处）

Brunet, Jacques-Charles　44（多处），45，52，54

Buder, Christian Gottlieb（Buderus, Christianus Gottlieb）　42（多处）

Bure, Guillaume-François de　7（多处）

Cabaton, Antoine　2，12（多处）

Caboto, Giovanni（Cabot, Jean）　14（多处）

Caboto, Sebastiano（Cabot, Sébastien）　14（多处）

Cagnat, René　4（多处），5，6，9，12，28（多处），29，30（多处），33（多处），36（多处），53

Caillebotte, Gustave　4（多处）

Callery, Joseph-Marie　46（多处）

Candidius, Georgius（Candidius, George）　99（多处）

Capitan, Louis　31

Carayon, Auguste　43（多处）

Caron de Beaumarchais, Pierre-Augustin　29（多处），48，101

Carrière　51

Cartier, Michel　5

Cavalier-Bénézet, Mme Jean（本名Francis-Garnier, Marie-Alexandrine-Annie）　20

Cen, Yongfang 岑咏芳　1

Centeno, Amaro　78（多处）

Chaptal, Jean-Antoine　3

Charles V　23（多处）

Charmois　50

Chavannes, Édouard　24，25（多处），32，35（多处）

Chen, Bo 陈波　55

Chevalier, Henri 8

Churchill, Awnsham 61（多处）

Churchill, John 61（多处）

Clerc de Landresse, Ernest 46（多处），73（多处）

Conti, Nicolò de' 14（多处），15（多处）

Cordier, Ernest-Eugène 3（多处），4

Cordier, Henri 1（多处），2（多处），3（多处），4（多处），5（多处），6（多处），7（多处），8（多处），9（多处），10（多处），11（多处），12（多处），13（多处），14（多处），15（多处），16（多处），17（多处），18（多处），19（多处），20（多处），21（多处），22（多处），23（多处），24（多处），25（多处），26（多处），27（多处），28（多处），29（多处），30（多处），31（多处），32（多处），33（多处），34（多处），35（多处），36（多处），37（多处），38（多处），40（多处），42，43（多处），45，46（多处），47（多处），48（多处），49（多处），51（多处），54（多处），56，57，58（多处），59（多处），61（多处），62（多处），63（多处），64（多处），65（多处），66（多处），67（多处），68（多处），69（多处），70（多处），71（多处），72（多处），73（多处），74（多处），75（多处），76（多处），77（多处），78（多处），79（多处），80（多处），81（多处），82（多处），83（多处），84（多处），85（多处），86（多处），87（多处），88（多处），89（多处），90（多处），91（多处），92（多处），93（多处），94（多处），95（多处），96（多处），97（多处），98（多处），99（多处），100（多处），101（多处），102（多处），103（多处），104（多处），105（多处）

Cordier, Jérôme 3（多处）

Cordier, Joseph-Jérôme 3

Cordier, Jules 3

Cordier, Marguerite-Elisabeth（本姓Baudry） 6

Cordier, Paul-Lucien 3

Cordier, Victor 3

Courbet, Amédée 104（多处）

Culbertson, Michael Simpson 90（多处）

Cunningham, Edward 5，7

Dai, Lijuan（Tai, Li-chuan）戴丽娟 22

Dalrymple Hay, John Charles 97

Daoguang（Tao kouang）道光 26

Darmesteter, James　98（多处），101

David, Armand　6（多处）

Davis, John Francis　40（多处），53, 59

Dean, William　94（多处）

Dehérain, Henri　2, 13, 28, 29, 33（多处），34（多处），36

Delamarche　50

Delandine, Antoine-François　46（多处）

Delaplace, Louis-Gabriel　49（多处）

Delécluze, Étienne-Jean　48（多处）

Delisle, Léopold　15, 46（多处）

Demiéville, Paul　9（多处），26, 27（多处），28, 30, 33（多处）

Denis, Ferdinand　50（多处）

Dennys, Nicholas Belfield　40（多处），51

der Spek, J. van　104（多处）

Dorez, Léon　14, 15（多处）

Dupré, Marie-Jules　20（多处）

Échard, Jacques（Echard, Jacobus）　60（多处）

Edkins, Jane Rowbotham（本姓Stobbs）　91（多处）

Edkins, Joseph　91（多处）

Eitel, Ernst Johann（Eitel, Ernest John）　73, 103（多处）

Elias, Ney　8（多处）

Engelmann, Wilhelm　43（多处）

Fabri, Iohann Ernst　42

Fakhry, Mahmoud　2（多处）

Faria e Sousa, Manuel de（Faria i Sousa, Manuel de）　58（多处）

Faugère, Prosper　50（多处）

Felipe IV　60

Fernández Navarrete, Domingo　45, 59（多处），60（多处），61（多处）

Figanière, Jorge César de　44（多处）

Finot, Louis　2, 12（多处），21, 31, 35

Finx, Erasmus（Francisci, Erasmus）　78（多处）

Forbes, Francis Blackwell（Forbes, Frank Blackwell）　7（多处），48—49, 51（多处），52

Forth-Rouen, Alexandre　10

Fortia d'Urban, Agricol　65（多处）

Foss, Henry　60

Fourmont, Étienne（Fourmont, Stephanus） 73（多处），74

Fréret, Nicolas 65（多处）

Fritsche, Hermann 92（多处）

Froidevaux, Henri 2（多处），9，15，20，22，27，28（多处），30（多处），35，36

Gadrat, Christine 15

Galignani, Giovanni Antonio 6

Garnier, François（Garnier, Francis） 20（多处）

Garnier, Léon 20

Gastaldi, Jacopo（Gastaldi, Jacobus） 77（多处）

Gaubil, Antoine 27，40（多处），65

Geiger, John 38（多处），39

Gerbillon, Jean-François 1，36

Geuthner, Paul 8

Giles, Lionel 28

Giquel, Prosper 5（多处），12，34，54（多处）

Girard, Frédéric 9

Gladisch, August 84（多处）

Godeaux, Ernest 54（多处）

Golubovich, Girolamo 18（多处）

González de Mendoça, Ioan（González de Mendoza, Juan） 58（多处），77（多处）

Gray, John Henry 63（多处）

Gregor, William Gow 63

Grenville, Thomas 60

Grosier, Jean-Baptiste 27（多处）

Guangxu（Kouang-siu）光绪 25（多处）

Guéroult 54

Guignes, Chrétien-Louis-Joseph de 74（多处）

Guignes, Joseph de 65（多处），74

Guilhermy, de 51

Guo, Songtao（Kwo Sung-taou）郭嵩焘 55（多处），57

Gützlaff, Karl 91（多处）

Guyard, Stanislas 32

Halde, Jean-Baptiste du 39，40（多处），58，61，77

Hambis, Louis 1，16，19

Hance, Henry Fletcher　53（多处）

Hänel, Gustav Friedrich（Haenel, Gustavus）　47（多处）

Happart, Gilbertus　62

Harrisse, Henry　12，14（多处），48

Henrique, príncipe（Henry, Prince）　49，50

Hétoum　78（多处）

Himly, Karl　7，8（多处），92（多处），93（多处）

Hosie, Alexander（Hosie, Alexandre）　1—2（多处），8

Hosokawa, Moritatsu 细川护立　9

Huang, Kewu（Huang, Ko-wu）黄克武　55

Huishen（Hoei chin）慧深　105

Jametel, Maurice　35

Jamieson, R. Alexander　49（多处）

Jarry, Paul　8

Jiang, Ming 姜鸣　6

Jiaqing（Kia k'ing）嘉庆　26

Jones, William　65（多处）

Jordan, John Newell　101（多处）

Julien, Stanislas　21（多处），52，71

Кафаровъ, Петръ Ивановичъ（Palladius）　6（多处），7（多处），9，47，51

Kingsborough, Lord　74

Kingsmill, Thomas William　49（多处）

Klaproth, Julius（Klaproth, Jules）　46（多处），73，78

Kley, Edwin J. van　28

Knowlton, Miles Justus　81（多处）

Kongfuzi（Confucius）孔夫子　65，89（多处），100

la Charme, Alexandre de　49（多处）

la Piñuela, Pedro de　73（多处）

la Roncière, Charles de　2（多处）

Labrousse, Pierre　1，12，14，27，35

Lach, Donald Frederick　28

Lacroix, Alfred　1，2（多处），6，9，13，24，28（多处），29，31，34（多处），36

Lacroix, Paul　50（多处）

Lane-Poole, Stanley　20

Langlès, Louis-Mathieu　45（多处）

Langlois, Charles-Victor　34（多处）
Laozi（Lao-Tseu；Laotse）老子　89, 100
Latourette, Kenneth Scott　27, 28
Lavisse, Ernest　23（多处）
Le Comte, Louis　58（多处）
Le Long, Jean　15（多处）
Le Roux des Hauterayes, Michel-Ange-André　27（多处）
Legge, James　21
Lehmann-Nitsche, Robert　31
León Pinelo, Antonio de　41（多处）
Леонтіевъ А. Л.（Леонтьев, Алексей Леонтьевич；Leontief）　88（多处）
Leroux, Ernest　21（多处），62
Lesage, Alain-René　29（多处）
Li, Fengbao 李凤苞　5
Li, Hongzhang 李鸿章　5
Lobscheid, Wilhelm　95（多处）
Lockhart, William　51（多处）
Lods, Adolphe　27
Loureiro, Pedro　8
Lowndes, William Thomas　44（多处），52
Ma, Ji 马骥　5
Ma, Jianzhong 马建忠　5（多处）
Macgowan, John　61（多处）
Major, Richard Henry　49—50（多处）
Mandeville, John（Mandeville, Jean de）　16（多处）
Mannert, Konrad　80, 81（多处）
Martin, André　2
Martini, Martino　65（多处），79
Maspero, Gaston　12（多处），29（多处），34
Massin, Jean　4
Maupetit, M.-Ch.　32
Maurand, Jerôme　14（多处），15（多处）
Maximilian II.　86
Mayers, William Frederick　17（多处），86（多处），87（多处）
Medhurst, Walter Henry　61, 62（多处），95（多处）
Межовъ, В. И.（Межов, Владимир Измайлович；Mejov）　11（多处）

Ménard, Philippe　15（多处），27

Meng, Tian（Mêng-tien；Mung-tien）蒙恬　87（多处），88

Meusel, Johann Georg（Meuselius, Ioanne Georgius）　39，42（多处）

Michaud, Louis-Gabriel　45（多处）

Michieli, Adriano Augusto　33，36（多处）

Milne, William　89（多处）

Möllendorff, Otto Franz von　47（多处），48（多处），62（多处），75（多处），76（多处），77（多处），79（多处），80，81（多处），82（多处），84（多处），85，86（多处），87，88（多处），89（多处），91（多处），92（多处），93（多处），94（多处），95（多处），96（多处），97（多处）

Möllendorff, Paul Georg von　38，47（多处），48（多处），62（多处），76，77（多处），79（多处），80，81（多处），82，83（多处），84，85，86（多处），88（多处），89，91（多处），92（多处），93（多处），94（多处），95（多处），96（多处），97（多处）

Montandon, Frédéric　36

Montandon, Raoul　36（多处）

Montucci, Antonio　73（多处）

Morrison, Gabriel James　99（多处）

Morrison, John Robert　88（多处），89

Morse, Hosea Ballou　25—26（多处）

Moule, Arthur Christopher　18（多处）

Moule, Arthur Evans　18（多处）

Moyriac de Mailla, Joseph-Anne-Marie de　27（多处），65，87（多处）

Müller, Leopold　93（多处）

Mundy, Walter William　96—97（多处）

Neblett, G. J.　97

Neumann, Karl Friedrich（Neumann, Carl Friedrich）　74（多处），81（多处）

Nguyen Tri, Christine　5，6，13，14，20，22，25，27（多处），28，33（多处），54

Omont, Henri　15，19

Oordt, Adriaan van　22

Oudin, Victoire-Amélie-Henriette　3

Pagès, Léon　10（多处）

Palafox y Mendoça, Juan de　64（多处）

Papin　74

Paravey, Charles-Hippolyte de　65（多处），85（多处），86（多处）

Parker, Edward Harper 83, 84（多处）
Pascal, Blaise 50（多处）
Pauly, Alphonse 43（多处）
Pauthier, Guillaume 13（多处）, 36, 40（多处）, 46（多处）
Pauw, Cornelius de 65（多处）
Payne, John Thomas 60
Pelliot, Paul 1（多处）, 2（多处）, 4, 10（多处）, 11（多处）, 12（多处）, 15, 16（多处）, 17（多处）, 18（多处）, 19（多处）, 20, 25（多处）, 27, 31, 36（多处）
Pennino, Antonio 51
Petit, Maxime 9
Pfister, Aloys（Pfister, Louis） 6（多处）, 27, 51, 52, 53, 68（多处）
Pfizmaier, August 87（多处）, 88（多处）, 104, 105
Picot, Émile 13（多处）, 24（多处）
Pino, Angel 1, 13, 14, 20, 27, 35
Plath, Johann Heinrich 65（多处）, 84, 85（多处）, 86（多处）
Playfair, George MacDonald Home 17（多处）
Polo, Marco 16（多处）, 17（多处）, 18（多处）, 19, 35（多处）, 100
Pordenone, Odorico da（Pordenone, Odoric de; Pordenone, Odoric of） 13, 14—15（多处）, 16, 18, 19, 36
Pottier, Edmond 46
Prémare, Joseph-Henri-Marie de（Premare） 52（多处）, 74（多处）, 96
Psalmanaazaar, George（Psalmanazar, George; Psalmaanazar, George） 59（多处）, 99
Ptolemaeus, Claudius（Ptolémée, Claude） 80（多处）
Puini, Carlo 8
Pullapilly, Cyriac K. 28
Purachatra, prince 8
Quetelet, Adolphe 81（多处）
Quétif, Jacques（Quetif, Jacobus） 60（多处）
Quincey, Thomas de 97（多处）
Rambaud, Alfred 23（多处）
Rauw, Johann（Rauw, Johannes） 77—78（多处）
Rechteren, Seyger van（Rechteren, Seiger van） 99
Régis, Jean-Baptiste 65（多处）
Regnier, Adolphe 32

Reimmann, Jacob Friedrich（Reimmannus, Jacobus Fridericus） 39（多处）

Reinach, Salomon 9, 20, 21, 33, 36（多处）

Reizler, Stanislas 1, 2（多处）, 6, 9, 13, 24, 28（多处）, 29, 31, 34（多处）

Renan, Ernest 32, 50

Renou, Louis 1

Ricci, Matteo 52（多处）, 68

Richthofen, Ferdinand von 79（多处）, 80

Ritter, Karl（Ritter, Carl） 79（多处）

Rochechouart, Julien de 53—54（多处）

Rochet, Charles 46（多处）

Rochet, Louis 46（多处）

Rogers, Howard J. 31（多处）

Roland-Cabaton, Mme M.-A. 12（多处）

Rosny, Léon de 25

Ross, Edward Denison 33, 34, 35（多处）

Rost, Reinhold 16, 50

Rudy, Charles 9

Rye, Edward Caldwell 66

Schefer, Charles 3（多处）, 13（多处）, 14（多处）, 27, 35, 54（多处）

Scherzer, Fernand 83（多处）

Schlegel, Gustaaf（Schlegel, Gustave） 21（多处）, 22（多处）, 101（多处）, 102, 103（多处）, 105

Schrader, Frantz 8

Scott, Beresford 97（多处）

Scott, Edmund 64（多处）

Semedo, Álvaro（Semmedo, Álvaro） 58（多处）

Settle, Elkanah 47, 48（多处）

Séverac, Jourdain de（Jordanus） 8, 19（多处）

Shihuangdi（Shy-huang-ti）始皇帝 87

Shiwuzai（Shap-ng-tsai）十五仔 97

Shun（Chun）舜 85, 87

Shunzhi（Chuen-tchi）顺治 88

Silva, Innocêncio Francisco da 44（多处）

Silvestre de Sacy, Antoine-Isaac 40（多处）

Singaravélou, Pierre 27

人名索引

Sinor, Denis　16，18
Sommervogel, Carlos（Sommervogel, Charles）　43（多处），67（多处），69
Stanley, Arthur Penrhyn　70（多处）
Stendhal（Beyle, Henri）　29（多处）
Stent, George Carter　93（多处），94（多处）
Stoppelaar, Frans de　22（多处）
Strindberg, August　51（多处）
Struve, Burkhard Gotthelf（Struvius, Burcardus Gotthelf）　42（多处）
Stuck, Gottlieb Heinrich　42（多处），78（多处）
Syle, Edward William　7
Tailhan　51（多处）
Tao, Demin 陶德民　39
Tchen, Tcheou-li　48（多处）
Telli, Philippi　73
Ternaux-Compans, Henri　39，40，41（多处），47，52，54，63，78（多处）
Thévet, André　63（多处）
Thom, Robert　94（多处）
Thomas (Sanctus)［Thomas (saint)］　100
Thonnelier, Jules　73（多处）
Tian, Tao 田涛　1
Tianqi（Tien-ki）天启　48
Tongzhi（T'oung tché）同治　5，25
Torre-Nueva, marqués de　41（多处）
Touflet, Anne-Véronique　3
Turner, Ralph Lilley　35
Varat, Charles　9
Varo, Francisco　73（多处），74（多处），95—96
Varthema, Ludovico di（Varthema, Lodovico de）　14，15（多处）
Ventavon, Jean-Mathieu de　52（多处）
Verneau, René　30，33（多处），36（多处）
Vignaud, Henri　28
Villaumbrosa, conde de（Villa-Humbrosa, conde de）　60（多处）
Villot, Frédéric　73（多处）
Voisins, Gilbert de　8
Wade, Thomas Francis　69，70（多处），94，95（多处）
Wagener, Gottfried　93（多处）

161

Walravens, Hartmut　18，19

Wang, Jiaqian 王家茜　1

Watt, Robert　44（多处），45（多处）

Weiss, Charles　45（多处），87

Wenckstern, Friedrich von　104（多处）

Will, Pierre-Étienne　1

Willcox, James　97

Williams, Samuel Wells　6（多处），7，39（多处），53，59（多处），82（多处），94（多处）

Wylie, Alexander　6（多处），7（多处），8，17（多处），21，37（多处），38（多处），43（多处），48，52（多处），57（多处），62，64，70，72（多处），98（多处）

Xavier, Francisco（Xavier, François）　52（多处），68

Xu, Yabao（Chui-Apoo）徐亚保　97（多处）

Yang, Jian（Yang, kien; Yangkien）杨坚（隋文帝）　87（多处）

Yao 尧　86

Yetts, Walter Perceval　35（多处）

Yongzheng（Young-tshing）雍正　88

Yu 禹　66

Yule, Amy Frances　17

Yule, Henry　15，16（多处），17（多处），18（多处），19（多处），20（多处），35（多处），50

Zeng, Jize（Tsing-Kou-Yeh; Tseng, 'Hou-yeh）曾纪泽（曾侯爷）　100，101（多处）

Zenker, Julius Theodor　41（多处）

Zhang, Ting（Chang, Ting）张婷　7，21，72

Zhu, Xi 朱熹　27

Zuchold, Ernst Amandus　43（多处）

Zwecker, Zoe　28